AF357441

6303-28. — TOURS. IMPRIMERIE ARRAULT ET Cⁱᵉ.

Agrippa d'Aubigné

et le Parti Protestant

Agrippa d'Aubigné

et le Parti Protestant

Contribution à l'Histoire de la Réforme en France

TOME TROISIÈME

Thèse pour le doctorat ès lettres
présentée à la Faculté des Lettres de l'Université de Paris

PAR

ARMAND GARNIER

AGRÉGÉ DE L'UNIVERSITÉ, PROFESSEUR AU LYCÉE HENRY IV
ANCIEN ÉLÈVE DE L'ÉCOLE NORMALE SUPÉRIEURE

PARIS
LIBRAIRIE FISCHBACHER
(Société Anonyme)
33, RUE DE SEINE, 33
—
1928

AGRIPPA D'AUBIGNÉ
ET LE PARTI PROTESTANT
TROISIÈME VOLUME

CHAPITRE XIII

D'AUBIGNÉ SOUS LA RÉGENCE ET SOUS LOUIS XIII
DIX ANNÉES D'AGITATIONS POLITIQUES
(1610-1620).

§ 1. — Le Parti essaye de profiter et d'abuser de la minorité du Roi. — D'Aubigné à l'Assemblée de Saumur (1611). Le Caducée ou l'Ange de la Paix. — L'affaire de l'Assemblée de Cercle de la Rochelle (1612). — Pendant cette alerte d'Aubigné acquiert, près de Maillezais, le Dognon, et y bâtit un château fort. — Il marie ses filles.

Le premier mouvement dans tout le pays, après la consternation provoquée par l'assassinat d'Henri IV, fut de se grouper autour du jeune Roi, et de sa mère qui avait la charge redoutable de veiller sur son trône. Les dissidences, les calculs intéressés ne viendront que plus tard. Mais on céda d'abord à des sentiments généreux : fidélité à la mémoire du grand monarque disparu, pitié pour l'orphelin, dévouement chevaleresque envers une femme et une mère malheureuse. Un instant toutes les âmes communièrent dans les mêmes nobles pensées. Il s'y ajoutait, chez les Protestants, un attendrissement particulier pour le fils de l'homme qui avait tenu tant de place parmi eux, leur Protecteur dont ils avaient si longtemps protégé la vie.

Dans une assemblée de ville, tenue à Saumur le 19 mai 1610, Duplessis-Mornay qui était gouverneur de la place, faisait appel à la concorde :

« Qu'on ne parle plus entre nous de huguenot ni de papiste ; ces mots sont deffendeus par nos edicts. Qu'en feussent aussi bien les animosités esteintes en nos cœurs ! Quand il n'y auroit point d'édict au monde, si nous sommes François, si nous aimons notre patrie, si nos familles, si nous mesmes, ils doibvent désormais estre effacés en nos âmes [1]. »

Et après avoir donné l'exemple du serment qu'il demanda à tous de prêter au nouveau Roi et à la Régente, il déclara solennellement qu'il serait impitoyable pour qui chercherait à profiter des circonstances et à troubler l'ordre :

« Je suis doulx, à la vérité, de mon naturel, mais je sçaurai estre rude où il sera besoing, et pour le service de mes maistres. Plus on se propose de foiblesse au bas âge de nostre roy pour en abuser et plus apporterai-je de roideur et de vertu pour le faire obéir [2]. »

Son gendre, M. de Villarnould, était Député général en Cour depuis l'Assemblée de Jargeau, en 1608. En cette qualité et sans doute sur son conseil, il sollicita et il obtint de la Reine la confirmation officielle de l'Édit de Nantes (22 mai), et quand elle lui en remit les brevets, il lui annonça qu'une députation des Églises viendrait lui apporter les assurances de leur soumission [3]. Ce furent les assemblées provinciales qui nommèrent ces délégués ; *d'Aubigné* fut choisi par celle du Poitou, bien qu'il s'y fût singularisé en protestant seul contre la façon dont la Reine-Mère avait été déclarée Régente, maintenant que « telle élection n'appartenoit point au Parlement de Paris, mais aux Estats [4] ». Il avait eu cependant quelques jours auparavant une entrevue avec Duplessis, qui avait désiré voir les personnages de marque de la province voisine pour concerter leur action [5]. Mais d'Aubigné n'était pas de ceux

<hr>

1. Duplessis-Mornay, *Mémoires*, t. XI. p. 31.
2. *Ibid.*, p. 32.
3. Lettre à Duplessis du 24 mai, *Mémoires de Mornay*, t. XI, p. 50.
4. D'Aubigné, *Mémoires*, t. I de l'éd. Réaume, p. 83.
5. Cf. Lettre de Duplessis du 26 mai à M. Constant, gouverneur de Marans : « Je tiens à obligation le désir que M. de Parabère vous a tesmoigné de me faire l'honneur de me voir... mais je vous semonde et *M. d'Aubigny* d'estre de la partie, qui aultrement ne seroit pas pleine harmonie ; car du concert que nous y prendrons despendra beaucoup. » *Mémoires de Mornay*, t. XI, p. 54.

qui se laissent aisément discipliner. On le vit bien encore à Paris, où il donna à ses collègues l'exemple d'une fierté un peu frondeuse :

« Estant à Paris, raconte-t-il, les desputez de divers endroits s'attendirent [1] jusques à ce qu'estants de neuf provinces, ils résolurent ensemble de se faire présenter par le Sieur de Villarnoux lors député général. La dispute fut grande pour leur entrée et façon de parler : enfin tous s'accordèrent d'Aubigné comme du plus vieux et plus expérimenté, pour leur servir de miroir en ceste action. Le conseil du Roy fut scandalisé de ce que pas un ne s'agenouilla, ni au commencement ni à la fin de la harangue, que Rivet eut ambition de faire, et la fit en tremblant, et mal à propos. Au sortir M. de Villeroy s'attaqua à Aubigné, demandant pourquoy il n'avoit fleschi le genouil. La response fut qu'il n'y avoit en leur troupe que Nobles ou Ecclésiastiques, qui ne devoyent au Roy que la révérence, et non pas l'agenouillement [2]. »

Ecclésiastiques, c'est-à-dire pasteurs. C'était une des prétentions des Réformés de leur faire octroyer les mêmes prérogatives, et par exemple les mêmes dispenses d'impôts qu'au clergé catholique.

Malgré cet incident, la Régente, qui cherchait à amadouer tout le monde au début, manda de nouveau d'Aubigné, quatre mois après : « Sur un billet qu'il en eut, contre l'advis de ses amis, il y alla en poste, et fut deux heures enfermé avec la Royne, la porte gardée par la Duchesse de Mercure ; elle feignoit vouloir prendre instruction de luy sur certain point, mais en effet c'estoit pour le rendre infidelle ou soupçonné à son party [3]. »

C'est bien possible, étant données les offres qu'elle lui fera faire à l'*Assemblée de Saumur*. Cette Assemblée, qui avait pour mission le renouvellement des Députés généraux, fut accordée, par brevet du 14 octobre 1610, pour le mois de mai suivant.

---

1. Duplessis aurait même souhaité que ceux des provinces voisines s'entendissent pour partir ensemble. Cf. lettre du 3 juin à son gendre, « mais puisque chacun court à la desbandade, il se fault accommoder à l'humeur », t. XI, p. 60.

2. *Mémoires*, D'AUBIGNÉ, éd. Réaume, t. I, p. 83-84.

3. *Ibid.*, p. 84. Mais d'Aubigné avait provoqué lui-même cette consultation en écrivant à la Reine une curieuse lettre, dont la copie (un peu mutilée) a été retrouvée par M. Plattard, dans les manuscrits de Bessinges, et publiée par lui dans la *Revue du XVI* siècle (t. XI, 1924, p. 79 à 90). Avec une rustique franchise, « en homme de village », il lui donnait son avis sur les affaires de l'État, et sur la façon de gouverner en appuyant son autorité sur un Conseil et sur les États généraux.

Or c'est à la fin de l'année que d'Aubigné a dû revenir à Paris, car il annonce son prochain voyage à un ami [1], dans une lettre du 23 novembre 1610. Il est donc assez vraisemblable que c'est en vue de cette Assemblée, et pour essayer de désarmer d'avance son opposition, que Marie de Médicis avait désiré s'entretenir en particulier avec lui.

Il importe de connaître un peu en détail l'histoire de cette Assemblée, non seulement parce que d'Aubigné y a joué un rôle de premier plan, mais parce qu'elle lui a inspiré un de ses écrits politiques, *le Caducée ou l'Ange de la Paix*.

Il fut élu député pour le Poitou en même temps que M. de Parabère, lieutenant gouverneur du Roi en Bas-Poitou, les sieurs de Verat, de Saint-Germain, Clémenceau pasteur de l'Église de Poitiers, Rivet pasteur de l'Église de Tours, Desfontaines et de La Milletière. Il y avait en tout soixante-seize membres, car la plupart des grands personnages du Parti avaient été requis, vu la gravité des circonstances, de prendre part à cette Assemblée avec ou sans mandat régulier d'une province. Elle s'ouvrit le 27 mai 1611 à Saumur, la ville de Duplessis. Il y eut des compétitions pour la présidence. Le maréchal de Bouillon y prétendait, mais il avait changé depuis qu'Henri IV était allé lui donner une leçon à Sedan. Maintenant il paraissait trop inféodé à la Cour ; le marquis de Cœuvres était venu lui faire certaines propositions et promesses au nom de la Reine-Mère, s'il s'employait à contenir ses coreligionnaires, et il avait prêté une oreille complaisante à ces suggestions. On avait même mis des fonds à sa disposition pour faciliter sa tâche [2]. Son rival était le duc de Rohan, jeune, ardent, ambitieux ; c'était le gendre de Sully, qui était aigri contre la Cour par sa disgrâce, et qui avait dû donner sa démission de surintendant des Finances (26 janvier 1611). L'une ou l'autre élection aurait eu une signification trop accusée ; la majorité adopta un moyen terme et un homme intermédiaire, Duplessis-Mornay (27 mai). Excellent choix en principe, car nul ne méritait mieux ce beau titre de « modérateur » par lequel on désignait le président d'une assemblée protestante ; mais celle de Saumur démentit vite cette manifestation de sagesse inaugurale.

----

1. M. de Candal, cf. Réaume, t. I, p. 570.

2. Cf. *Mémoires du Maréchal d'Estrées* (marquis de Cœuvres, frère de Gabrielle d'Estrées), édités par Paul Bonnefon pour la Société d'Histoire de France (1910), p. 44-45.

Ses actes, en effet, constituent une tentative très nette pour profiter de la faiblesse d'une Régence, et en tirer pour le Parti des avantages nouveaux qu'Henri IV avait refusés. Mais elle se heurta à une résistance plus résolue qu'elle ne l'avait supposé. Et la Cour, par réaction, riposta en s'efforçant de dissocier l'union des Églises, et de séparer le bon grain de l'ivraie, c'est-à-dire les éléments modérés des autres. Elle ne réussit que trop bien dans ce travail de division au sein de l'Assemblée. Malgré les essais de replâtrage final, les fissures du Parti avaient été visibles à tous les yeux ; et ainsi il sortit de là, non pas fortifié et grandi comme il l'avait escompté, mais affaibli et moralement diminué.

Dès le début, l'opposition des points de vue ou, si l'on veut, le malentendu entre l'Assemblée et le gouvernement royal était clairement apparu. Celui-ci s'en tenait aux termes du brevet de concession du 14 otobre 1610, qui avait autorisé l'Assemblée, uniquement pour remplacer les Députés généraux par la présentation de six candidats, comme cela s'était fait à Châtellerault (1605) et à Jargeau (1608,. Il était spécifié que les deux choisis par le Roi exerceraient leur charge pendant trois ans. Le mandat de l'Assemblée s'arrêtait là. Tout au plus pourrait-elle présenter un Cahier de requêtes, qui serait soutenu, après sa séparation, par les Députés généraux. Ces requêtes devraient demeurer dans les bornes de l'Édit de Nantes, loi fondamentale et inviolable de l'État. Voilà le terrain sur lequel se placèrent, conformément à leurs instructions [1], les commissaires royaux envoyés à l'Assemblée, MM. de Boissize et de Bullion — celui-ci protestant — qui y furent reçus pour la première fois le 7 juin. Le discours prononcé à cette occasion [2] par M. de Boissize ne manque pas de souffle oratoire, et l'hommage qu'il rend à l'Édit de Nantes a de la grandeur :

« Nous pouvons justement ce me semble associer aux victoires et trophées de nostre grand Roy ceste salutaire loy, fruict gratieux de sa haute sagesse et tesmoignage singulier du soing et de l'amour qu'il a portés à ses sujectz, comme autresfois entre les honneurs funèbres que le sénat de Rome décerna à l'Empereur Auguste,

1. Ces Instructions datées du 28 mai 1611 se trouvent au vol. m. 2608 de la Bibliothèque Mazarine, aux *Pièces Annexes*, à la suite du *Procès-verbal* de l'Assemblée.
2. Ce discours, résumé dans le *Procès-verbal*, est reproduit textuellement dans les *Pièces Annexes*.

il ordonna qu'avec les noms des nations qu'il avoit vaincues, les tiltres des loix par luy faictes et publiées fussent portés en triomphe. »

Les Réformés furent certainement sensibles à cette éloquence qui consacrait par une belle image le monument où se trouvait la Charte de leurs droits. Mais je doute qu'ils aient applaudi quand M. de Boissize ajouta qu'on ne pouvait faire aucune retouche à l'édifice sans risquer de le faire tomber en ruines. Là ils n'étaient pas d'accord. Et leur plan précisément, en sollicitant une assemblée après la mort d'Henri IV, était de consolider l'œuvre par quelques contreforts et de la parachever. Hommage à l'Édit de Nantes, fort bien ! Mais quel Édit ? Ce qu'ils réclamaient, c'était l'Édit primitif sans les retranchements qu'il avait dû subir pour passer au Parlement de Paris. Et, dès le 10 juin, on fit porter aux commissaires royaux par une délégation, dont faisait partie *d'Aubigné*, une requête en ce sens [1]. Encore n'était-ce là qu'un minimum. L'Assemblée voulait plus et autre chose que le simple retour au premier Édit de Nantes, sous le prétexte — évidemment exact — que la disparition d'Henri IV créait une situation nouvelle, et diminuait la sécurité des Églises. C'est ce que Duplessis avait laissé entendre aux commissaires dans ses conversations particulières avec eux, à leur arrivée, avant même leur audition à l'Assemblée. Les Réformés, avait-il dit, « ne demandoient rien davantage sinon quelques seuretez un peu plus grandes que le temps présent leur faissoit désirer ». Propos vague, mais d'autant plus inquiétant, et qui avait fait dresser l'oreille aux commissaires [2].

Qu'y avait-il là-dessous ? Ils furent bientôt éclairés. Le 7 juin, le jour même

---

1. Parmi les Cahiers dressés par l'Assemblée il y en aura un spécialement consacré au rétablissement de l'Édit dans sa forme première. Il permet de se rendre compte des modifications qui avaient été apportées. Ce petit Cahier particulier figure aux *Pièces Annexes* dans le ms. 2608 de la Bibliothèque Mazarine. Je relève principalement dans les changements dont on se plaint : des restrictions aux lieux d'exercice primitivement alloués, par l'exigence que le culte y ait été « établi » en 1596 et 1597, et non plus seulement « célébré par plusieurs et diverses fois » (belle matière à chicane que ce mot « établi ») aussi par l'exemption accordée aux villes d'archevêchés et d'évêchés ; — une réduction des garanties judiciaires, particulièrement au Parlement de Paris, où la chambre de l'Édit a été constituée tout autrement qu'il n'avait été convenu, et d'une façon générale par l'exception introduite en faveur des ecclésiastiques dispensés de la juridiction de ces chambres d'Édit, même quand ils sont les inspirateurs ou les exécuteurs d'attentats contre les Réformés ; — le retrait du droit d'utiliser les cimetières catholiques jusqu'à ce qu'ils aient été pourvus de lieux de sépulture spéciaux, etc.

2. Cf. leur compte rendu à la Reine-Mère après leur audition à l'Assemblée le 7 juin, ms. 2608 aux *Pièces Annexes*.

où ils avaient comparu devant elle, l'Assemblée votait une résolution disant qu'on supplierait Sa Majesté de permettre que la désignation des gouverneurs de places fût faite directement par les provinces — ce à quoi jamais Henri IV n'avait voulu consentir — et d'autre part, dans le petit Cahier spécial, relatif aux places de sûreté, un article ajouté au dernier moment[1] en demandera de nouvelles pour les provinces qui en étaient dépourvues, parce que la population huguenote y était peu nombreuse. Voilà donc des points très importants où l'on outrepassait même le premier Édit de Nantes.

Enfin, pour la question de la Députation générale, à laquelle, d'après le programme de la Cour, devait se borner presque exclusivement la tâche de l'Assemblée, celle-ci n'admettait pas la procédure du brevet de concession. Dès le 8 juin, elle décidait qu'elle ne désignerait que deux personnes au lieu de six, c'est-à-dire qu'elle supprimait le choix du Roi et imposait la carte forcée. Toujours le même conflit qui réapparaissait à chaque renouvellement des Députés généraux. Et chaque fois il avait fallu céder ; alors à quoi bon s'entêter ? C'est qu'à ce moment on se croyait en mesure de faire triompher — et définitivement — l'élection directe à laquelle on tenait tant... De même on repoussait le mandat de trois ans[2] — moyen d'espacer davantage les assemblées — et on voulait le réduire à deux ans comme pour les nominations antérieures. Mais en réalité ce terme avait toujours été dépassé, et l'innovation apparente du Brevet sur ce point ne faisait que régulariser une situation de fait. Jamais depuis l'institution des Députés généraux, et encore que le règlement établi à leur sujet par l'Assemblée de Sainte-Foy en 1601 ait fixé la durée de leur charge à un an, jamais ils n'étaient restés moins de trois ans en exercice. La décision de l'Assemblée de Sainte-Foy était unilatérale et ne liait pas la Royauté.

Ainsi les positions étaient nettement prises de part et d'autre, et les divergences n'étaient que trop manifestes. Les commissaires royaux rendirent compte à

1. Les Cahiers furent définitivement arrêtés le 27 juin. Voici la teneur de cet article : « Supplieront aussy sa Majesté de pourvoir à la sureté de ceux de la Religion qui sont ez provinces de Bretagne, Normandie, Isle-de-France, Picardie, Champagne, Brie, Bourgogne, Forez, Beaujollois, Lyonnois, Vivaretz et Auvergne, en leur accordant quelques villes dans les dites provinces pour la sureté de leurs vies et biens. » *Procès-verbal* de la séance du 27, ms. 2608, Bibl. Mazarine.

2. Même séance du 8 juin. Cf. *Procès-verbal* à ce jour, ms. 2608, Bibl. Maz.

la Reine de leurs premières démarches et impressions, et demandèrent des instructions complémentaires. En les attendant on peut croire qu'ils ne perdirent pas leur temps, et qu'ils pratiquèrent des sondages dans divers milieux de l'Assemblée, et dans les... consciences. D'Aubigné nous dit, en effet, dans ses *Mémoires :*

« Nous voilà à l'Assemblée de Saumur, à l'ouverture de laquelle Monsieur de Boissise ayant fait de grandes promesses à Aubigny eut pour responce : *J'auray de la Royne ce que j'en désire, c'est qu'elle me tiendra pour bon Chréstien et bon François.* Depuis on despescha exprès la Varenne pour luy, qui le courtisa d'une façon desmesurée ; si bien qu'un des corrompus luy disant devant M. de Bouillon : *Qu'est allé faire La Varenne en vostre logis, douze fois depuis hier matin ?* la responce fut : *Ce qu'il fit au vostre dès la première et n'a sçeu faire au mien en douze fois[1].* »

Les 14, 17 et 18 juin les commissaires revinrent à l'Assemblée et firent, au sujet de l'Édit, des déclarations catégoriques. La Régente entendait le respecter et l'appliquer scrupuleusement, mais n'en connaissait pas d'autre que l'Édit enregistré, qui seul avait force de loi. Entre temps ils avaient reçu communication du Cahier général arrêté par un comité de rédaction où siégeait *d'Aubigné*[2]. Ils le rapportaient après en avoir pris connaissance — pour pouvoir renseigner la Reine sur son contenu — mais ils refusaient de le discuter, la chose étant du ressort du Conseil du Roi. Ils pallièrent ce refus par quelques bonnes paroles, en affirmant qu'ils appuieraient toutes les demandes justes, ce qui à vrai dire ne les engageait pas beaucoup.

Sur ce, l'Assemblée, voyant là une sorte d'invite à entrer directement en rapports avec le Conseil, décida d'envoyer une députation à Paris avec les Cahiers (20 juin). Cette députation partit le 28, emportant quatre Cahiers[3]. Elle fut bien

---

1. *Mémoires*, éd. Réaume, t. I, p. 84-85. Plus loin (p. 86) il précise qu'on lui offrait d'augmenter de 5.000 fr. ses pensions, qui étaient de 7.000. Ailleurs (*Lettres familières*, Réaume, t. I, p. 352), il dit qu'on lui proposait de les doubler.

2. Cf. *Procès-verbal* des séances du 30 mai, 8 juin et 14 juin, ms. 2608, Bibl. Maz. Ce Cahier figure dans les *Mémoires de Duplessis*, t. XI, p. 231 à 246.

3. Le Cahier général — un Cahier de demandes et plaintes particulières — le petit Cahier relatif aux modifications de l'Édit, suivi d'un mémoire réclamant dans certains endroits des lieux d'exercice plus rapprochés des villes, enfin le Cahier spécial des places de sûreté. Cf. ms. 2608, séances des 20, 22, 27 et 28 juin et, aux *Pièces annexes*, les lettres (pour le Roi et la Reine) et les Instructions qu'emportait la députation.

reçue, et même la Reine consentit à examiner les requêtes, quoique la nomination des candidats à la Députation générale ne fût pas encore faite comme elle l'avait expressément et à plusieurs reprises exigé. C'est donc elle qui fit la première concession, mais elle en limita l'effet, comme nous l'allons voir. Cet examen des Cahiers par le Conseil retint les délégués à Paris pendant cinq semaines.

Durant ce temps, l'Assemblée régla toutes sortes d'affaires particulières et surtout revisa l'organisation politique du Parti, en adoptant *un nouveau Règlement général*, qu'une commission de choix fut chargée d'élaborer. Les plus grands noms y figurent et *d'Aubigné* parmi eux, ce qui nous montre une fois de plus quel rang honorable il avait acquis. Elle se composait, en effet, des ducs de Bouillon, de Rohan, de Sully, de Soubize, et de MM. Duplessis, de Saint-Germain, *Daubigny*, de Mont-brun et de Fontenay. Elle commença ses travaux le 20 juillet et ne devait les ter-miner que le 20 août, à la veille presque de la séparation de l'Assemblée [1].

Ce Règlement créa *une institution toute nouvelle, l'Assemblée de cercle*. Jus-que-là il n'y avait eu que des assemblées provinciales ou générales. Le Cercle était un rouage intermédiaire, une assemblée régionale, embrassant trois ou quatre provinces, qui serait plus facile à réunir qu'une générale, et moins coûteuse, car elle existerait toujours en puissance, étant constituée par des délégués des Conseils provinciaux, permanents eux, à la condition du moins qu'ils subsistassent et conti-nuassent à être tolérés malgré et contrairement à l'Édit de Nantes. Là était le point litigieux. Le Cercle était fait pour soutenir une province menacée ou lésée dans ses droits ; si l'affaire prenait une tournure intéressant l'ensemble des Églises, il avait pouvoir de convoquer une Assemblée générale. Instrument de défense rapide et souple, comme on le voit, mais dangereux par les facilités mêmes qu'il offrait à l'agitation, et par ses répercussions possibles.

Cependant les députés qui étaient allés traiter avec le Conseil du Roi étaient revenus (7 août), mais sans rapporter les réponses aux Cahiers. Elles étaient prêtes pourtant, mais il leur avait été signifié (le 23 juillet) qu'elles ne leur seraient pas remises tant que l'Assemblée n'aurait pas proposé les six noms pour la Députation générale. Ils avaient insisté sans succès. On leur avait seulement appris officieu-

---

1. Cf. *Procès-verbal* de l'Assemblée aux dates des 20 et 30 juillet, 1ᵉʳ et 29 août, ms. 2508. Bibl. Mazarine.

sement que la garde des places de sûreté était prolongée de cinq ans, et le fonds d'entretien des pasteurs accru[1].

Le commissaire protestant, M. de Bullion, suivit de près le retour des députés. Il se présenta à l'Assemblée le 15 août, pour confirmer et justifier la décision de la Reine, sur laquelle elle ne reviendrait pas. Elle avait déjà montré beaucoup de bienveillance et transgressé l'ordre établi par Henri IV, en consentant à faire examiner les Cahiers d'avance, car depuis l'Edit de Nantes il n'y avait jamais été répondu avant la séparation des Assemblées, mais après, par l'entremise des Députés généraux[2].

La thèse de la Cour était inattaquable, tous les précédents lui donnaient raison. L'Assemblée tenta une dernière démarche, par une requête datée du 18 août et que M. de Bullion fut prié de transmettre. Là elle abandonne les chicanes procédurières et ne soutient plus, contrairement à la vérité, que les choses s'étaient toujours passées comme elle le demandait cette fois ; mais elle fait valoir des considérations d'opportunité, où se révèlent enfin franchement les arrière-pensées, légitimes et respectables d'ailleurs, qui inspiraient les députés, comme elles avaient inspiré les électeurs :

« Toutes les provinces d'un commun sentiment de leur mal [après l'assassinat d'Henri IV] ont recherché dans la dite assemblée, composée par eux pour cet effet de toute autre sorte que les précéddantes, non simplement la nomination de leurs députez généraulx, mais le salutaire remède aux justes apréhensions qu'ilz avoient des conséquences de la mort de ce grand Roy, duquel le seul respect et la seule parole les pouvoit garantir[3]. »

Ces « salutaires remèdes », c'étaient des garanties supplémentaires, les « quelques seuretez un peu plus grandes » dont Duplessis avait parlé dès le début, c'est-à-dire une sorte d'avenant à l'Édit de Nantes, que l'Assemblée aurait négocié avec le gouvernement de la Régence. Voilà quelle avait été son ambition, dont il avait fallu rabattre peu à peu devant la résistance rencontrée. Mais les obstinés ne renonçaient pas à l'espoir d'amorcer, par la discussion des réponses aux Cahiers,

---

1. Cf. *Procès-verbal* de l'Assemblée à la date du 26 juillet et du 7 août, ms. 2608.

2. Cf. *Procès-verbal* de la séance du 15 août, et aux *Pièces Annexes* la harangue intégrale de Bullion.

3. Cf. *Procès-verbal* des séances du 16, 17 et 18 août, et aux *Pièces Annexes* (ms. 2608) le texte des remontrances envoyées à Paris le 18 août.

un traité complémentaire. La Reine déjoua ce calcul par ses répliques tranchantes aux remontrances du 18 août [1]. Dans sa lettre à l'Assemblée, datée du 27, elle démontrait aisément que dans le conflit soulevé, le bon droit était du côté de la Cour ; et, découvrant les vraies raisons qui se cachaient sous les prétextes invoqués pour reculer sans cesse la nomination des candidats à la Députation générale, elle disait aux auteurs de ces difficultés : Votre but est clair, ce n'est pas seulement une victoire d'amour-propre que vous recherchez en voulant nous « abstraindre a recevoir la loy de vous sur une telle formalité, qui n'a oncques esté contestée et moins opiniastrée aux assemblées préceddantes » ; ce que vous prétendez au fond, c'est « de nous engager, ayant communication desdictes réponces [aux cahiers] devant [avant] ladicte nomination, à des négociations et traictez qui soient autorisez de ladicte assemblée, pour donner prétexte à la prolongation d'icelle ».

Or de ce débat elle ne voulait à aucun prix, craignant avant tout d'être entraînée à des modifications de l'Édit de Nantes, ce qui eût été la porte ouverte à des prétentions toujours plus grandes : il fallait une barrière inamovible. Elle était préoccupée aussi d'apaiser l'opinion catholique, qui commençait à s'alarmer et à s'irriter de la durée de cette Assemblée, convoquée soi-disant seulement pour procéder au remplacement des Députés généraux.

La Reine renouvelait donc impérativement l'ordre de faire l'élection, et si l'Assemblée ne se soumettait pas, elle lui défendait de continuer à siéger. Dans ce cas « nous vous commandons au nom du Roy et au mien de vous séparer et retirer dès à présent et sans dilation en vos provinces, et nous révoquons par la présente la permission qui vous a esté donnée de faire et continuer ladicte assemblée et déclarons nulles toutes les délibérations et résolutions que vous prendrez en icelle après la présante signification. »

Mais, ajoutait-elle, car elle faisait une réserve en faveur de ceux qui seraient disposés à la docilité, et c'est ici qu'apparaît au grand jour et que s'achève la tentative de scission que la Cour poursuivait en sourdine au sein de l'Assemblée, depuis son ouverture :

1. Répliques article par article, puis lettre à Duplessis, lettre à l'Assemblée, et enfin lettre d'envoi de toutes ces pièces à M. de Bullion. Le tout daté du 27 août, figure aux pièces annexes du vol. 2608.

« Mais d'aultant que nous sommes bien informez et acertenez que tous les depputez, desquels la dicte assemblée est composée, ne conviennent et approuvent l'obstination et désobéissance ny les fins des autheurs de ce refus, nous enjoignons de la part du Roy, mon dict sieur et filz, aux depputez des provinces qui voudront obéir à la présante ordonnance de procedder entre eux à ladicte nomination des dietz six depputez, de recevoir des mains dudict sieur de Bullion ledict cahier, et après se séparer... »

Cette réponse de la Reine fut communiquée officiellement par Bullion à l'Assemblée, le 3 septembre. Il en avait donné connaissance d'avance à Duplessis en lui remettant une lettre personnelle que Marie de Médicis lui adressait, et où elle le mettait en cause comme président. Duplessis avait eu ainsi le temps de se concerter avec ses collègues pour parer le coup attendu. Le danger était réel. Une partie des députés, gagnés par le maréchal de Bouillon, n'aurait pas hésité à se prêter à la manœuvre de la Cour. Afin d'éviter un schisme des Églises, Duplessis fut d'avis de céder ; mais on comprend que cette solution opportuniste de la capitulation de la majorité, pour ne pas laisser usurper ses droits par la minorité, n'ait pas été du goût de tout le monde, et que les intransigeants, les *Fermes* comme d'Aubigné les appellera dans le *Caducée*, en aient gardé une singulière amertume contre les *Prudents*. Nous verrons cela. L'opinion de Duplessis prévalut, et aussitôt après la communication de Bullion, il put l'assurer de l'obéissance de l'Assemblée, sans doute à la grande surprise du commissaire du Roi [1].

Le lendemain dimanche, jour du Seigneur, fut employé à une œuvre pie, à une tentative pour refaire, avant le vote, l'union parmi les membres de l'Assemblée. Huit commissaires « pour la réconciliation des différends » avaient été nommés à cet effet. Mais leurs efforts n'aboutirent pas ; l'aigreur de la lutte et des discordes était encore trop vive. D'Aubigné resta fâché plusieurs années avec le duc de Bouillon.

« Là, nous dit-il, il perdit l'amitié de M. de Bouillon, qu'il avoit acquise et conservée depuis trente ans en bonnes occasions. Ce fut pour ce qu'il l'empescha de présider et s'opposa à luy en toutes les propositions curieuses qui le perdirent

---

1. Cf. *Procès-verbal* de la séance du 3 septembre, ms. 2608.

de réputation : surtout, sur ce que le dit Seigneur Duc ayant fait une longue harangue pour faire que le Party se dessaissist de toutes asseurances pour se remettre en la disposition de la Royne et de son conseil. Pour cest effect, après une longue et affectée loüange de la saison du martire, il oyt un autre discours tout contraire au sien, duquel la fin fut telle : *Ouy, le martire ne se peut eslever par asses de loüanges ; bien heureux sans mesure qui l'endure pour Christ ; se préparer au martire est le faict d'un vrai Chrestien, mais y engager ou y mener les autres, c'est de traistre et d'un bourreau* [1]. »

L'élection des six candidats eut lieu le lundi 5. En les désignant on spécifia que la soumission au commandement formel du Roi n'impliquait pas d'adhésion pour l'avenir à la procédure adoptée cette fois, afin de réserver pour les Assemblées ultérieures la liberté de revendiquer à nouveau la nomination directe des Députés généraux, et de ne la faire qu'après les réponses aux Cahiers [2].

Dès que Bullion fut en possession des résultats du vote, il délivra à l'Assemblée, comme il l'avait promis, le Cahier « répondu » et le brevet de prolongation des places pour 5 ans à dater du 1er janvier suivant.

Après quoi, l'Assemblée attendit le choix de la Régente en réglant quelques affaires de la dernière heure. L'une d'elles concerne d'Aubigné. Nous lisons, en effet, dans le procès-verbal à la date du 9 septembre :

« Sur ce que le *sieur Daubigny* a faict représenter que durant le temps de ceste assemblée il a faict réparer les murailles de Maillezais, requérant d'estre remboursé des frais qu'il y a faictz et où [dans le cas où] on le voudroit inquiéter pour lesdites réparations qui estoient totalement nécessaires, il soit maintenu [soutenu] par le général [l'ensemble] des Églizes, la Compagnie a résolu de prendre sa déffence où [dans le cas où] il seroit mis en peine pour ce regard, de le faire rambourser quand les moyens s'en pourront trouver, suivant l'estimation de la besoigne qui sera faicte par la province de Poytou [3]. »

C'est sans doute pour surveiller ces travaux que d'Aubigné s'était absenté du 20 juin au 1er juillet, comme le note le procès-verbal. Ainsi il s'est trouvé tout

---

1. *Mémoires*, éd. Réaume, t. I, p. 85.
2. *Procès-verbal* du 5 septembre, ms. 2608.
3. *Procès-verbal* de la séance du 9 septembre, ms. 2608.

juste que ses remparts ont eu besoin de réparations urgentes pendant que se tenait l'Assemblée de Saumur. Mais simple coïncidence ! Le bon apôtre ! Si c'était aussi simple et aussi naturel, il ne craindrait pas d'être inquiété à ce sujet par le gouvernement royal. La vérité, qui se laisse aisément deviner, c'est qu'il croyait à une rupture ; il y travaillait peut-être autant qu'à ses murailles, et il prenait ses précautions en prévision d'une guerre, il se mettait d'avance en état de défense.

L'Assemblée tint sa dernière séance le 12 septembre. Ce jour-là M. de Bullion apporta le brevet de nomination de MM. de Rouvray et de La Milletière comme Députés généraux. Ils prêtèrent serment et la session fut close.

La dispersion des députés fut le signal d'une effervescence dans les provinces ; les passions et les discordes de Saumur s'y répandirent comme autant de boute-feux. Partout se tinrent des assemblées locales pour écouter le rapport des députés et prendre connaissance des réponses au Cahier général. D'Aubigné nous apprend ce qui se passa à celle de Thouars, à laquelle il assista :

« A l'*Assemblée Sinodale de Touars* qui estoit pour la reddition de compte de Saumur, les fermes y receurent quelques atteintes. Là on veit du milieu de deux cents personnes assemblées le Ministre de Parabelle, nommé La Forcade, se lever debout huit ou dix fois pour interrompre les voix en s'escriant : *Messieurs, gardons-nous bien d'offencer la Royne !* Là on voulut grabeler les Gouverneurs qui mettoyent leur garnison en la bourse : quelques jeunes ministres dirent, *Ils sont pourvoyants et pacifiques.* On voulut toucher à ceux qui aux despens du Party prenoyent des pensions : un autre Ministre disoit

> *Principibus placuisse viris non ultima laus est.*

« Sur ceste nouvelle farce Aubigné prit congé de la Compagnie, prenant occasion de son aage, disant qu'il estoit quitte des Assemblées publiques estant devenuës telles que des femmes publiques[1]. »

Cependant dans la plupart de ces assemblées provinciales la conduite du duc de Bouillon, le promoteur des ralliements au gouvernement, c'est-à-dire des défections à la Cause, fut sévèrement jugée. Duplessis, qui avait été le chef de la majorité contre lui, avait recommandé aux provinces de dresser des remontrances — sur les

---

1. *Mémoires*, éd. Réaume, t. I, p. 85-86.

réponses au Cahier — à peu près uniformes, et de s'entendre pour les faire porter en Cour par une délégation commune. Le procédé n'était pas très régulier, car c'était un empiétement sur les attributions des Députés généraux [1], seuls qualifiés maintenant pour servir d'intermédiaires entre les Églises et le pouvoir royal. Aussi Marie de Médicis hésitait-elle à recevoir les délégués. Bouillon, irrité de la campagne menée contre lui, l'engageait à leur fermer sa porte. Pour ne pas jeter de l'huile sur le feu, elle leur donna audience le 19 janvier 1612, mais ce fut simplement pour les inviter à remettre leurs doléances entre les mains des Députés généraux et à se retirer. Ils obéirent, et trois mois après, le 24 avril 1612, elle publia une déclaration amnistiant les assemblées — illégales — qui venaient d'avoir lieu, mais interdisant à l'avenir toute réunion politique.

Mais alors les Conseils provinciaux eux-mêmes, chevilles ouvrières du Parti, étaient condamnés ou menacés ? Car il n'en était pas question dans l'Édit de Nantes, et si l'on s'en tenait à la lettre, on pourrait les impliquer dans l'interdiction générale qu'il faisait des assemblées politiques : les y assimilerait-on ? L'inquiétude s'empara des Églises, le *Synode national de Privas* s'en fit l'interprète et protesta, le 2 juin 1612, contre la déclaration du 24 avril. C'était se mêler de politique à son tour et sortir de son rôle religieux.

Il le remplissait au contraire fidèlement lorsqu'il s'efforçait de ramener la concorde parmi les frères ennemis. Leur désunion n'était pas seulement une offense à la charité chrétienne, elle affaiblissait le Parti et offrait à ses adversaires la tentation d'abuser de ses divisions. On l'avait bien vu à Saumur. Jamais l'Assemblée n'aurait été traitée avec cette rudesse, si elle avait présenté aux attaques une masse compacte. Il fallait donc faire à l'intérêt des Églises le sacrifice des offenses d'amour-propre et des inimitiés. C'était aux Grands à donner l'exemple. C'est pourquoi le Synode nomma « cinq commissaires pour la réconciliation des chefs » à qui ils deraient présenter un formulaire d'union à signer. Aucun ne s'y refusa, et Duplessis fit le premier pas vers Bouillon en lui adressant une lettre déférente dont le Duc lui sut gré [2].

---

1. Duplessis s'en excuse en quelque façon auprès d'eux dans sa lettre du 2 décembre 1611. Cf. *Mémoires de Mornay*, t. XI, p. 354 et sq.

2. Cf. *Mémoires de Mornay*, t. XI, p. 464, lettre du 19 septembre 1612. Bouillon le fit remercier par

Le Synode se sépara le 4 juillet. C'est à ce moment que d'Aubigné composa son opuscule *le Caducée ou l'Ange de la Paix*, qui est un écho de tous les événements que nous venons de raconter. Je sais bien que M. Rocheblave, dans sa *Vie d'un Héros* [1], y voit une œuvre de la vieillesse de d'Aubigné, écrite un an avant sa mort en 1629, et qui serait une sorte de *meâ culpâ*, un désaveu de la violence en matière de religion, le testament final d'une âme enfin apaisée. M. P. Villey, dans une note insérée aux *Mélanges Lanson* [2], a heureusement remis les choses au point, et expliqué que cette erreur d'interprétation avait pour premier auteur responsable l'annotateur de l'édition Réaume, qui a mal daté une allusion relative à un emprisonnement des Dames et Damoiselles de Rohan [3]. Il ne s'agit pas de leur emprisonnement au château de Niort, d'octobre 1628 à juin 1629, entre la prise de la Rochelle (par Richelieu) et la paix de grâce d'Alais, mais d'un incident antérieur et beaucoup moins grave, sur lequel nous renseignent *les Mémoires de Rohan et de Pontchartrain* [4]. Au printemps de 1612, Rohan, gouverneur en titre de Saint Jean-d'Angely, ayant pris sur lui de faire procéder à l'élection du nouveau maire malgré la défense de la Cour, un de ses gentilshommes et son secrétaire, qui se trouvaient alors à Paris, furent mis à la Bastille, et sa mère, sa femme et ses sœurs gardées à vue dans leur logis. C'est la nouvelle de leur libération qu'apporte un des interlocuteurs du dialogue, en même temps que celle « d'un pardon que la Rayn vouloit faire publier pour les Assemblées tenuës depuis la Générale [5]. » On reconnaît là aisément la Déclaration du 24 avril 1612.

Ce n'est pas seulement cette erreur chronologique qui est cause de celle que l'on commet, quand on voit dans *le Caducée* une palinodie. Elle vient surtout de ce qu'on confond avec d'Aubigné *le narrateur* qui y parle à la première personne, et qui se fait l'apôtre de la modération. Mais ce conciliateur n'est ni d'Aubigné, ni un anonyme quelconque, qui pourrait être son porte-parole ; *c'est un pasteur*. Per

Mme de La Trémoille, *ibid.*, p. 544. Voir encore sur la mission des commissaires une lettre de M. Duples sis à M. Diodaty, t. XI, p. 459 et à l'Église de Montauban, t. XI, p. 461.

1. Hachette, 1912, p. 231.
2. Hachette, 1912, p. 154 à 161.
3. Cf. éd. Réaume, t. II, p. 188 et notes de Legouez au t. V, p. 274-275.
4. Cf. *Mémoires de Rohan* dans la collection Michaud et Poujoulat, t. V de la deuxième série, p. 500 col. 1 ; et *Mémoires de Pontchartrain* (même tome de la collection, p. 318, col. 2 et 319 col. 1).
5. Réaume, t. II, p. 88.

sonne ne paraît s'en être avisé, pas même M. P. Villey dans sa courte mais substantielle note. Il n'y a cependant aucune équivoque possible. Le début est un exorde de sermon, sur un texte de l'Écriture sainte ; la fin est une exhortation évangélique, semée d'images bibliques, et qui se termine par une formule traditionnelle d'invocation au Seigneur. Mais voici des preuves plus convaincantes encore. Après avoir déploré la discorde des enfants de Dieu, l'auteur du récit annonce qu'il a entrepris une tâche épineuse, qui est de les réconcilier :

« Je veux donc fascher et les uns et les autres pour aider aux deux, sans autres récompenses que de faire paix moy-mesme à ma conscience, laquelle me piquant de mon devoir et de *ma profession*, depuis quelque mois m'a tiré du lit avant l'aube du jour, pour courir à la visitation des divisez [1]. »

Est-ce la profession et le devoir d'un soldat, ou d'un pasteur, de travailler ainsi, au nom de la charité chrétienne, à rapprocher les cœurs des fidèles ?

Plus loin un des personnages mis en scène dit à son adversaire :

« Si vous voulez avoüer vérité devant *Monsieur que voïez, qui annonce la véritté* [2]. »

De qui peut-on dire cela, si ce n'est d'un ministre du Saint Évangile ?

Enfin, après sa dernière visite, qui fut au duc de Rohan, à Saint-Jean-d'Angely, notre missionnaire pacifique déclare, en conclusion de l'entretien, où le Duc a tenu un langage irréprochable : « Quoy que j'eusse desseing pour parler tousjours pour les absans, *comme doit tout Ministre de réconciliation*, ce que je pus répliquer fut de prier Dieu qu'un propos tant saint fust confirmé [3]. »

Nous avons donc affaire à un « ministre de la réconciliation », non pas un des commissaires officiels nommés à cet effet par le Synode de Privas, puisque c'est seulement en rentrant chez lui, après sa tournée pastorale, qu'il a des nouvelles du Synode et de ses résolutions [4]; mais c'est un conciliateur bénévole qui, spontanément, à titre officieux, et par « devoir de sa profession » avait assumé d'avance la même tâche de rétablir la paix dans le troupeau. Il tiendra donc, du commence-

1. Éd. Réaume, t. II, p. 74.
2. *Ibid.*, p. 92.
3. *Ibid.*, p. 107.
4. Cf. Réaume, t. II, p. 107 « Je ne fus pas plutost à ma maison que je trouve un des frères revenans du National... etc. »

ment à la fin, le rôle et le langage qui conviennent à sa vocation, et il n'y a pas de raison d'attribuer à d'Aubigné les sentiments modérés de cet arbitre, qu'il place dans la seconde phase du récit sous le nom de *Modeste*, entre le *Ferme* et le *Prudent*. Ainsi tombe la contradiction apparente, qui embarrassait encore un peu M. Villey, entre la sympathie évidente que d'Aubigné éprouve pour les opinions des Fermes — où l'on retrouve toutes les siennes — et l'adhésion qu'il semble d'autre part donner à l'œuvre conciliatrice du Modeste en ayant l'air de se confondre avec lui.

En réalité, *le Caducée est un pamphlet* dirigé contre le duc de Bouillon et sa séquelle à l'Assemblée de Saumur. Mais, pour le rendre plus original et plus piquant, d'Aubigné l'a conçu sous la forme dramatique, comme une action à plusieurs personnages, et une suite de scènes reliées entre elles par la présence et l'intervention continue du Bon Pasteur — qui n'a que ce point de commun, je me hâte de le dire, avec le compère de nos revues très profanes.

Dans la première partie, il s'en va avec sa houlette successivement chez deux gentilshommes de marque, qui représentent les deux tendances opposées que l'on a vues se heurter à l'Assemblée de Saumur: la politique opportuniste prête à tous les compromis avec la Cour, et la politique intransigeante de résistance à outrance. Nous avons ainsi la thèse et l'antithèse, traitées avec un égal sérieux ; et c'est là qu'on peut louer d'Aubigné d'un effort réel d'impartialité, pour avoir essayé, quand il fait parler le premier protagoniste, de comprendre et de ne pas dénaturer les raisons de ses adversaires. La fin seulement du plaidoyer tourne au comique, par une plaisante et escobaresque justification de la corruption dont on accusait les adhérents de Bouillon.

« J'acheveray en protestant devant Dieu et ses Anges que je n'ay receu aucun argent *contant* à Saulmur, ni promesses en *condition* de trahir mon party, choses que je puis en bonne conscience acertener pour ceux qui ont esté de mesme opinion avec moy. Que si depuis la Rayne a voulu uzer de sa bénéficence envers ses fidèles serviteurs et subjets, je dis et maintiens à qui voudra qu'on peult justement recevoir des biens de la main de son Prince, et qui plus est, que le refus est marque d'une mauvaise conscience, un signe de ne se vouloir pas obliger de fidélité à qui on l'est desja par nature, ce que les loix du Royaume nous enseignent quand elles defendent de recevoir présent de la main des Estrangers : et puis il sembleroit que nostre Religion, comme celle des Cordeliers, fist vœu de pauvretté[1]. »

Ce premier avocat des Prudents — nous en verrons paraître un second tout à l'heure — est « un Seigneur de beaucoup d'otoritté et d'expériance qui a assisté avec charge à tout ce qui s'est passé à Saumur et qui a eu authorité aux Assemblées Provinciales de devant et d'après[2] ». Ce signalement ne s'applique guère au duc de Bouillon, qui n'avait pas de mandat régulier de député à Saumur, et, qui, après, ne fut pas précisément en crédit aux Assemblées provinciales. Puis il n'habitait pas dans cette région de l'Ouest protestant, où toute l'histoire semble se dérouler. Mais si ce n'est lui, c'est donc son frère, ou bien quelqu'un des siens. L'autre Seigneur chez qui se rend le Pasteur deux jours après, pour entendre l'autre son de cloche, est « un Gentilhomme de Xaintonge, lequel depuis vingt ans a tousjours esté emploié aux Assemblées publiques, et notemment aux premières et dernières de Chasteleraud, Vendosme et Saumur, lequel s'y est porté sans reproches en Gentilhomme qui n'a rien à espérer par la guerre, si ce n'est de troubler ses grandes et exquises commoditez, les plaisirs de ses exelans jardinages. Son humeur conspire avec ses affaires au désir du repos, quoy que ce soit une âme ferme et entière en ce qui est du service de Dieu[3] ». Ceci est peut-être plus vrai que son humeur pacifique ; car cette fois l'identité du personnage se révèle assez clairement, et ce sont là les états de services politiques de d'Aubigné, tels que nous les connaissons. J'accorde que d'autres pourraient en invoquer de pareils ou d'analogues, j'accorde aussi que Maillezais et Mursay, ses résidences habituelles, ne sont pas en Saintonge, mais en Poitou. Provinces limitrophes ; et puisque tous les acteurs de cette petite pièce demeurent anonymes sauf le dernier (le duc de Rohan) il fallait bien que d'Aubigné conservât un demi-masque, comme les autres, et déroutât un peu son lecteur par un alibi... qui n'est pas éloigné. Et puis n'oublions pas qu'il était originaire de Saintonge, étant natif de Pons. Enfin, comment douter que ce soit lui qui prenne la parole à ce moment, quand il défend le Protestantisme combatif par les mêmes raisons, les mêmes justifications qu'il n'a cessé de donner dans tous ses

1. Éd. Réaume, t. II, p. 77.
2. Réaume, t. II, p. 74.
3. *Ibid.*, p. 77-78.

écrits, quand en particulier il résume ici presque entièrement un chapitre de l'*Histoire universelle*, intitulé « *Invectives contre les réformez et leurs responses* »[1] ?

Si c'est bien lui qui entre en scène, nous ne nous étonnerons pas que le reste de l'action — sauf l'épilogue — se passe maintenant dans sa maison. En effet, après son entretien particulier avec le Pasteur, survient, à l'heure du dîner (déjeuner), un cousin à lui, mais qui n'est pas du même bord ; c'est un *Prudent* comme le « Seigneur d'autorité » du début. Et alors s'engage autour de la table, pour se poursuivre après le repas dans le cabinet de travail, une discussion très sérieuse et très vive entre les deux parents, qui risquerait de se terminer en dispute et en brouille, si le Pasteur, comme l'arbitre d'un duel, ne s'interposait de temps en temps pour les calmer. Il est très possible — dirai-je probable ? — que ces circonstances ne soient pas imaginaires, et que le canevas de l'opuscule de d'Aubigné lui ait été suggéré par un incident domestique de ce genre. Considéré sous cet aspect, *le Caducée* prend un attrait particulier, un intérêt documentaire, qui en fait quelque chose de très vivant et de très suggestif. Il nous fait pénétrer dans un intérieur huguenot, au moment où le Parti était divisé contre lui-même, et nous montre comment les luttes du dehors y retentissaient, jetant la discorde jusque dans les familles. Nous avons connu cela.

Cette discussion chez le Gentilhomme de Saintonge — ou chez d'Aubigné, c'est tout un — est une reprise des mêmes questions, des mêmes arguments exposés de part et d'autre dans les professions de foi et justification séparées. Mais le dialogue appelle des développements plus abondants, par le jeu naturel des objections et des répliques. On ne peut donc pas dire que ces deux parties fassent double emploi : l'une est comme l'introduction de l'autre. Nous ne suivrons pas au reste dans le détail, ni dans ses deux phases, cette controverse autour de l'Assemblée de Saumur. Il nous suffira d'en dégager l'essentiel pour marquer les tendances divergentes qui se partageaient alors les esprits parmi les Réformés, et qui allaient s'accentuer. Nous constaterons que dans cette querelle, liée à des circonstances depuis longtemps disparues, sont impliqués des problèmes de politique et de morale dont l'intérêt est de tous les temps.

---

1. *Histoire universelle*, t. IX, p. 283 et sq. (édition Ruble).

Le fond de la thèse des *Prudents*, c'est que l'attitude prise par les intransigeants menait tout droit à la guerre, contrairement à la volonté des Églises, contrairement à l'intérêt évident du Parti. Et cette conséquence, si elle n'était peut-être pas aperçue d'eux tous, était acceptée, souhaitée même par des brouillons, par des éléments turbulents où dominaient les ministres du Midi. Les pays de « delà Loire », c'est-à-dire au sud, étaient moins exposés au danger en cas d'hostilités, à cause de leur éloignement et de l'importance numérique des agglomérations protestantes. Mais les pays de « deçà », au nord de la Loire, où les Églises n'étaient que des îlots isolés, allait-on de gaîté de cœur les jeter dans la tourmente et les livrer de nouveau à toutes les horreurs de la guerre ? Et pourquoi ? L'enjeu valait-il le risque ? En fait, l'Édit de Nantes assurait aux Réformés la liberté religieuse et des conditions d'existence à peu près normales. Sacrifieraient-ils cette sécurité suffisante pour essayer d'obtenir un peu plus par « quelques articles vains », c'est-à-dire les articles de l'Édit primitif, supprimés dans l'Édit vérifié, et dont on demandait le rétablissement ; ou encore pour une satisfaction d'amour-propre dans l'élection des Députés généraux, car « il fault considérer que le différant n'estoit que sur une formalitté, assavoir de nommer devant ou après [1] », c'est-à-dire avant ou après les réponses au Cahier ? Était-ce la peine de se battre pour si peu, et de s'aliéner la Royauté en abusant de la faiblesse momentanée d'une minorité ? Cette provocation se retournerait fatalement contre eux. Rendons donc à César ce qui est à César, et à Dieu ce qui est à Dieu.

A quoi *le Ferme* riposte : Nous ne voulions pas plus de la guerre que vous ; elle nous fait autant horreur. Mais toute la question est de savoir si c'est par votre tactique ou par la nôtre qu'elle sera le mieux évitée, par des concessions qui encouragent l'adversaire, ou par l'énergie et la résistance résolue, qui lui inspirent une crainte salutaire. Entre ennemis, et la haine n'est pas morte entre Catholiques et Protestants, il n'y a qu'un *modus vivendi*, c'est la crainte mutuelle « *mutuâ formidine.* » C'est en nous faisant respecter que nous nous ferons accepter, ou tolérer. La faiblesse n'engendre que le mépris. C'est elle qui appellerait sur nous la persécution et la guerre. Le droit de César, fort bien, mais étouffera-t-il le droit de Dieu ?

---

1. Réaume, t. II, p. 76.

Notre organisation politique, « l'ordre du Parti », est sa meilleur sauvegarde ; n'y laissons pas toucher. Nous l'avons payé assez cher par notre sang et nos épreuves.

Ainsi posée, la question pouvait évidemment comporter des solutions différentes et également « probables », comme diront les Jésuites, selon les esprits. Remarquons que c'est autant affaire de tempérament que de principes. Mais ce n'est là en somme que de la théorie; il faut voir comment on en faisait l'application. Et, considérée à ce point de vue, la thèse de d'Aubigné paraît singulièrement faible.

Certes, il y a de beaux passages, notamment celui qui est extrait de l'*Histoire universelle*, pour établir que l'organisation politique des Réformés, si elle est une atteinte à la souveraineté royale, si on a pu l'accuser de constituer un État dans l'État, a été imposée par des circonstances dont ils ne sont pas responsables, mais dont ils ont été les victimes. C'est après « les brulemens et massacres sans ordre de justice » de tant de milliers d'innocents qu'ils se sont décidés à s'armer, fondés sur l'autorité des livres saints, sur des consultations de juristes éminents, et sur l'initiative et approbation de princes du sang et de pairs de France. Les armes ont formé le Parti. Le Parti a été reconnu par la Royauté, qui a traité avec lui d'égal à égal, suivant le droit des gens. De là sont venus les Édits de tolérance. On s'est contenté au début, comme assurance, de la parole du Roi, mais les perfidies de la Saint-Barthélemy ont rendu indispensables les places d'otages, et les violations ultérieures des Édits nécessitèrent des garanties supplémentaires [1].

Toute cette argumentation est solide, mais en fait, dans le cas de l'Assemblée de Saumur, elle tombe à faux, elle déplace la question. L' « ordre huguenot » n'était pas en cause, n'était pas menacé à ce moment. Les *Fermes* ne luttaient pas pour le maintenir, mais pour le modifier à leur profit. Ils demandaient à la Régence plus que ce qu'Henri IV leur avait accordé par l'Édit de Nantes. Je n'en veux pour preuve que leur prétention à désigner eux-mêmes les gouverneurs des places de sûreté et les officiers de leurs garnisons. C'eût été de la part de la Royauté une aliénation de souveraineté. Henri IV s'y était formellement refusé. Pourquoi revenaient-ils à la charge sinon parce qu'ils espéraient arracher à une femme et à un enfant un privilège inconciliable avec l'unité territoriale du royaume ?

1. Cf. Réaume, t. II, p. 84-86.

Le *Prudent* dit fort bien : Quand nous prêchons la soumission loyale au pouvoir royal, c'est dans les limites et les conditions fixées par notre Édit. Ce n'est pas trahison envers nos frères ; nous n'avons aucune envie de nous laisser dépouiller des droits qui nous ont été concédés :

« Quant à l'humilité que nous vous avons tant recommandée, ce n'est pas à dire qu'elle fust du tout en se désarmant et desgarnissant des moïens de subsister, mais que vos seuretez ne brident point l'otoritté du Prince, que les missions aux places vacantes ne dépendent que du Souverain, lequel sçaura bien y pourveoir de personnes capables mieux que ne feroyent vos Ministres. Pour moy je déteste l'opinion de ceux qui en ont voulu attribuer la nomination à autre que au Roy[1] ».

Le *Ferme* proteste qu'il ne s'agit pas de cela, que tout ce qu'ils désiraient c'était que les Églises eussent « quelque suffrage à l'élection de leurs gardiens... C'est une faulceté que pas un de nous en ait demandé la pure nomination, mais bien quelque chose d'aprochant à la formalité qui se pratique pour nos Députez généraux[2] ».

La présentation de candidats ? Mais comment d'Aubigné l'entend-il ? Car il y là une équivoque, et pour se réclamer du procédé d'élection des Députés généraux, il eût fallu que l'accord fût établi sur ce procédé. Or, précisément, l'Assemblée de Saumur avait chicané jusqu'au dernier moment sur la présentation, pour ne pas avoir à proposer plusieurs noms au choix du Roi, et pour réduire sa part à l'homologation de celui qu'elle aurait fait. Si c'est ainsi que d'Aubigné comprend la désignation des gouverneurs de places, quelle différence y aurait-il eu avec « la pure nomination », c'est-à-dire la nomination directe, par les Églises ? Dans ce cas, en effet, on aurait pu parler de « formalité », mais c'est la ratification — forcée — du Roi qui en eût été une.

Tout aussi fictive est sa façon de concilier les devoirs des députés envers leurs mandataires, et leur obéissance au pouvoir royal. L'élection des candidats à la Députation générale fut, on l'a vu, la grosse pierre d'achoppement de l'Assemblée, non pas seulement à cause de sa résistance à proposer plusieurs noms, mais surtout parce qu'elle ne voulait pas faire cette élection avant d'avoir eu des réponses

1. Réaume, t. II, p. 95.
2. *Ibid.*, p. 98.

satisfaisantes aux requêtes des Cahiers. Nous étions liés par nos instructions déclare d'Aubigné, nous avions prêté serment — et *les Prudents* ont trahi leur serment — mais nous n'étions pas pour cela en révolte contre l'autorité royale : « Notre obéissance à la Rayne avoit esté concertée par nos Provinces, les moyens d'y obéir cherchés et prescriptz par la plupart d'iceles, qui nous avoyent donné loy de n'en passer à la nomination qu'après le contentement receu [1]. »

Voilà le sophisme ; une obéissance ainsi conditionnée n'est plus de l'obéissance. Les provinces leur avaient prescrit de transgresser l'ordre établi par Henri IV, et ils avaient promis ; ils avaient donc promis de désobéir à la Reine si elle s'en tenait à cet ordre, comme c'était son droit strict. N'est-ce pas avouer qu'ils faisaient passer l'autorité du Parti avant celle du Roi ? N'est-ce pas de l'anarchie ?

C'est pour cela qu'on leur reprochait de former un État dans l'État ; c'est pour cela que *les Prudents* s'écartaient des *Fermes*, menés par des pasteurs à tendances républicaines, qui rêvaient, disait-on, d'instaurer en France un régime fédératif analogue à celui de la Suisse et des Pays-Bas, avec des régions catholiques et d'autres protestantes :

« Les Ministres vouloyent ampietter l'otoritté, effacer parmi nous les degrez, et cornoyent la guerre pour ruyner l'Estat, nous réduire à la forme des Souisses et Pays-Bas. Ayant veu cela pour chose nouvele, les gens de bonne maison eurent juste occasion de s'y oposer [2]. »

L'accusation revient à plusieurs reprises dans la bouche du *Prudent*. Il faut croire qu'elle avait quelque chose de fondé ou de plausible, car d'Aubigné s'est attaché à la réfuter longuement, et à affirmer le loyalisme monarchique des pasteurs [3].

En tout cas c'est un fait que *le Caducée* met en lumière, et ce n'est pas un des côtés les moins curieux de cet opuscule, qu'il existait dans le Parti une certaine opposition entre les gentilshommes et les pasteurs, et d'une façon plus générale, entre la classe aristocratique et la classe bourgeoise. Qu'on y voie ou non le com-

---

1. Réaume, t. II, p. 91.
2. Réaume, t. II, p. 93.
3. *Ibid.*, p. 96-97.

mencement de l'esprit démocratique en France, sous l'influence des idées de la Réforme, la chose vaut la peine d'être signalée.

Pourquoi d'Aubigné n'a-t-il pas publié ce libelle, qui avait un intérêt manifeste d'actualité? Il n'est pas très difficile de le supposer. C'était une critique mordante et blessante des actes et de la politique de Bouillon, le chef des *Prudents*, et le ministre de la corruption officielle; car il ne s'agit pas là seulement d'un procès de tendance ou d'opinions, ce qui n'aurait rien de diffamant. Mais d'Aubigné croit et dit que la plupart des modérés ont obéi à des mobiles intéressés. Et pour qu'on ne se méprenne pas sur le sens de l'œuvre, et qu'elle apparaisse bien ce qu'elle est, c'est-à-dire *un pamphlet*, il a renouvelé, dans la deuxième partie, le procédé comique que nous avons relevé dans la première, et terminé la discussion chez le Seigneur de Saintonge par l'aveu que fait le *Prudent* des faveurs dont lui et ses compagnons ont été gratifiés. Aveu où le cynisme et les « distinguo » de subtile casuistique se mêlent d'une façon amusante. On croirait entendre l'un des bons Pères des *Provinciales :*

« Nous ne pouvons, ny ne voulons nier que la Rayne n'ait fait du bien à plusieurs personnes d'honneur qui l'ont bien mérité par leurs services... » Lui par exemple : « Mais je jure devant Dieu et ses Anges que ce n'a point esté par conventions que je deusse dire ou faire cela, ce que je croy le mesme des autres...[1]. » Ils ne se sont donc point vendus, et la Reine payait des services antérieurs, auxquels, dans leur pensée, ils appliquaient ces récompenses. Ainsi ils sont innocents par « la direction de l'intention ». Plus loin nous rencontrons « la restriction mentale » pour excuser l'inobservance des serments faits « à la face des Églises ». Mentalement, en les prononçant, ils avaient fait une réserve, en cas d'opposition du gouvernement royal. C'est ce que le Prudent appelle « le sens mental » donné à une promesse. Oui, traduit *le Ferme*, « le sens menteur[2] ».

D'Aubigné, comme on le voit, a préféré dans *le Caducée* stigmatiser les corrompus par le persiflage que par l'indignation[3]. Mais les coups n'en portent pas

---

1. Réaume, t. II, p. 99.
2. Réaume, t. II, 104.
3. C'est le contraire dans une *Réponse en vers à un des Faux Frères de Saumur*, qui fait partie des *Pièces épigrammatiques*. Réaume, t. IV, p. 349 et sq.

moins, et l'on comprend qu'une fois réconcilié avec Bouillon (fin 1615) il ait gardé son manuscrit dans ses tiroirs.

Les événements allaient bientôt fournir des justifications aux *Prudents* et mettre en évidence l'imprudence et le danger de la politique des *Fermes*. Nous avons vu que l'innovation essentielle du Règlement général élaboré à Saumur était la création des Assemblées de cercle, émanation des Conseils provinciaux d'une région — ces conseils dont la légitimité était contestée, et que le *Ferme* dans *le Caducée* reproche au *Prudent* de renier après avoir voté et juré le Règlement de Saumur[1]. Sans Conseils, pas d'Assemblées de cercle. Or le premier usage qui fut fait de l'institution nouvelle ne put que fortifier les préventions de la Cour contre elle, et par ricochet contre les Conseils provinciaux, d'où elle sortait. Les *Fermes* auraient voulu démontrer qu'elle était un instrument d'agitation et de guerre civile qu'ils n'auraient pas agi autrement. C'est Rohan qui est le principal responsable de la faute commise. Il entraîna le Conseil de Saintonge à convoquer la première Assemblée de cercle uniquement pour servir ses intérêts particuliers, pour défendre sa cause, et une assez mauvaise cause. Gouverneur de Saint-Jean-d'Angély, plutôt nominal comme nous l'avons dit plus haut, il avait, de sa propre autorité, remplacé le lieutenant du Roi dans la place (La Rochebeaucourt) dont il se défiait, par un homme à lui (Hautefontaine) ; et, comme le gouvernement montrait les dents, il avait provoqué la réunion de l'Assemblée de cercle de la Rochelle pour le 29 septembre 1612. Elle fut interdite, il passa outre à l'interdiction, et l'Assemblée s'ouvrit le 20 novembre. D'où conflit aigu, qu'envenimèrent des violences de la populace de la Rochelle et du lieutenant de Rohan à Saint-Jean. Heureusement pour le Parti, un modéré, Duplessis-Mornay, s'entremit et réussit à faire accepter par la Cour un compromis, qui ménageait l'orgueil du duc de Rohan[2]. Il fut néanmoins difficile de l'amener à y consentir, et si la municipalité et la haute bourgeoisie de la Rochelle, inquiètes de l'atmosphère d'émeute qui les entourait n'avaient appuyé l'action de Duplessis, la guerre pouvait sortir de cet incident une guerre désastreuse et pour le Parti et pour Rohan lui-même, car Duplessis ne lui cachait pas qu'il serait peu suivi, et que le vœu commun des Églises était pour

1. Cf. Réaume, t. II, p. 103.
2. La Rochebeaucourt devait rentrer quelques jours à Saint-Jean, et en serait ensuite retiré.

la paix [1]. Rohan s'en rendit compte et céda en maugréant, et en gardant rancune à Duplessis de son intervention. Le 14 janvier 1613 il présida lui-même la séance de clôture [2]. Peu après, la Reine, pour calmer les esprits, fit savoir aux provinces par les Députés généraux, que les Conseils provinciaux continueraient à étre tolérés « pourveu qu'elles en usent modestement comme sous le feu Roi [3] ». Les pasteurs reçurent aussi quelques satisfactions particulières, l'exemption des tailles au même titre que les ecclésiastiques catholiques, et la dispense de qualifier euxmêmes leur religion de *prétendue réformée* dans les actes officiels [4]. Rohan se targua de ces résultats dont tout le mérite revenait à Duplessis.

Pendant ce conflit quelle avait été l'attitude de d'Aubigné, et de quel côté s'était-il rangé? Il était de cœur avec Rohan, et se préparait à la guerre, comme au temps de l'Assemblée de Saumur, où il avait réparé les fortifications de Maillezais. Cette fois, complétant son système de défense, il eut l'idée de jeter un bastion avancé jusqu'à la Sèvre, à une lieue de Maillezais, en bâtissant sur un roc en plein marais, à 1.400 pas de la terre ferme, le *fort du Dognon* [5]. De là il dominerait le cours de la rivière et pourrait prélever des redevances sur les bateaux transporteurs de grains, pour assurer l'entretien de sa garnison, si on voulait la réduire par la famine en ne la payant pas ou mal. Il acheta donc l'emplacement et commença de suite les travaux [6]. Dès qu'on en fut informé à Paris on s'en alarma :

« Parabelle [ou Parabère, lieutenant général du Roi en Bas-Poitou] eut commission de l'aller visiter ; Aubigné s'y trouva et le traitta. L'année d'après, Parabelle

1. Cf. l'Instruction qu'il remet à M. Bouchereau, envoyé par lui à Rohan le 22 décembre 1612, t. XI de ses *Mémoires*, p. 513-517.

2. Cf. lettre de Bouchereau à Duplessis de ce jour, *Mémoires de Mornay*, t. XII, p. 29-33.

3. Cf. lettre de Duplessis à M⁰ᵉ de Rohan du 16 février 1613, t. XII, p. 81.

4. Cf. *Mémoires de Duplessis* pour le corps de ville de la Rochelle du 22 décembre 1612, t. XI, p. 519. Il est vrai que l'opposition du Parlement et de la Cour des aides retarda l'application de ces mesures libérales.

5. On critiquait le choix de l'emplacement. Il répondit par un quatrain qui est aux *Pièces épigrammatiques* (éd. Réaume, t. IV, p. 375, le nᵒ XLVII).

6. Renseignements tirés d'une lettre postérieure, adressée par le Sr de Hautefontaine au Conseil de Genève le 22 juillet 1619, quand d'Aubigné eut cédé le Dognon à Rohan, et que celui-ci y eut installé Hautefontaine comme son lieutenant. Cf. HEYER, *d'Aubigné à Genève*, p. 15. — M. H. CLOUZOT, dans ses *Notes de B. Fillon pour servir à l'histoire de l'Imprimerie en Bas-Poitou* (Niort 1895, brochure de 66 p.) fait remonter l'acquisition du Dognon à 1609. Je ne sais sur quel document il s'appuie. En tout cas il est très certain, d'après le récit des *Mémoires* (Réaume, t. I, p. 86-87), que d'Aubigné n'y bâtit le fort que plus tard.

ayant même commission pour visiter des vacheries qui se faisoyent au Dognon, il convia le bastisseur à se trouver à la visite ; l'autre respondit que la besogne ne valoit pas la peine, et que le Commissaire cerchast qui luy donnast à disner. Ceste eslevation [1] aprit à ce Commissaire le mespris de l'affaire, et [à] respondre à la Cour que ce n'estoit rien ; mais un matin arrivèrent à la place trente massons, cinquante ouvriers, des tentes de toile, trois colouvrines et un magazin. Cela mit l'alarme au camp, fit envoyer et escrire ; et lors n'y eut de responce que des résolutions à toutes extrémitez [2]. »

Il y a cependant une lettre de d'Aubigné à la Reine, datée de Maillezais, 19 mars 1613, où il exprime des sentiments de fidélité et de reconnaissance [3]. Lui avait-elle fait payer quelque arriéré de pension ? C'est bien possible. En tout cas cette lettre témoigne que la situation ne fut pas toujours aussi tendue entre lui et le gouvernement royal pendant cette année 1613. Marie de Médicis avait d'ailleurs à ce moment intérêt à ménager les Protestants, car elle se débattait au milieu des intrigues et des ambitions de grands seigneurs, qui formaient à la Cour deux groupes rivaux, cherchant à se supplanter et à confisquer le pouvoir alternativement. Avec moins d'habileté que sa devancière, Catherine de Médicis, elle pratiquait le même jeu de bascule entre eux, pour essayer de rester la maîtresse. A la tête d'un de ces partis se trouvait Condé. Il n'y avait ni d'un côté ni de l'autre une idée politique, rien que des égoïsmes et des appétits. Les Réformés ne l'ignoraient pas. Aussi refusèrent-ils de marcher et de se compromettre avec Condé lorsqu'il quitta la Cour, en février 1614, et lança son premier Manifeste, grandiloquent et hypocrite, où il se posait comme le redresseur de tous les abus, et en particulier des finances publiques que son avidité et celle des siens avaient contribué à piller. Il sollicita le concours de Rohan qui rassembla et consulta ses amis. La réponse négative de d'Aubigné lui donna à réfléchir. Finalement « ceste première esmeutte s'esvanouit en accord [le traité de Sainte-Menehould du 15 mai 1614] et oubliance pour tous, hormis pour d'Aubigné, qui pour tout remède fortifia ses deux places, et mit la dernière en estat de prester le collet [4] ».

1. Au sens latin du mot, action de rabaisser.
2. *Mémoires*, éd. Réaume, t. I, p. 86-87.
3. Réaume, t. II, p. 687-688.
4. *Mémoires* (Réaume, t. I, p. 87).

Se jugeait-il vraiment menacé ? Il n'y avait pas de raison puisqu'il n'avait pas bougé. Je crois bien que c'est un prétexte pour justifier la continuation de ses fortifications.

A la fin de 1613 il avait marié sa fille aînée Marie avec Josué de Caumont d'Ade. La cadette, Louise, avait épousé en 1610 Benjamin de Valois, seigneur de Villette. Je rapporterai ici l'intitulé de leur contrat de mariage. Voici celui de Louise :

Contract de mariage de Benjamin de Valois, Écuyer, Sr de Villette, Écuyer de la petite Écurie du Roi, et fils de Messire Louis de Valois, Sgⁿ de Fontaine Villette, et de Dame Catherine Bourdin, avec Damoiselle Louise d'Aubigné, fille de Messire Téodore Agrippa d'Aubigné, gouverneur pour le Roi de Maillezais, et son vice-amiral en Guienne, et de defuncte Dame Suzanne de Lezai, et assistée de Constans d'Aubigné son frère, Écuyer, sieur de Surimeau, et de Dame Anne Marchant sa femme, et de Dᵉˡˡᵉ Marie d'Aubigné sa sœur.

Suivent les conditions et les apports. Ce contrat est daté du 22 octobre 1610, reçu par Mathion, notaire à Maillezais [1].

C'est au moment où se négociait le mariage de Marie trois ans après, et pour fixer les droits des enfants dans la succession de leur mère, Suzanne de Lezay, que fut dressé l'inventaire des biens de d'Aubigné que j'ai utilisé au chapitre xi. Après l'exposé de la situation, le père proposait divers modes de règlement de la dot de sa fille, qui se montait comme celle de Louise à 30.000 livres [2].

Le contrat de Marie fut signé au château de Maillezais, le 5 décembre 1613, et reçu par Houstet et Mathion, notaires du lieu. L'intitulé est ainsi libellé :

Contract de mariage de Josué de Caumont, Sr de d'Adou, fils de haut et puissant Messire Pierre de Caumont, chevalier, baron de la Harge, gouverneur pour le Roi de la ville du Mont-de-Marsan, et de dame Roquette de Marsan sa veuve, et assisté de Macé de Caumont son frère, Sr de Saudaine, de Messire Jacques de Caumont Sr baron

---

1. Cabinet d'Hozier, vol. XVII, Bibl. Nationale, Fonds Français n° 30898.

2. Cf. Ludovic Lalanne, documents à la suite des *Mémoires* dans l'édition de 1854 (Charpentier), p. 436-438. La pièce originale faisait partie, comme je l'ai dit, de la collection de Benjamin Fillon. Elle est datée (1613). Lalanne n'a pas reproduit la date et il a eu tort, car, s'il y avait fait attention, cela lui eût épargné l'erreur de mettre le mariage de Marie en 1614. Il se trompe également pour celui de Louise, qu'il retarde de trois ans et place en 1613 (p. 436, note 1). Il prétend établir (?) ces dates d'après des papiers de famille qu'il avait sous les yeux.

de la Harge, gentilhomme ordinaire de la Chambre du Roi et commandant pour S. M.
dans la ville et château de Tartas, et de Théofile de Caumont Sr de Talans, avec
D^elle Marie d'Aubigné, fille de Messire Téodore Agrippa d'Aubigné, Sr de Surimeau, de
Mursai et des Landes-Guinemer, gouverneur pour le Roi des Isles et du Château de Maillezais, et son vice-amiral en Guienne, et de Dame Suzanne de Lezai, et assistée de Constans d'Aubigné son frère, Écuyer, Sr de Surimeau, Écuyer de la Petite Écurie du Roi, et
capitaine de la citadelle du Château de Maillezais [1].

§ II. — **La majorité fictive du Roi.** — Les Protestants, inquiétés par certains inci-
dents des États généraux de 1614, par le renversement des alliances exté-
rieures, et par les mariages espagnols, tiennent des Assemblées à Grenoble,
Nîmes, la Rochelle (1615-1616). — Ils trempent dans la seconde révolte des
Princes contre la Reine (1615) : D'Aubigné en est. — Le traité de Loudun (1616).
— La querelle de d'Épernon, gouverneur d'Aunis et de Saintonge, avec la
Rochelle et comment d'Aubigné s'en mêle (septembre 1616 à mars 1617). —
L'écho de cette querelle dans les Aventures du Baron de Faeneste (3 premières
parties publiées de 1617 à 1619).

Après le règlement de l'affaire de Saint-Jean-d'Angély, qui avait donné de
la peine et du souci à Duplessis-Mornay, il avait essayé d'en tirer la leçon et de
tracer tout un programme de conduite pour la Parti, où se marquent sa sagesse et
son expérience. C'est aux « ministres de la réconciliation », anciennement nommés
par le Synode de Privas, qu'il s'était adressé pour faire connaître ses vues, en les
priant, s'ils y adhéraient, d'user de leur crédit pour les répandre [2]. Sa grande
préoccupation était l'opinion que les Réformés donneraient d'eux au jeune Roi pendant ces années d'enfance où les impressions sont si vives, et la crainte qu'ils ne se
préparassent un règne hostile en lui inspirant, par une agitation incessante, des
défiances incurables. Or sa majorité approchait, sa majorité légale au moins

1. Cabinet d'Hozier, vol. XVII. Bibl. Nationale, Fonds Français, n° 30898.
2. Lettre du 23 janvier 1613 à MM. les députés de la réconciliation. *Mémoires de Mornay*, t. XII,
p. 46 à 54.

(13 ans) et d'abord fictive, mais qui serait le prélude de la majorité réelle et du gouvernement personnel. Quel maître trouveraient-ils alors devant eux et comment disposé? Il n'était que trop soumis à des influences qui leur étaient défavorables : y ajouter des griefs justifiés contre eux, ce serait faire le jeu de leurs ennemis. Le mieux serait donc de s'en tenir pour le moment aux avantages déjà acquis sans trop insister sur les demandes repoussées, et d'attendre, pour en faire de nouvelles instances, que les circonstances s'y prêtassent : « Par là nous nous préparerons à avoir nostre roy propice et favorable, lorsqu'il viendra en majorité, temps qui (si nous n'y prenons garde) nous aura attrappé premier que nous y ayons pensé ; quand il nous trouvera bien unis ensemble au bien de son éstat, nous entretenans bien avec nos concitoyens de relligion contraire, et surtout ayans tesmoignage de la royne de l'avoir fidellement servie pendant sa minorité. Peult estre mesme que entre ci et là aura-t-elle eu subject de l'esprouver en quelque occasion importante ; tellement que par là il attendra de nous les mesmes services que le feu roy son père, partant nous départira mesme protection[1]. »

Il est permis de supposer que ces idées et ces conseils de Duplessis furent pour quelque chose dans l'abstention des Réformés lors de la première rebellion de Condé, au printemps de 1614, comme aussi dans les démonstrations de loyalisme qu'ils prodiguèrent au jeune Roi lorsqu'il vint peu après, pendant l'été, visiter ses provinces de l'Ouest et se faire voir à ses peuples. Un protestant, qui accompagnait la Cour dans son voyage quasi triomphal, écrivait de Nantes, le 15 août 1614, à la duchesse de La Trémoille :

« Leurs Majestés... sont fort satisfaittes de la réception qu'ils ont eue ès villes huguenottes, et de la fidellité et obéissance qu'on y a faict paroistre, assavoir à Chastellerault, à Loudun et à Saumur, esquelx lieux la première action a esté de sortir les garnisons des villes et chasteaux, et laisser tout ouvert sans aucune garde. Tous les gouverneurs des places de Poitou, tant de l'une que de l'autre opinion, se trouvèrent à Poitiers, et M. de Rohan de surplus...[2]. »

Il est bien probable que d'Aubigné n'a pas manqué à ce rassemblement et qu'il y

---

1. DUPLESSIS-MORNAY, *Mémoires*, loc. cit., p. 52-53.
2. MARCHEGAY, *Notices et pièces historiques sur l'Anjou, l'Aunis et la Saintonge*, 2ᵉ vol. (1872) des Documents historiques sur les Provinces de l'Ouest.

a suivi Rohan, son chef de file. Un billet de lui au secrétaire d'État Pontchartrain, daté de Maillezais, 17 juillet 1614, et où il dit qu'il est aux ordres de la Reine, me paraît se rapporter à ces événements [1]. On serait curieux de savoir quels sentiments remua dans son cœur l'enfant-Roi, l'enfant du Prince à qui il avait prodigué tant de dévouement... mêlé d'autant de remontrances. Cette âme lui était fermée, qu'il aurait tant aimé à façonner à sa guise. Quels regrets et quelle amertume renouvelée contre l'abjuration du père, qui avait écarté tous les anciens serviteurs !

A son retour à Paris, Louis XIII se rendit au Parlement, le 2 octobre, pour y déclarer sa majorité, à la veille de l'ouverture des *États généraux de 1614*, les derniers avant ceux de 1789. Ce qui s'y passa causa aux Huguenots certaines inquiétudes. La lutte entre l'esprit gallican et l'esprit ultramontain, qui s'engagea autour de l'article liminaire du Cahier du Tiers proclamant l'indépendance absolue de la Couronne de France à l'égard du Saint-Siège [2], et ensuite à propos de la réception du Concile de Trente, ne tourna pas à l'avantage des Gallicans, et mit en lumière l'influence prépondérante de Rome dans les conseils du Gouvernement. D'autre part, le renversement des alliances extérieures, l'intimité des Cours de France et d'Espagne, les projets de mariage entre les deux familles royales — Louis XIII devant épouser l'ainée des infantes, et sa sœur l'héritier du trône d'Espagne — tout ce bouleversement de la politique d'Henri IV, qui risquait de nous aliéner les puissances protestantes, alarmait assez justement les Églises, et pouvait leur faire craindre, à plus ou moins brève échéance, une reprise de persécution. Il faut tenir compte de ces raisons qui sont des circonstances atténuantes de la faute que commirent les Réformés en participant à *la seconde révolte de Condé*. Elles ne suffisent pas à les excuser. C'était provoquer eux-mêmes le danger et l'hostilité qu'ils redoutaient, et compromettre la cause de la Religion dans une aventure politique où elle n'avait que faire. Ils auraient bien dû se souvenir des avertissements de Duplessis-Mornay. Reconnaissons à leur décharge que ce ne fut pas tout le Parti qui se laissa entraîner.

1. Cf. édit. Réaume, t. II, p. 688.

2. Voir sur ce sujet une pièce de vers satirique de d'Aubigné, la X⁰ des *Pièces épigrammatiques*, édition Réaume, t. IV, p. 355 et sq. « *Sur les Estals tenus à Paris en l'an seize* [erreur, 1614-1615], où *l'Ecclésiastique et la Noblesse furent gaignez à confesser que le Pape pouvoit déposer les Roys et leur estoit supérieur au temporel comme au spirituel* ».

Ils avaient demandé une Assemblée générale pour le renouvellement de leurs Députés généraux. Fixée d'abord au mois d'octobre 1614, elle fut reculée de près d'un an et ne s'ouvrit qu'en juillet 1615, à Grenoble. D'Aubigné n'y assista pas. A peine avait-elle eu le temps de rédiger ses Cahiers et de les envoyer à Paris (au début d'août), qu'elle était sollicitée par des envoyés de Condé, qui lui faisait part de son *Manifeste du 9 août* et l'invitait à se joindre à lui. Il y a dans ce manifeste plus d'accent et d'apparence de sincérité que dans celui de l'année précédente. La protestation contre les mariages espagnols imminents, le souci affecté des intérêts de la Religion réformée — il avait été élevé dans le catholicisme après la conversion d'Henri IV — n'étaient sans doute que des habiletés pour se faire des alliés. Mais quand il s'élevait contre la domination d'une coterie étrangère, ce n'était plus prétexte. Ce qui discréditait le gouvernement de Marie de Médicis plus que ses erreurs, pardonnables au milieu des difficultés d'une régence, c'est qu'il n'avait pas figure française, et la noblesse se sentait humiliée d'être obligée de plier sous un Concini et une Galigaï. Certes il entrait de la jalousie dans son indignation, mais aussi le froissement du sentiment national, que Marie de Médicis, restée trop italienne et d'ailleurs manquant de finesse, n'avait pas essayé de comprendre ni de ménager.

Quand la Cour partit de Paris, le 17 août, pour aller dans le Midi faire l'échange des princesses, Condé essaya d'inquiéter sa marche, et le Roi, en passant à Poitiers, le déclara criminel de lèse-majesté ainsi que ses complices (10 septembre).

Les Réformés n'étaient pas encore décidés à franchir le Rubicon. L'Assemblée de Grenoble attendait les réponses à ses Cahiers. Elles ne lui parvinrent qu'à Nîmes, où elle s'était transportée au début d'octobre pour échapper à la tutelle de Lesdiguières, gouverneur du Dauphiné, un coreligionnaire pourtant, mais trop modéré à son gré, un « Prudent ». Ces réponses ne la satisfirent pas. Aussi fut-elle plus disposée à prêter l'oreille aux propositions de Condé, et aux instances de Rohan et de Soubise — les deux frères — qui déjà s'étaient mis en campagne dans l'Ouest protestant. Après quatre jours de délibérations, les partisans de l'action l'emportèrent, et l'Assemblée de Nîmes vota son adhésion au mouvement (15 octobre). Elle dépêcha à Condé trois de ses membres qui conclurent avec lui la convention de Sanzay [1] (27 novembre).

1. Sansais ? à l'ouest de Niort.

Mais le mot d'ordre envoyé aux provinces pour se soulever et prêter assistance à Rohan et Soubise ne fut pas suivi partout. Seuls le Languedoc, la Guyenne et le Poitou s'y conformèrent, et encore avec des défections et des résistances[1]. Sully, gouverneur du Poitou, avait promis au Roi et à la Reine, lors de leur passage à Poitiers, qu'il maintiendrait la province dans le devoir. Il savait pouvoir compter sur la plupart des gouverneurs de places. Pour s'assurer de leur fidélité il les réunit dans *une conférence à Fontenay-le-Comte en Octobre*[2] (1615). D'Aubigné n'y vint pas. Alors Sully alla le relancer jusqu'à Maillezais, essayant à la fois de le gagner et de l'intimider en lui disant « que tous les grands de Poictou maintiendroyent bien leurs promesses. Il eut pour responce qu'il avoit oublié en ceste Assemblée un grand homme qui en diroit son advis le lendemain : Il vouloit dire la premier tambour du régiment qu'il dressoit pour son fils, et qui le lendemain matin batit aux champs. Le jour même le sieur d'Adé avec la garnison de Maillezais prit Moureille par petard... M. de Soubize fit son amas et marcha au devant du Prince de Condé avec sept régiments faisant plus de cinq mille homme[3]. »

D'Aubigné avait accepté la charge de *maréchal de camp dans l'armée de Condé*, mais sur l'ordre exprès de l'Assemblée de Nîmes, ne voulant pas recevoir cet honneur de la main seule du Prince, afin qu'il fût bien entendu qu'il était en cette circonstance le soldat des Églises et non d'une faction[4].

Et cependant c'en était bien une, car il n'y avait pas de motifs suffisants pour cette levée de boucliers, ni du côté protestant, ni du côté des Grands. Lesdiguières offrait au Roi six mille hommes pour réprimer la révolte de ses coreligionnaires[5]. En novembre, Bouillon, sans doute pour se faire pardonner sa conduite équivoque à l'Assemblée de Saumur, avait rejoint Rohan et Soubise. Ce fut l'occasion de sa réconciliation avec d'Aubigné : « Un matin le Duc de Bouillon marchant pour le siège de Luzignan rencontra Aubigné allant à la mesme besogne comme Mareschal de camp ; là s'appointèrent les différends de Saumur[6]. »

---

1. Cf. ANQUEZ, *Assemblées politiques des Réformés*, p. 277.
2. Cf. B. FILLON, *Recherches historiques et archéologiques sur Fontenay* (1846) p. 260-261.
3. AUBIGNÉ, *Mémoires* (Réaume, t I, p. 87-88).
4. Cf. *Ibid.*, et début de la lettre sur la paix (prochaine) de Loudun (Réaume, t. I, p. 277).
5. Cf. ANQUEZ, *op. cit.*, p. 277.
6. *Mémoires*, éd. Réaume, t. I, p. 88.

Mais l'élan, la conviction manquaient — et pour cause. Les opérations furent molles ; d'Aubigné en convient: « Il n'y eut rien en ceste guerre qui vaille la peine d'estre escript; seulement à la fin Aubigné contre la volonté du Prince de Condé fittant qu'on assiègea Tonay-Charante, où s'estant bruslé la moitié du corps par un accident, ils se fist porter aux tranchées[1]. »

L'âge décidément ne l'avait pas refroidi. Mais ils n'étaient plus nombreux dans le Parti ceux de son espèce. Quant à Condé, s'il ne voulait pas de l'expédition de Tonnay-Charente, c'est sans doute parce qu'il se préparait déjà à abandonner la jeu. L'opposition aux mariages espagnols avait été la raison invoquée par lui pour justifier sa prise d'armes. Or elle n'avait rien empêché. Louis XIII avait épousé Anne d'Autriche à Bordeaux, le 28 novembre 1615. Il fallait bien, pensait-il, s'incliner devant le fait accompli en se faisant acheter son consentement le plus cher possible. Il était donc tout prêt à traiter et à répondre aux avances de la Reine-mère, qui, contente d'être parvenue à ses fins, ne désirait plus que la paix. Sully rouvrit à Fontenay-le-Comte la conférence interrompue, et c'est là que commencèrent les pourparlers préliminaires, qui se poursuivirent ensuite, lorsque l'affaire fut mûre, au congrès de Loudun.

Nous avons *une relation des conférences de Fontenay* faite par un gentilhomme protestant, M. du Sou, qui accompagnait Villeroy, un des commissaires royaux [2]. Les autres étaient le maréchal de Brissac, le duc de Nevers, le baron de Thianges. Du côté adverse il y avait Condé en personne, assisté des représentants des Églises. Le compte rendu est adressé en février 1616 au président Jeannin, le vieux et habile ministre d'Henri IV. Il est fait en un français parfois alambiqué, mais si la forme est médiocre, les idées sont claires, et les sentiments honnêtes et sympathiques.

Du Sou est à la fois bon royaliste et bon protestant, et il cherche à concilier son dévouement au Roi et aux Églises. Il défend donc ses frères dans la mesure du possible, en plaidant coupables sans doute, mais en les excusant de son mieux et en essayant de faire comprendre leurs griefs et leurs mobiles. Certains faits les ont

1. *Mémoires*, éd. Réaume, t. I, p. 88.
2. Elle se trouve au tome LXXIII des Mss. de Dom Fonteneau à la Bibliothèque de Poitiers. Elle faisait partie des papiers de Duplessis-Mornay, dont le tome est rempli.

inquiétés, où ils ont vu les symptômes d'une réaction catholique dangereuse pour eux : ainsi la condamnation en Sorbonne du gallicanisme en la personne du syndic de la Faculté de Théologie, Richer (1612); le rejet aux États généraux de 1614 du fameux article du Tiers, qui déniait à la Papauté tout droit sur la Couronne; les manœuvres du Clergé pour faire publier en France et homologuer les dispositions du Concile de Trente. A ces causes d'irritation sont venues s'ajouter les blessures d'amour-propre, les intérêts lésés par les inégalités trop criantes dans la distribution des charges et des offices entre catholiques et protestants. De là une jalousie qui est mauvaise conseillère. Mais il serait facile de calmer et de guérir tous ces ressentiments, si l'on y mettait quelque habileté et bonne volonté; car, au fond, ils sont sujets fidèles. Telle est la conclusion de du Sou, un peu trop indulgente peut-être et optimiste, mais pas si fausse après tout, puisque la majorité des Églises s'était tenue à l'écart de cette rébellion.

On convint à Fontenay d'une suspension d'armes, et la négociation officielle de la paix fut portée à Loudun (21 février), où Condé vint avec un brillant état-major de seigneurs et de princesses. Les mandataires du Roi étaient le maréchal de Brissac, Villeroy, de Thou, de Vic et Pontchartrain. L'Assemblée de Nîmes, transférée à la Rochelle (1er mars), députa au Congrès de Loudun MM. de Rouvray, de Berteville, Champeaux, Desbordes et Nouaille [1]. Les grands personnages du Parti y assistèrent ou s'y firent représenter. C'est ainsi que d'Aubigné avait procuration de MM. de Rohan, Soubise, de Candale [2], de Loudrière, de Pardaillan [3]. On voit quelle confiance il inspirait. Mais il ne resta pas jusqu'au bout. Sa blessure de Tonnay-Charente le faisait souffrir, puis il fut choqué par la tournure que prirent les débats, et bientôt, dégoûté des marchandages dont il était le témoin, il quitta cette « foire publique d'une générale lascheté et de particulières infidelitez [4] ». Le mot est dur, surtout celui de lâcheté, qui étonne un peu quand on constate avec quelle âpreté toutes les parties défendirent leurs intérêts ; mais il

---

1. Cf. Anquez, *Assemblées politiques des Réformés*, p. 277 et sq.
2. Un fils de d'Epernon, qui s'était fait protestant.
3. Cf. (Réaume, t. I, p 347).
4. *Mémoires* (Réaume, t. I, p. 88). Voir aussi un *sizain épigrammatique* sur la Paix de Loudun (Réaume, t. IV, p. 376, pièce n° XLIX) reproduite dans *Faeneste* (t. II, p. 477).

l'explique dans une lettre à un seigneur protestant[1], qui lui avait exprimé sa surprise d'un départ aussi brusque :

« Vous demandez pourquoy je vous ai quitté à Loudun, mesmes [surtout] ayant procuration de Messeigneurs de Rohan pour signer ou débattre pour eux. Je vous pourrois donner en excuse la blessure qui me tient au lict depuis deux mois, ou que mon mestier est de mener une armée, et non pas à la congédier ; et quant à la procuration de Messeigneurs de Rohan, j'aurois bien tost faict de dire qu'ils y sont en personne ; mais pour vous respondre avec ma nayveté acoustumée, une parole m'a chassé de vostre conseil, à savoir de demander pardon au Roy, bien que nous n'ayons pas failly... »

Voilà donc ce qui l'a indigné, l'obligation de solliciter ou d'accepter une amnistie humiliante ; car c'est renier la Cause de Dieu, et reconnaître que sa défense n'est pas légitime. Il ne se demande pas si la Religion était réellement menacée, et si la situation exigeait des remèdes aussi extrêmes qu'une révolte contre le souverain. Une assemblée régulièrement élue par les Églises a lancé l'appel aux armes, cela lui suffit ; la guerre était juste, et c'est une honte de la désavouer. Jamais les Huguenots ne l'ont fait dans les traités antérieurs :

« De là est venu qu'en toutes les paix bien faictes on a constamment demandé et emporté cette clause : *Advoüant tout ce qui a esté faict et géré par eux avoir esté pour nostre exprez service et bien du Royaume...* »

Et, précisant sa doctrine des rapports de la Religion et de l'État, il écrit cette page éloquente et fière pour la justification des armes protestantes, que dis-je ? à la gloire de ces armes, bénies par Dieu et illustrées par leurs services au Grand Roi :

« Les paix et les abolitions n'ont rien de pareil ; et c'est pourquoy le premier est ceelé en cire jaune, comme qui marqueroit d'or les contrats honoraires faicts avec le Souverain ; mais on aplique aux pardons et lettres honteuses la cire verte, comme symbole de la folie du repentant, ou de l'esperance de mieux.

---

1. C'est la 49ᵉ des *Lettres et Mémoires d'Estat* (Réaume, t. I, p. 277 et sq.). L'éditeur suppose que le destinataire est Condé. Le début suffit à écarter cette fausse attribution : « Monseigneur, quand je refusay les lettres de Mareschal de camp, que *M. le Prince* m'avoit envoyez chez moi, quoy que ce me fust honneur, jusques à ce que l'Assemblée de Nîmes m'eust commandé de les accepter... »

« Et quand la demande du pardon seroit tolérable en de légères pretentions d'Estat, cela ne peust etre suporté en la deffense de religion, si elle est bonne : si fausse, comme le pardon l'advoüeroit, certes il la faudroit quitter en demandant pardon ; et, sur les allegations de la contraincte et de la nécessité, nos pères nous ont apris par les harangues qu'ils ont faites sur les buschers qu'il n'y a point de contrainte à qui sait mourir. Nous nous sentons en nos consciences, non la plus splendide noblesse du Royaume, mais la plus pure en nos actions, et envers nostre Dieu et envers nostre Roy : et hormis le petit nombre de Catholiques qui n'a point trempé à la Ligue, nous tenons justement le reste pour rémissionnaires, si rémission peut estre faicte à ceux qui ont conjuré contre leur Roy au profit des Estrangers, sans pouvoir mettre en prétexte la persécution de leur foy, n'y ayant nulles justes armes contre les Roys que la querelle du Roy des Roys. Combien sont loin de là ceux qui se peuvent dire en vérité avoir sauvé la Couronne, ou au moins la teste qui la devoit porter [1]. »

On ne peut s'empêcher d'admirer cette certitude intrépide de son bon droit, et cette haute conception de l'honneur huguenot ; mais elle fait bon marché de celui du Roi, et la prétention de lui faire avouer comme étant « pour son service et bien du Royaume » les rébellions contre son autorité, n'était pas « légère prétention d'Estat », pour reprendre le mot de d'Aubigné. Les paix conclues avec les Ligueurs comportaient peut-être aussi cette clause, mais elle n'en est pas moins dérisoire, et lui, qui met à part leurs factions et les condamne si sévèrement, ne songe pas que celle des Princes, à laquelle les Réformés venaient de s'allier, ne valait guère mieux, et n'avait pas la même excuse de la passion religieuse. Ou bien croit-il qu'elle s'était sanctifiée par son union avec « la Cause de Dieu » ? A moins qu'au contraire elle n'ait entaché celle-ci ?

A part cette question « d'abolition », à laquelle il est naturel que d'Aubigné attache de l'importance, *les conditions de la paix* avaient de quoi satisfaire les Protestants. Certes ils n'obtinrent pas tout ce qu'ils avaient demandé, et ils en voulurent à Condé, largement pourvu, d'avoir précipité la conclusion (3 mai 1616). Mais la discussion avait tout de même duré trois mois, et si on avait laissé faire

1. Ed. Réaume, t. I, p. 279.

l'Assemblée de la Rochelle, elle aurait été capable, au dernier moment, de faire rebondir la guerre [1]. Finalement le Roi lui accorda de nommer directement pour cette fois les deux Députés généraux, la dispensant de la formalité (présentation de plusieurs candidats) contre laquelle s'était butée l'Assemblée de Saumur. La restitution des places de sûreté était de nouveau prorogée de six ans, le fonds des garnisons accru, ainsi que celui des pasteurs. Les réponses aux Cahiers avaient été revues et améliorées. Enfin les chefs protestants reçurent divers avantages et indemnités pour frais de guerre, des sommes modestes d'ailleurs à côté de celles qui furent distribuées à leurs alliés catholiques. Condé, à lui seul, toucha 1.500.000 livres : la voilà bien la foire de Loudun !

D'Aubigné seul se retira les mains et la bourse vides. Pourquoi aussi était-il parti trop tôt? Les absents ont toujours tort et l'on n'est jamais si bien servi que par soi-même. Dans la lettre qu'il écrivit peu après à Rohan [2] (en août 1616) pour le féliciter de succéder à son beau-père Sully dans le gouvernement du Poitou (25 juin) — c'était un des articles particuliers du traité — il se plaint amèrement d'avoir été sacrifié . « Je suis un exemple notable de l'ingratitude du Prince », dit-il. Comme maréchal de camp de Condé, en effet, il avait levé 5.000 hommes, pourvu à d'autres dépenses, bref avancé 16.000 écus, et quand il avait présenté ses comptes à la rectification des commissaires du Prince, ceux-ci, après les avoir reconnus exacts, lui avaient demandé un pot de vin de huit cents livres pour les approuver et les contre-signer. « Mon juste courroux et mon injuste pauvreté m'ont ensemble empesché de cela », conclut-il mélancoliquement ; et il laisse entendre que, s'il n'est secouru, il pourrait bien « prendre conseil de la nécessité » et prêter l'oreille aux offres d'achat que déjà on lui faisait pour le Dognon. D'autant que depuis la guerre le paiement de ses pensions était suspendu [3].

Il y avait de quoi être aigri ; il gardait surtout rancune à Condé, et il applaudit à son arrestation (1er septembre 1616) quand celui-ci, grisé par son succès momentané, se fut rendu insupportable au gouvernement royal, remanié d'ailleurs après

1. Cf. Anquez, *Assemblées politiques des Réformés*, p. 282-287.
2. Cf. édit. Réaume, t. I, p. 345-349.
3. Cf. Mémoire sur ses pensions adressé au secrétaire d'Etat Ponchartrain en 1618. Réaume, t. II, p. 697-698.

la paix de Loudun, et passé en des mains plus énergiques que celle des ministres barbons d'Henri IV. D'Aubigné, qui aime à faire le prophète, prétend lui avoir annoncé ce dénouement quand ils s'étaient quittés :

« Le Prince de Condé dans les conseils appeloit Aubigné son père ; luy ayant faict banqueroute comme à tout honneur, luy cria par une fenestre : *A Dieu en Dognon !* La response fut : *A Dieu à la Bastille* [1] » *!*

Mais la réalisation de la prophétie fit moins de plaisir aux Rochellois qu'à d'Aubigné. Du moins affectèrent-ils d'être émus par l'arrestation de leur allié de la veille, et d'y voir une menace indirecte contre eux-mêmes, le commencement d'une revanche que cherchait la Cour. Alors par précaution ils occupèrent Rochefort, à l'embouchure de la Charente. D'Épernon, le gouverneur de la province (Aunis-Saintonge-Angoumois) se jugea provoqué et les somma de retirer leurs hommes : ils refusèrent. Les choses étant ainsi engagées, et l'honneur, ou la « réputation » comme dit d'Aubigné, se trouvant intéressés dans le conflit, il sembloit bien difficile d'éviter un recours aux armes. Aussi d'Aubigné proposa-t-il aux Rochellois un plan de campagne qui reposait sur l'organisation d'un camp retranché dans l'île de Rochefort, suivant l'expérience qu'il avait faite naguère des avantages qu'offrait cette position, lorsqu'après la déroute d'Angers (en 1585) il avait rallié là les forces dissipées, avant de les mener de nouveau à la guerre [2].

Cependant d'Épernon, piqué dans son orgueil de grand seigneur par l'affront que lui faisaient ces bourgeois, s'était juré de s'en venger et de les humilier. Il rassembla 7.000 hommes, mit garnison dans Tonnay-Charente, aux portes de Rochefort, et à Surgères sur le chemin de la Rochelle. De quel côté, sur laquelle des deux villes allait-il diriger son attaque? Les Rochellois jouissaient de certains privilèges d'autonomie, ils ne dépendaient pas absolument du gouverneur ; aussi se réclamèrent-ils de leurs droits auprès du Roi, en même temps qu'ils convoquaient une Assemblée de cercle pour les soutenir (fixée au 16 novembre 1616). L'incendie allait-il donc se rallumer dans ce pays de l'Ouest protestant où le feu couvait toujours ? Le gouvernement royal n'avait pas besoin de cette complication, ayant

---

1. *Mémoires*, édit. Réaume, t. I, p. 88.
2. Cf. lettre à un membre du corps de ville de la Rochelle, édit. Réaume, t. I, p. 285-287. La lettre est du mois même de « la prise de M. le Prince » (c'est-à-dire de son arrestation) donc de septembre 1616.

déjà à faire face à une nouvelle révolte des Grands, Nevers, Vendôme, Bouillon, Mayenne, qui prenaient fait et cause pour Condé. Aussi sut-il mauvais gré à d'Épernon de son initiative, et s'entremit-il entre lui et les Rochellois, en envoyant sur place des arbitres pour régler le litige, d'abord M. de Boissize, ensuite Vignolles. La Rochelle consentait à remettre Rochefort à un exempt du Roi, à la condition que d'Épernon licenciât ses troupes et évacuât Surgères; mais, lui, opposa à cet arrangement tous les moyens dilatoires possibles et une mauvaise volonté systématique. Et pendant ce temps la Rochelle, vivant en alerte continuelle, avait prié ses amis de se tenir prêts à la défendre. D'Aubigné rassembla et congédia des soldats à trois reprises, selon les vicissitudes de la négociation et les avis qu'il recevait. Il y eut dans ces alternatives d'ordres et de contre-ordres des incidents d'opéra-comique, comme le jour où, surpris par l'arrivée inopinée de l'ennemi alors qu'il n'avait plus qu'une poignée d'hommes sous la main, il le tint en respect par une montre illusoire, ses cavaliers passant devant un village, puis se dérobant au trot par derrière pour venir rejoindre la queue du défilé et le prolonger indéfiniment [1]. Admettons que le pays se prêtait à cet artifice et offrait des rideaux bien disposés pour cacher la manœuvre du metteur en scène.

On était en décembre, le marais était gelé. C'est ce qui avait permis à d'Épernon d'avancer brusquement sans rencontrer l'obstacle des eaux et des canaux. Mais voici un coup de théâtre: cessez le feu! On apprend qu'un accord est intervenu. Vignolles avait arraché l'adhésion de d'Épernon (début de janvier 1617). Il restait à exécuter.

En attendant, c'était toujours une suspension d'armes, mais elle faillit être employée par d'Aubigné d'une façon peu banale, en se battant en duel avec... d'Épernon lui même. Les deux gentilshommes de celui-ci, en effet, qui lui avaient apporté la nouvelle de la trève, lui portèrent en même temps un cartel de leur maître... ou presque. Le Duc, en grande colère contre lui, avait dit devant nombreuse assistance que « s'il ne le pouvoit avoir autrement, il le convieroit à venir voir en un pré une des bonnes espées de France ». D'Aubigné commença par sourire en haussant les épaules, mais les autres insistant et répétant le propos, il fut

---

1. Cf. *Mémoires,* édit. Réaume, t. I, p. 89-90.

bien obligé de le prendre au sérieux et de le relever. Il le fit avec une dignité fière, un peu trop avantageuse peut-être, mais qui n'en a pas moins belle allure et qui fait d'ici l'effet du grand salut d'escrime avant le combat :

« Je ne suis pas si mal nourri que je n'aye apris les avantages des Ducs et Pairs, ce que nous leur devons, et le privilège qu'ils ont pour ne se battre poinct ; je scay encore le respect que je doy au Colonnel de France, soubs lequel je commande des gens de pied, mais si un excès de colère ou de valeur avoit poussé Monsieur d'Espernon à me commander absolument d'aller voir ceste bonne espée dans un pré, certes il seroit obéy. Il m'en a autresfois monstré une, sur les gardes de laquelle il y avoit pour vingt mille escus de diamants : s'il luy plaisoit y porter celle-là, je la tiendrois encor pour meilleure. »

Et l'un des gentilshommes objectant que la qualité de d'Épernon ne permettait guère cette rencontre, d'Aubigné piqué riposta par ce trait mordant, et même blessant cette fois :

« Monsieur, nous sommes en France, où les Princes qui sont nés en la peau de leur grandeur s'escorchent quand ils la dépouillent ; mais sachez qu'on se peut desvestir de ses meubles et acquets : le Duc d'Épernon n'a rien qui ne soit de telle nature pour se rendre impareil à moy [1]. *»*

Tout se passa en paroles, les choses en restèrent là, mais ce ne fut pas la faute de d'Aubigné. D'Epernon avait la tête ailleurs et était plus préoccupé d'esquiver les conditions du compromis que Vignolles lui avait imposé. Il retardait notamment l'évacuation et le démantèlement de Surgères, si bien que l'Assemblée de cercle de la Rochelle, sous la pression populaire, fut contrainte d'en appeler à une Assemblée générale (convoquée pour le 14 avril 1617). C'était une mesure maladroite, disproportionnée avec sa cause, et susceptible de refaire l'union de la Cour avec d'Epernon contre les Rochellois et leurs adhérents. Duplessis déplorait la tournure que prenaient les choses, sans pouvoir ou oser les arrêter. Ce fut un bonheur pour les Protestants, au moment où ils ranimaient ainsi un conflit près de s'éteindre, que la chute de Concini (24 avril 1617) leur ait procuré un moyen

---

1. Cf. *Mémoires*, éd. Réaume, t. I, p. 90-91. Toutes les répliques de d'Aubigné ont d'ailleurs été arrangées et amplifiées pour ce récit. On en trouve la matière première, et sans doute la forme originale, dans une lettre familière, où elles sont plus brèves et plus simples. Cf. Réaume, t. I, p. 352-353.

honorable de se tirer de là, et d'offrir à l'avènement réel de Louis XIII, enfin libéré de la tutelle étrangère, l'hommage de leur soumission, comme l'apportaient de leur côté les Princes rebelles, et déjà presque à moitié battus [1].

C'est pendant ce conflit entre la Rochelle et d'Épernon que d'Aubigné commença à écrire *les Avantures du Baron de Faeneste* dont les deux premières parties ont été publiées en 1617. Aussi sont-elles remplies d'allusions à ces événements locaux, et de quolibets à l'adresse de d'Epernon, ce foudre de guerre, dont les foudres avaient fait long feu. Le persiflage vient d'Enay, non de Faeneste, qui au contraire est l'homme-lige de « Monsieur le Duc » et professe pour lui une admiration émerveillée : « C'est le vrave des vraves, et le baillant des baillants [2] », comme il dit dans sa prononciation gasconne, où les « v » remplacent les « b » et réciproquement. Il se pourrait bien qu'originairement Faeneste ne soit que la caricature de d'Epernon, qui lui aussi était de Gascogne ou des confins, étant né aux environs de Toulouse.

On sait que dans ce dialogue fantaisiste, mais plein de suc, d'Aubigné met en scène deux personnages qui s'opposent de tous points, mais qui n'en ont pas moins grand plaisir à se trouver ensemble, Enay et Faeneste. Un tiers interviendra dans la 4ᵉ partie, composée beaucoup plus tard, à Genève. Je néglige les comparses, c'est-à-dire les valets. Enay est un gentilhomme protestant, sage et spirituel, qui ne s'attache en toutes choses qu'aux réalités substantielles. Son nom, en grec, signifie « être », comme celui de Faeneste signifie « paraître ». Celui-là, en effet, ne s'attache qu'aux apparences, et leur sacrifie tout, mais ces apparences sont fictives, si bien qu'en somme, de toutes ses aventures il ne lui reste aucun bien, ni matériel ni moral, rien que de jolis contes à produire, où il joue le plus souvent un personnage ridicule, mais toujours rehaussé d'une hâblerie gasconne, qui lui permet de piquer sur chacune de ses actions un panache avantageux.

Tenons-nous en pour l'instant aux deux premières parties. Lorsque Faeneste rencontre Enay, il arrive « de la guerre d'Aunix », il vient de Surgères, qui était occupé par les troupes de d'Epernon ; il a changé de chevaux à Niort, et il s'était

---

1. **Pour tout le conflit avec la Rochelle et d'Epernon voir** Anquez, *Assemblées politique des Réformés*, p. 291-298.

2. Réaume, t. II, p. 302.

« égaré à quelque lieue de là », se trouvant « enfermé d'un parc et d'une rivière », lorsque Enay, le seigneur de céans, survient fort à propos pour le tirer d'embarras et le mener chez lui [1].

M. Legouez[2] croit reconnaître dans ces détails le site de Maillezais, au confluent de la Sèvre et de l'Autize. Mais non, Maillezais n'est pas à une lieue de Niort, et si la place est entourée de l'eau du marais, les rivières elles-mêmes sont assez loin. En revanche, c'est tout à fait la situation de Mursay qui est indiquée là, Mursay établi à quelques kilomètres au nord de Niort, et dans une boucle de la Sèvre. Au reste n'est-ce pas sa silhouette qui apparaît dans cette exclamation de Faeneste : « Bous ne l'appellerez pas un chasteau, un dongeon de huict tours abec sa platte fourme, fossez de quarante pieds, et une vasse cour vien flanquée, trois ponts levedis ! » Peu après il remarquera les galeries qui reliaient les tourelles d'angles, sur les côtés de la maison, et il sera scandalisé de les voir encombrées de blé comme un vulgaire grenier [3].

C'est donc au château de Mursay, chez d'Aubigné, que se déroulent les divers actes de ce roman dialogué. Enay et lui ne font qu'un. Il le laisse entendre assez clairement dans sa *Préface*, où il trace en quelques mots le portrait des deux interlocuteurs, et qualifie Enay d' « homme consommé aux lettres, aux expériences de la Cour et de la guerre [4] ». N'est-ce pas se désigner ? Et si l'on pouvait conserver un doute, le chapitre xii du premier livre le dissiperait.

A propos des merveilleuses inventions d'un certain capitaine Du Lignoux « le grand preneur de villes », dont Faeneste rapporte en s'extasiant les ruses enfantines, Enay renchérit et raconte une entreprise mirifique qu'il avait projetée avec ce capitaine pour s'emparer de Limoges. Du Lignoux serait allé se faire prendre et... pendre dans la ville, afin d'attirer la population à son exécution et de faciliter ainsi l'irruption soudaine de ses compagnons... juste à temps pour le délivrer, avant que la corde ne serrât le cou. Évidemment il y avait un risque de retard ! Ce beau projet n'est que la déformation ridicule, et adaptée au comique du *Faeneste*,

---

1. Cf. l'argument en tête du Ier livre (Réaume, t. II, p. 381) et le début du chapitre i.

2. Cf. le tome V de l'édition Réaume, p. 307, aux notes.

3. Cf. le chapitre v du Ier livre, Réaume, t. II, p. 400-402. Se reporter pour le château de Mursay à mon chapitre xi, § 1, au tome II, p. 150 à 153.

4. Ed. Réaume, t. II, p. 380.

d'une entreprise réelle sur Limoges, où d'Aubigné avait couru de sérieux dangers, en s'exposant dans des entrevues hasardeuses pour démasquer un traître de la ville, qui cherchait à attirer dans un guet-apens deux gentilshommes de la région (septembre-octobre 1579)[1]. L'incident le plus dramatique avait eu lieu à l'hôtellerie de la Porte de la Reine, hors les murs, que nous retrouvons ici dans le récit d'Enay. Il l'appelle une « grange[2] » voilà tout, parce qu'il aime les formules modestes, mais il est évident que c'est la même chose. C'est là qu'il devait se cacher avec ses hommes en attendant le moment d'entrer. L'imprudente témérité du capitaine Du Lignoux rappelle, sous une forme humoristique, celle des deux gentilshommes de la Marche qui tombèrent dans le piège malgré les avertissements de d'Aubigné, et y laissèrent la vie.

Enfin voici une dernière confirmation de l'identité d'Enay avec d'Aubigné. A la fin du second livre, la conversation s'est suffisamment prolongée sur toutes sortes de sujets, et les interlocuteurs ont fait une assez grande dépense de souvenirs et d'esprit pour avoir bien gagné leur lit. Le Baron est donc conduit à sa chambre, mais alors il apprend par son valet, Cherbonnière, le nom et la qualité de son hôte. Je ne me demanderai pas s'il est très vraisemblable qu'il n'en ait rien su plus tôt. Toujours est-il qu'il tombe de son haut... et de là dans la chambre d'Enay, à qui il veut aller faire tout de suite un compliment bien tourné : « Comment, Monsur, bous ne me disiez pas qui bous estes. Tout lou monde bous connoist : bous avez de si vonnes places, tant fait de serbices ; on bous a osté bos bieilles et noubelles pensions, bos garnisons n'ont esté paiees il y a dux ans, on bous pille, bous qui sauriez vien piller les autres, et bous ne boulez pas que nous parlions del'Estat[3] ! »

Qui ne reconnaîtrait d'Aubigné à cette peinture de ses conditions présentes et passées? Faeneste s'étonne qu'étant victime du gouvernement de la Régence, il se montre si réservé dans ses appréciations sur lui. Il est certain qu'Enay a mis jusque-là une discrétion affectée à ne pas parler des maîtres du jour. Témoin ce bout de dialogue :

1. Cf. *Histoire universelle*, t. V, p. 371 à 380 et mon chapitre v, § 2, p. 239 à 242 du 1er volume.
2. « La grange au-dessous de la porte de la Reine, qui n'est qu'à deux cents pas de la muraille » (Réaume, t. II, p. 418).
3. Réaume, t. II, p. 479.

« F. — Je troube que Monsur de Themines est parbenu à la Marechaussée par un vrabe moyen et vien noubeau.

(C'est lui qui avait arrêté le Prince de Condé le 1er septembre 1616. Il était le frère de Richelieu.)

E. — C'est de quoi je ne sais rien que m'en taire.

F. — Ils disent pourtant que toute la France est entre les mains de Barbin et Mangot : ils disent que ce sont d'avilles hommes, et vien fidèles à la Rene et à Madame la Mareschale.

E. — Nous n'en connoissons ni les noms ni les conditions.

F. — Bous estes par trop discrets, bous autres, nous ne sommes pas si reteneus[1]. »

Barbin et Mangot étaient, en effet, les créatures de la Reine et de Concini (le maréchal d'Ancre). C'est eux qui avaient remplacé, après la paix de Loudun (3 mai 1616), les ministres barbons d'Henri IV, à qui on reprochait leur faiblesse. Barbin était contrôleur des finances, Mangot garde des sceaux. Ils s'étaient adjoint Richelieu, comme sous-secrétaire d'État à la guerre, pour réprimer la révolte des Princes qui avaient pris le parti de Condé après son arrestation. Ce trio était énergique et en imposait sans doute. C'est pourquoi Enay ne veut pas parler politique. Son attitude est d'accord avec celle que d'Aubigné adoptait dans une lettre au Roi Louis XIII, écrite en février 1617, après la signature de la trêve entre les Rochellois et d'Epernon, lorsque lui-même put désarmer. Il profita d'une occasion, un voyage de son gendre, M. de Villette, à Paris, pour y faire porter des protestations de fidélité : « Ce me seroit un grand reboublement de bonheur s'il plaisoit à Vostre Majesté oüir de Monsieur de Villette chose que je puis maintenir à toutes sortes de preuves, c'est que despuis la paix de Loudun, je me suis privé de toutes compaignees et que ceux qui m'ont recherché chez moy ne se peuvent vanter que j'aye favorisé, ny de parole ny d'effect, aulcun partisan, ne respirant que le service de Vostre Majesté et le repos de ma dernière vieillesse soubz ses bonnes graces[2]. »

1. Réaume, t. II. p. 420.
2. Ed. Réaume, t. II, p. 689.

On est un peu surpris de ces affirmations quand on connaît son rôle dans l'affaire d'Epernon, et qu'on l'a vu épouser avec tant de vivacité la querelle des Rochellois. Mais sans doute il considérait qu'en agissant ainsi il n'avait pas fait mauvais service au Roi, au contraire, puisque c'était d'Epernon qui résistait à l'arbitrage de ses envoyés.

Aussi avec lui il ne se gêne pas, il prend sa revanche de la retenue qu'il est obligé de garder envers le gouvernement. Il n'y aurait peut-être pas dans les récits de Faeneste tant d'histoires de duels manqués, qui aboutissent tous à de « braves » reculades, si d'Aubigné ne voulait atteindre par ces dérisions l'orgueilleux Duc, qui lui avait lancé un défi, et l'avait jugé ensuite trop petit compagnon pour croiser le fer avec lui. Mais ce sont là attaques indirectes. « La guerre d'Aunix » au contraire est matière à railleries ouvertes et constamment renouvelées : « Oy da, dit Faeneste : si bous eussiez bu Monsur, l'autre yor, quand il fit son entrée *debant* la Rouchelle[1] ! » Pas *dedans*, il y a une legère différence. Ce mot plaisant fait songer à celui des *Mémoires :* « Ce Duc vint en ce temps faire la piafe de la Rochelle[2] ». Expédition pour la montre, grand déploiement de forces sans résultats... et sans bataille, c'est tout à fait le genre de campagnes qui convient à la valeur de Faeneste. Aussi, dans sa satisfaction, considère-t-il la partie comme déjà gagnée, et la Rochelle comme... presque prise :

« Vous tenez donc la Rochelle pour rendue ? » lui dit Enay. — « Non, pas du tout, répond-il ; mais je ne bous donne terme que de Pasques, pour boir que Monsur y a vonne part, et de vons serviteurs, et entr'autres[3]... »

Et ainsi se précise le moment exact où ce dialogue est censé avoir lieu. Pendant la trêve, signée en janvier 1617, puisque Faeneste déclare avoir vu cette guerre d'Aunis « du commencement jusques la fin[4] ». Donc, les opérations sont arrêtées, mais Faeneste espère encore que la Rochelle se soumettra, et par conséquent nous sommes dans la période d'attente entre la suspension d'armes de janvier et le règlement final du conflit amené par la chute de Concini (24 avril 1617).

1. Réaume, t. II, p. 389.
2. Ed. Réaume, t. I, p 89.
3. Réaume, t. II, p. 392. Voir d'autres plaisanteries du même ordre sur la « victoire » de d'Epernon, t. II, p. 404, 449, 461.
4. Réaume, t. II, p. 405.

Je n'affirme pas pour cela que les deux premiers livres aient été écrits pendant le premier trimestre 1617, mais comme ils ont paru cette année même, ce ne fut certes pas beaucoup après, et même j'incline à croire qu'ils ont été réellement composés avant le meurtre de Concini et le renversement du ministère Barbin-Mangot-Richelieu qui en fut la conséquence ; sinon on ne s'expliquerait guère les ménagements de d'Aubigné envers ce régime, alors que dans le 3e livre, paru seulement en 1619, il ne le ménagera plus du tout.

La publication des deux premiers livres soulève *un petit problème bibliographique*. Dans toutes les éditions connues de 1617, ils sont donnés ensemble, mais avec un titre qui suppose une édition antérieure du 1er livre seul : « *Les Avantures du Baron de Faeneste, première partie, reveüe, corrigée et augmentée par l'autheur. Plus a esté adjousté la seconde partie...*[1]. »

Et l'*Avis aux Lecteurs* qui, dans ces éditions, précédait le second livre, semble bien confirmer que le premier avait déjà vu le jour auparavant :

« Messieurs, vous avez fait si bonne chère au baron de Faeneste, qu'il a netoyé sa robbe, s'est adimanché pour retourner à vous, et vous mène avec soy le cadet, aussi folastre que luy, horsmis qu'il luy échappe quelque traict de Théologie moderne. Ne laissez pas de le voir : il n'enfonce point et s'arreste guères sur ces mattieres, car il ne prend rien à cœur. Ce que vous en pouvés attendre, c'est qu'il est du siècle, et qu'aux traicts de son visage, vous vous ressouviendrés de quelques-uns de vostre cognoissance. »

Personne n'a encore mis la main sur ce tirage à part du 1er livre, mais cela ne veut pas dire qu'il n'a pas existé, et alors, s'il y avait eu, comme il serait vraisemblable dans ce cas, un certain intervalle entre cette édition primitive du livre I et les suivantes de 1617, où le second livre lui est adjoint, ce serait une raison de plus de penser que la composition du 1er remonte au début de l'année, et précisément au moment où d'Aubigné situe — historiquement — cet entretien d'Enay et de Faeneste.

L'*Avis aux lecteurs* en tête du second livre caractérise bien sa nouveauté par

---

1. Voir la liste de ces éditions (5 en tout) dans l'*Essai de bibliographie d'Agrippa d'Aubigné*, par AD. VAN BEVER, *Bulletin de la Société de l'Histoire du Protestantisme français*, n° de mai-juin 1905, p. 235-236 ; et dans mon Appendice bibliographique, 2e section, B, article VIII, ci-dessous, p. 194-195.

rapport au premier. Choses de guerre et choses de Cour, affaires d'honneur et affaires de cœur du Baron, voilà en gros les objets de la conversation au premier livre. Ils ne sont pas absents du second. Mais les « matières de théologie » s'y ajoutent, en effet, légèrement traitées comme on nous l'annonce, c'est-à-dire plus par des plaisanteries que par des arguments sérieux. On en rencontre cependant quelquefois sous ces plaisanteries mêmes. Ainsi dans le IIIe chapitre sur le Baptême (et autres sacrements). Celui sur Cayer[1] (Palma-Cayet) est également intéressant, non pas tant par les sentiments que d'Aubigné manifeste contre cet apostat — nous les connaissons déjà par le *Sancy* — mais parce que, l'accusant d'alchimie, de magie, de sorcellerie, il est amené à exposer, par la bouche d'Enay, son opinion sur ces questions ; et la distinction qu'il fait entre la fausse et la vraie sorcellerie témoigne encore de beaucoup de crédulité. On trouve les mêmes idées exprimées, et on fait la même constatation dans une série de Lettres sur les sciences et les choses occultes, qu'il adressa à M. de la Rivière, premier médecin du Roi[2].

Le *3e Livre*, comme je l'ai dit, n'a été publié qu'en 1619, mais d'Aubigné y conserve les mêmes circonstances historiques que dans les deux premiers. Nous sommes encore sous le règne de Concini et de ses créatures. Seulement ce n'est plus qu'une fiction, car il est clair que si ce Livre avait été fait dans le même temps que les deux autres, son apparition n'aurait pas été retardée deux ans. J'observe cependant qu'il est annoncé dans plusieurs des éditions de 1617 : «*Plus a ésté adjousté la seconde partie, avec promesse de la troisiesne.* » Peut-être donc était-il déjà commencé et d'Aubigné se sera tenu, pour le continuer, à la donnée historique initiale. Cela lui permettait d'attaquer le régime déchu de Concini, sans crainte de déplaire à celui qui l'avait remplacé, et d'épancher contre l'Italien les mépris qu'il avait dû rentrer naguère. Je ne veux pas dire que la satire politique domine dans ce livre; non, il est farci de contes rabelaisiens et populaires, mais les « matières d'État » y ont leur place, surtout dans la dernière partie.

Le chapitre xx intitulé « *De Coyons de mille livres, des espions* » est particulièrement mordant. Ce sont deux métiers que Faeneste ambitionne. Les premiers sont les gardes du corps du Maréchal, grassement nourris et payés, les seconds les

1. Le XIIe.
2. Cf. édit. Réaume, t. I, p. 422 à 445.

délateurs qu'il entretenait partout pour connaître ceux qui lui faisaient de l'opposition, ou qui simplement le critiquaient dans le privé :

« Bous ne bouiez, rapporte Faeneste, par les raës de Paris que poutances plantees pour çus qui ozent oubrir la vouche contre Monsur ou Madame [1]. »

Détail exact, authentique. Une sorte de terreur planait, un réseau d'espionnage où chacun risquait d'être pris — aussi bien en province qu'à Paris. D'Aubigné devait se sentir surveillé de près. C'est ce qui explique sa prudence dans les deux premiers livres, mais maintenant il peut parler, et il laisse Enay exposer, dans un passage très curieux, et qui doit faire allusion à un fait concernant d'Aubigné lui-même, comment s'y prenaient les agents de Concini :

«... Ce métier veut une grande dilligence, dextérité, invention, impudence, et avec tout cela il n'est point sans danger : car quand l'espion n'a rien de vrai à produire, il faut qu'il entretienne sa boutique de faussetés, et ne faut que la preuve d'une pour gaster tout de l'une ou de l'autre part. Je vous dirai comment se gouverne un Sénat de telles gens que nous avons en ce pays, composé de quelques Catholiques ruinez qui se veulent relever par les choses extrèmes, d'Huguenots revoltez tout à plat, et d'autres qui prennent terme pour l'estre. Premièrement ils emplissent leurs lettres des pas et des paroles des plus gens de bien du pays, en détournant toutes choses de leur droit sens. Ils vont disner avec un Gentilhomme qui leur en donne de bon cœur : ils le mettent à propos du mauvais Gouvernement d'aujourd'hui. Si c'est quelqu'un qui ait charge, ils demandent combien de quartiers il a perdu depuis trois ans, lui font voir au profit de qui va ce larcin, et que les choses iront ci après de mal en pis ; allèguent les pensions nouvelles des personnes les plus indignes qu'ils peuvent choisir ; de là ils viennent sur les comparaisons du temps du feu Roi, et qu'on estoit bien payé sous l'administration de M. de Sulli. Si là-dessus ils peuvent aigrir quelque cœur par ses interests, et faire eschapper de la bouche chose qui sente le mescontentement, voilà de quoi mériter l'entretien ; s'ils rencontrent, comme il leur avient tous les jours, des gens qui par probité, par patience, ou par connoissance des galands, leur respondent en bons et loyaux François et serviteurs du Roi, lors ils se contentent d'escrire ainsi : *J'ay veu un*

---

1. Réaume, t. II, p. 541.

tel à qui j'ay tasté le poux, où j'ai trouvé quelque inégalité ou altération pour le servive du Roi ; mais je l'ai remis en tel estat qu'on ne doit rien craindre de ce costé là [1]. »

L'argent — corruption, concussion — était, comme l'espionnage, un moyen de gouvernement. Faeneste fait voir à Enay ce quatrain « dangerus » :

> On demande à quoi sont utiles
> Conchine et force autres encor :
> Philippes en eust pris des villes,
> Ce sont des asnes chargez d'or [2].

Et d'Aubigné nous raconte une étrange histoire d'un *Comte de Lorme* (chapitres XVII et XVIII) prétendu émissaire d'un syndicat de pirates de haute mer, qui était venu offrir à la Cour de France la conquête du Pérou avec ses trésors, si on consentait à leur donner des lettres d'abolition pour tous leurs crimes passés. Ce seigneur exotique semait à pleines mains, sinon l'or et les joyaux, du moins les promesses. Il aurait acheté Concini et sa bande, et fait des dupes nombreuses en Saintonge. Ce conte fantastique a-t-il un fonds de réalité, ou vient-il tout droit du pays de l'Eldorado ou des *Mille et Une nuits* ? Je serais surpris que d'Aubigné ait tout imaginé.

Même le récit final, l'*Histoire de Calopse* (chapitres XXI, XXII, XXIII, XXIV), qui est un pastiche de celle de *Don Quichotte*, n'est pas purement imaginaire. Les grotesques aventures de ce réformateur de l'État, qui est devenu « hypocondriaque » autant dire fol, à force de voir les choses aller de mal en pis depuis la mort d'Henri IV, mettent en scène, lui compris, des châtelains du pays de l'Ouest que d'Aubigné connaissait bien, et sans doute assez familièrement pour être assuré qu'ils ne s'offenseraient pas de paraître dans cette mascarade. L'hypocondrie de Calopse est d'ailleurs comme la parodie de la mauvaise humeur de d'Aubigné en présence des fautes et des tares du gouvernement de la Régence. Mais lui n'en devient pas malade, et préfère encore en rire plutôt que d'en pleurer. Faeneste tire

---

1. Réaume, t. II, p. 541-542.
2. Réaume, t. II, p. 545. Voir aussi un *quatrain épigrammatique* fait après sa mort. Réaume, t. IV, p. 371 (pièce XXXIV).

la conclusion, la leçon du récit que vient de faire Enay : « J'entens bien : bous boulez dire que nous abons force médecins de l'Estat aussi propres à cela comme un crucifix à jouer d'un estiflet[1]. »

§ III. — **Le gouvernement personnel de Louis XIII et l'opposition contre le favori Albert de Luynes. — Le conflit avec les Protestants à propos des affaires de Béarn : les Assemblées de la Rochelle (1619) et de Loudun (1619-1620). — D'Aubigné est contraint par le manque d'argent, les intrigues contre ses places, et la trahison de son propre fils, à les céder au duc de Rohan (actes du 29 avril et du 25 mai 1619).**

M. de Villette à qui d'Aubigné avait confié, au mois de février 1617, une lettre pour le Roi, dont nous avons cité plus haut un passage, ne lui rapporta pas de bien bonnes nouvelles ; il n'était pas question encore de rétablir ses pensions. Aussi ne voyait-il plus le moyen de soutenir son train de dépenses ; et, faisant ses doléances à Rohan, il lui écrivait au retour de son gendre :

« Il est nécessaire ou que je quitte ma maison en la vendant à quelqu'un qui aye les reins plus forts que moy pour la garder, ou que je cerche ma sûreté dans une Venise, ou que je sois assisté par qui que ce soit. M. de Villette m'a apporté un mauvais présent d'espérance en me déclarant la perte de deux années passées, qui sont plus de 14.000 livres pour moy[2]. Ce seroit de quoy désespérer un homme qui ne se consoleroit point en Dieu, maintenant que j'ai donné mon bien à mes enfants, et en ay vendu une partie[3]. »

On voit déjà poindre le projet de retraite à Genève, mais il ne s'y résoudra que lorsqu'il sera convaincu de l'impossibilité de désarmer l'hostilité de la Cour contre lui. Auparavant il passera par une phase d'espérances.

---

1. Réaume, t. II, p. 558.

2. Ses pensions étaient de 7.000 livres, 4.000 sur « l'ordinaire » et 3.000 sur « le petit Estat ». Cf. Mémoire à Pontchartrain en 1618 déjà cité, éd. Réaume, t. II, p. 697-698.

3. Éd. Réaume, t. I, p. 338. C'est à l'occasion du mariage de ses filles qu'il avait partagé à ses enfants les biens de leur mère. Il annonçait déjà sa résolution de faire ce partage peu après le mariage de Louise dès le 25 décembre 1610. Cf. éd. Réaume, t. I, p. 571, lettre à un homme d'affaires, M. de la Pierre Blanche. L'inventaire établi au moment du mariage de Marie en décembre 1613 (cf. LALANNE, *Mémoires de d'Aubigné*, éd. 1854, p. 436) était fait pour cela.

Le renversement de Concini et son remplacement par Luynes avaient éveillé une allégresse presque générale. On s'imaginait que tout allait changer, que l'heure de la réconciliation entre les partis avait sonné, qu'un gouvernement vraiment national s'installait au pouvoir pour reprendre les traditions du Grand Roi. Les Réformés en particulier considéraient le rappel des anciens ministres d'Henri IV comme le gage d'un retour aux alliances protestantes garantes de leur sécurité. Ils furent bien vite déçus. En fait Luynes continua et accentua, au dedans comme au dehors, la politique de réaction catholique du gouvernement de la Régence. Il était donc fatal qu'il entrât en conflit avec eux. Le choc se produisit à propos des affaires de Béarn.

Ce petit pays n'était pas encore fondu dans l'unité nationale. Réuni en fait à la France depuis qu'Henri de Béarn était devenu Henri IV, il n'en conservait pas moins sa constitution particulière, et défendait jalousement son indépendance. La situation religieuse y était inverse de ce qu'elle était dans le reste du royaume. Les Protestants y avaient la majorité et entendaient imposer aux Catholiques un régime d'exception, contre-partie de celui que subissaient les Réformés en France. Jeanne d'Albret avait même purement et simplement supprimé le culte catholique et confisqué tous les biens ecclésiastiques au profit des Eglises protestantes (1569). Un article de l'Édit de Nantes (l'article 3) prescrivait le rétablissement de la messe dans tous les lieux où elle avait été célébrée précédemment et la restitution des biens religieux à leurs légitimes possesseurs ; mais cet article ne fut pas appliqué en Béarn ; du moins fut-il très mitigé par l'Edit de Fontainebleau (1599) qui n'accorda au catholicisme qu'une tolérance limitée à certains lieux, et un petit budget du culte pris sur la cassette royale. Les Assemblées du clergé de France ne cessaient de réclamer le droit commun pour la religion catholique en Béarn, et il faut avouer que les Protestants Béarnais fournissaient des arguments contre eux, en se faisant représenter à toutes les Assemblées politiques des Réformés français [1]. Comment dès lors, n'auraient-ils pas été soumis aux mêmes lois ?

Ce fut un des premiers actes de Luynes de régler la question religieuse en Béarn à la satisfaction des Catholiques et de leur faire rendre, par l'arrêt royal

---

1. Depuis l'Assemblée de Saumur de 1611.

du 25 juin 1617, la liberté complète du culte et tous les biens d'Église. Les Protestants devaient être dédommagés sur les revenus du domaine royal. Solution équitable, mais que l'esprit de parti leur fit considérer comme une violation de leurs droits, devenus naturellement imprescriptibles. Les droits antérieurs des Catholiques, et leurs possessions de fait avant Jeanne d'Albret n'existaient plus, et avaient été définitivement annulés par les ordonnances de la Reine. L'Histoire recommençait là. Aussi les États de Béarn refusèrent-ils d'exécuter l'arrêt de restitution. Une Assemblée de cercle, convoquée à Orthez, fit appel à la solidarité des Églises de France, et se transforma bientôt en Assemblée générale (1618). Puis, pour agir sur l'opinion d'un point moins excentrique, elle se transporta au véritable poste de commandement du Parti, à la Rochelle (début de 1619). Mais là, contrairement à ce qu'on pouvait attendre, et sans doute grâce à l'intervention d'éléments plus pondérés, qui ne tenaient pas à se laisser entraîner dans une guerre, elle devait se montrer sage et modérée.

D'Aubigné se tint à l'écart de cette agitation. Une fois n'est pas coutume. Et d'ailleurs c'était maintenant la ligne de conduite qu'il avait adoptée, comme il en donnait l'assurance à Louis XIII, dans sa lettre de février 1617. Il avait une raison de plus de se tenir tranquille : des griefs contre son propre Parti, du moins contre les Rochellois, qui avaient fait preuve d'une singulière ingratitude après l'appui qu'il leur avait prêté dans leur querelle avec d'Epernon. Ne s'avisèrent-ils pas, quelques mois plus tard, de solliciter à la Cour « par homme exprez » le rasement du Dognon et de Maillezais « s'il se pouvoit » ? La réserve pour Maillezais se comprend : c'était une place de sûreté et elle ne pouvait être démantelée sans le consentement des Églises, tandis que le Dognon était la propriété particulière de d'Aubigné. Ce qui se comprend moins, c'est cette hostilité soudaine à l'égard d'un voisin qui avait pris fait et cause pour eux contre un plus puissant, au risque de s'exposer à des représailles, et en obérant davantage ses finances déjà malades par les levées supplémentaires de soldats qu'il avait été obligé de faire. Villeroy se gaussait du mauvais procédé dans une lettre qu'il écrivait à d'Aubigné, trois semaines avant sa mort (qui est du 12 novembre 1617) :

« Que diriez-vous de vos amis, pour lesquels vous avez perdu huict mille francs de pension, refusé augmentation de cinq mille, perdu encore la bonne grace

du Roy, et vous mesmes tant de fois? Ils nous demandent importunément qu'on vous rase vostre maison sur vos oreilles. Je ne change rien aux termes de vos amis ; si c'estoit à vous à faire response à une telle demande, quelle seroit-elle ? J'en demande vostre advis.

« La responce fut : *Monsieur, s'il vous plaist que je sois vostre commis pour la responce à la requeste des Rochelois, elle sera en ces termes : Soit fait comme il est requis aux despens de qui le requiert*[1]. »

Sorte de défi lancé aux Rochellois : s'ils veulent détruire ses fortifications, qu'ils y viennent ! Nous avons peut-être là, dans la confiance qu'elles lui inspiraient, l'explication de leur étrange démarche. Le voisinage de ces bonnes places les effrayait. Qu'arriverait-il si elles tombaient en d'autres mains ? Elles pourraient être une menace constante à leurs portes. Or, ils n'ignoraient pas que d'Aubigné avait des velléités de s'en défaire, faute de ressources suffisantes ; il en avait déjà manifesté l'intention aux deux Assemblées (de Cercle et Générale)[2] qu'avait motivées le conflit avec d'Epernon[3]. De quoi demain serait-il fait ? A qui écherraient-elles ? Préoccupation et précaution égoïstes, car en attendant elles étaient utiles au Parti.

Durant l'année 1618, c'est avec la Cour que d'Aubigné en négocia la cession. A la suite de la requête des Rochellois, on désira en haut lieu être fixé sur leur valeur militaire. Vignolles, le même qui s'était entremis dans l'affaire d'Epernon, Bertrand de Vignolles de la Hyre, seigneur de Coulonges, fut chargé d'aller les inspecter. Il était en bons termes avec d'Aubigné « comme ayant esté nourry chez le Roy soubs luy », c'est-à-dire ayant été page sous sa direction — les pages relevaient des écuyers. On se souvient qu'il était au nombre des dix prosélytes de du Perron, que d'Aubigné avait disputés à l'Évêque dans la fameuse conférence de mai 1600. Le rapport qu'il fit après son inspection était bien de nature à inquiéter le Gouvernement et à lui faire désirer de recouvrer ces places, dont il disait « que Maillezais cousteroit tousjours bien un bon siège royal, et le Dognon plus à estre assiégé que la Rochelle à estre prise. Voilà sur quoy, ajoute d'Aubigné, on

---

1. Cf. *Mémoires,* éd. Réaume, t. I, p. 94; et même tome, p. 363, lettre à M. de La Tour.
2. Assemblée de cercle du 16 novembre 1616, Assemblée générale du 15 avril 1617.
3. Cf. *Mémoires* (Réaume, t. I, p. 93-94).

despescha des Mestres de requestes pour traiter. M. de Montelon en eut la première charge[1], et au desfaut de luy la Vacherie. Il feroit bon voir toutes les ruses par lesquelles ce traicté fut protelé [traîné en longueur] environ deux ans, sur la fin desquels le Duc d'Epernon, par le moyen du Marquis de Bresé, fit offrir jusques à deux cents mille francs contant[2]. »

On a conservé quelques pièces de cette négociation retrouvées dans un manuscrit de la Bibliothèque Nationale, et que M. Réaume a publiées en appendice à la fin de son tome II[3]. Ce sont des lettres de d'Aubigné au secrétaire d'État Pontchartrain ou à ses agents; il y en a même une adressée directement au Roi. A la fin du dossier figure le *Mémoire* sur ses pensions que j'ai déjà cité[4]. On ne peut entrevoir dans ces documents, qui émanent tous de lui, les ruses de la Cour, dont il parle dans ses *Mémoires*, et qui n'étaient sans doute que des moyens dilatoires pour le lasser et l'amener à composition par son besoin d'argent. En revanche, ce qu'on y aperçoit clairement, c'est son état d'esprit à lui et ses arrière-pensées personnelles. Or l'impression qui s'en dégage, c'est que, tout en traitant pour la cession de ses places, il ne perdait pas l'espoir de les garder, en regagnant à la faveur de ces pourparlers la confiance du Roi, et en obtenant le rétablissement de ses pensions et le paiement de l'arriéré dû sur la solde de ses garnisons. Il ne cesse, en effet, de plaider sa cause, de rappeler ses services exceptionnels à Henri IV, de justifier ou d'excuser sa conduite sous la Régence et depuis. Qu'a-t-on à lui reprocher, sinon sa participation au soulèvement qui a abouti à la paix de Loudun ? Mais il était lié par son serment, et ce n'est pas de gaieté de cœur qu'il s'est « engagé à un misérable parti, bien qu'il le reconnût pour tel[5] ». Après cela, il a observé une réserve dont on devrait lui savoir gré. Son malheur, c'est qu'on le juge toujours sur son ancienne réputation, qui est comme une tunique de Nessus : « J'en suis demouré là que l'extrême violance de ma jeunesse ne peut faire estimer qu'un autre aage

---

1. Cf. Réaume, t. I, p. 500, deux billets de d'Aubigné où l'on voit apparaître cette intervention de M. de Montelon ; l'un lui est adressé.

2. *Mémoires*, éd. Réaume, t. I, p. 95.

3. P. 690 à 698.

4. Il contient un passage interpolé qui ferait croire qu'il a été rédigé après le combat des Ponts-de-Cé (août 1620). Mais il est daté de 1618, comme les lettres, et le décompte que fait d'Aubigné de l'arriéré qui lui est dû ne laisse pas de doutes que c'est bien la date exacte.

5. Cf. lettre à Pontchartrain du 23 août 1618. (Réaume, t. II, p. 690).

m'aye donné d'autres mœurs[1]. » Ah ! si le Roi voulait faire l'épreuve de sa fidélité ! Il n'aurait pas de meilleur serviteur ni plus dévoué. Mais il faut « que Sa Majesté prene confiance de moy[2] ». S'il n'a pas ce bonheur, s'il ne peut rentrer en grâce auprès de son souverain, alors il préfère se retirer tout à fait et aller terminer ses jours à l'étranger « entre les plus fidèles voisins et serviteurs de la Couronne avecq lettre de faveur et un escu de pantion, afin d'estre plus obligé[3] » à son devoir, et de pouvoir continuer à se dire gentilhomme ordinaire du Roi. Proposition émouvante de la part de ce grand vieillard, qui avait à son actif tant de glorieux mérites. Mais, sans doute, il la fait pour toucher le cœur du jeune Roi et il aurait été bien fâché qu'on le prit au mot.

Il semble qu'on ait songé un moment à le laisser à Maillezais — place de sûreté — mais en rasant le Dognon, pour donner une demi-satisfaction aux appréhensions des Rochellois. Il proteste contre cette idée, car le Roi se privera ainsi d'une excellente forteresse[4] à laquelle l'art et la nature ont contribué, et ce n'est pas seulement son œuvre qu'il défend, mais son honneur, qui ne saurait s'accommoder d'un compromis où se marque une défiance persistante :

« Je vous assureray que si je ne puis obtenir entière confiance nécessaire à la bonne grâce de mon Roy, et que partant il ne luy plaise pas se servir de moy tout entier, il n'y a partie qui ne se traysne jusques aux piedz de l'autel pour sacriffier le tout à qui je doy tout[5]. »

On ne peut s'empêcher d'être ému en lisant cette correspondance. On y sent à chaque ligne combien d'Aubigné souffrait de sa disgrâce. Jamais, en somme, il ne s'est consolé, malgré son caractère d'opposant, d'être relégué loin du trône, après avoir vécu si longtemps dans l'intimité et pour ainsi dire au chevet d'Henri le Grand. Et cette constatation que nous sommes amenés à faire ici, pièces en mains,

---

1. Cf., lettre à Pontchartrain du 23 août 1618.

2. *Ibid.*, p. 691.

3. Même lettre du 23 août, t. II, p. 692. Rétrospectivement il revient sur cette offre avec des détails dans deux lettres écrites plus tard, de Suisse, au chancelier de Sillery (éd. Réaume, t. I, p. 202) et à M. de Loménie (I, p. 307).

4. « La meilleure de France » de l'avis d'un contemporain qui s'y connaissait, M. de Hautefontaine dans la lettre au Conseil de Genève du 22 juillet 1619, que j'ai déjà citée. (Cf. HEYER, *D'Aubigné à Genève*, p. 15).

5. Lettre à Pontchartrain du 15 septembre 1618 (Réaume, t. II, p. 694).

ouvre un jour sur le fond de son âme, qui le rend tout à fait sympathique. Dans ce traité qu'il débattait avec la Cour, il n'y avait pas qu'une question d'intérêt en jeu son cœur était engagé dans l'affaire. Cet homme cuirassé, et qui semble fai seulement pour la lutte, avait en réalité autant besoin d'aimer et de se dévouer qu de se battre, et, parce qu'il ne pouvait plus se dévouer à son Prince, comme i l'aurait voulu, il avait perdu une partie de sa raison d'être et de vivre.

Une autre cause de tristesse affligeait sa vieillesse, une plus grande cruaut du sort, car il avait là moins de responsabilité, c'est *la conduite de son fil Constant*, qui n'avait fait qu'empirer depuis son malheureux mariage. Il ava cependant essayé de lui faire une situation honorable en le nommant « capitaine d la ville et citadelle de Maillezais ». On le voit figurer sous ce titre, dès 1613, comm témoin au contrat de mariage de sa sœur Marie[1].

« En quoy j'ay péché, lui dira d'Aubigné plus tard, en vous donnant compagne entretenuë sur l'estat du Roy, avant que porter hauts de chausses[2]. »

Lorsque survint la seconde révolte du Prince de Condé, à laquelle les Prote tants s'associèrent (1615-1616), il lui fit attribuer et lui recruta un régiment[3] afi de flatter son amour-propre et de le retenir dans le Parti, car déjà il sentait s fidélité chanceler. Mais rien n'avait prise sur ce caractère léger et sans boussol « rien ne pouvait satisfaire à l'insolence d'un esprit perdu[4] ». Aussi, à peine la pa de Loudun signée (mai 1616), Constant échappa à la contrainte paternelle pour all chercher fortune à Paris et y faire valoir ses talents. Il était intelligent, cultiv séduisant, aucun scrupule moral ne l'arrêtait; c'étaient de bonnes conditions po réussir dans le monde, mais il aimait trop le plaisir et cela gâta tout :

« Il se jetta à la Cour, où il perdit au jeu vingt fois ce qu'il avoit vaillant : à cela ne trouva remède que de renoncer sa religion[5]. »

Les Jésuites[6] l'avaient persuadé que c'était le seul moyen de parvenir

1. Cf. ci-dessus fin du § 1, p. 30.
2. Réaume, t. I, p. 297.
3. Cf. *Mémoires* (Réaume, t. I, p. 88 et 110).
4. *Ibid.*, p. 110.
5. *Ibid.*
6. Ou plutôt un Jésuite le P. Arnou, et un Feuillant, le P. Du May. D'Aubigné avec ces deux n fait un jeu de mots inquiétant. Cf. *Mémoires* (Réaume, t. I, p. 110), lettre à Mlle de Rohan, t. I, p. 399 un quatrain au t. IV, p. 347.

'obtenir des faveurs. C'est sans doute en 1618 qu'il faut placer cette première
'ahison de Constant, car il y a une lettre de d'Aubigné — sans date, mais qui
arait bien contemporaine de ses négociations avec la Cour pour la remise de ses
laces — où il mentionne la douloureuse nouvelle sans vouloir encore y croire :

« J'ay veu, écrivait-il, des Courtisans gens de crédict, de qui j'ay apris les
ttentions de la Cour sur tels affaires que le mien : on ne m'offre point de perte de
e costé là, mais plus de commoditez qu'il n'en fault à un homme de mon aage, en
uoy je cognois quelque chose des délibérations générales ; c'est à moy à en parler
obrement et me garder bien de convertir mes conjectures en nouvelles. J'en ay
eçu une de la révolte [abjuration] de mon fils, qui est venuë de M. Duplessis à
Carans : je ne le puis croire absolument; quand il plaira à Dieu me donner ce coup
e baston, la longue prévoyance a pris de long temps sa part à la douleur : sa
mille ne pouvoit demeurer en celle de Dieu, ny telle puanteur parmy les encens
e l'Église [1]. »

Allusion aux désordres de son ménage, où la femme prenait les mêmes libertés
ue le mari. Et tout cela devait mal finir.

Constant avait-il vraiment et solennellement abjuré ? C'est très douteux et
'Aubigné reconnaît lui-même que les prétendus témoins de cette conversion sont
uspects et récusables [2]. On racontait qu'il avait fait ses Pâques entre les mains du
once, et « ouy » quantité des messes en la chapelle de Mme de Sourdis, sa
aitresse — des messes noires alors ? Que ne racontait-on pas ? Il aurait reçu un
ref du Pape lui permettant néanmoins de « frecquauter les presches et participer à
a Cène de la Religion prétendue Réformée [3] ». Étrange dispense et singulière
istoire. Ce qui est vraisemblable, c'est que Constant, incrédule, type déjà achevé
u parfait libertin, affectait, avec une cynique forfanterie, d'assister indifférem-
ent à la messe ou au prêche. Aussi put-il jurer ses grands dieux (il en avait de
echange, en effet) qu'il était calomnié, quand son père lui fit part des mauvais
ruits qui couraient sur son compte et le somma de rentrer :

« Et là dessus vinct en Poictou pour empougner les places de son père, qui,

1. Ed. Réaume, t. I, p. 339-340.
2. Cf. éd. Réaume, t. I, p. 342.
3. *Mémoires* (Réaume, t. I, p. 110).

pour le mieux retirer, luy donna sa Lieutenance dans Maillezais; et luy s'estan
retiré au Dognon luy en laissa l'entière administration[1]. »

Auparavant Constant n'était que capitaine dans la garnison de Maillezais
Maintenant il faisait l'office de commandant de place et remplissait les fonction
de gouverneur en l'absence de son père. Il pouvait chantonner : la pénitence es
douce ! D'Aubigné ne s'était pas contenté d'ouvrir sa porte au fils prodigue —
faut-il dire repentant ? — il lui avait remis les clefs de la maison. Tant d'indul
gence étonne de sa part. Cet homme si énergique était-il un père faible ? Cel
arrive. Mais non, je ne crois pas : il saura se montrer rigoureux et inflexible quan
le moment sera venu. Mais tant qu'il gardait un espoir de ramener l'égaré dans l
droit chemin, il ne voulait pas avoir à se reprocher de n'avoir pas tout fait pou
cela. C'est une expérience qu'il tentait. En lui laissant toute l'autorité et toute l
responsabilité à Maillezais, il pensait lui donner, ou lui rendre le sentiment de s
dignité et du devoir. Illusions paternelles ! — Peut-être, mais qui aurait le courag
de lui jeter la pierre ? L'épreuve, hélas ! fut concluante. Constant n'usa de ses po
voirs que pour le mal.

« Maillezais fut bien tost un berland, un bourdeau, et une boutieque de fau
monnoyeurs; et le galant se vante à la Cour qu'il n'avoit plus de soldats qui n
fussent pour luy contre son père. Lequel adverti de toutes ces choses par le
Églises du païs, et plus particulièrement par une dame de la Cour, met des peta
et quelques échelles dans un batteau, et arrivé dans les derrières de Maillezai
s'avance seul, travesti, pour gagner la porte de la citadelle : à quoy la sentinel
voulant faire refus, il luy sauta au colet avec un poignarg, se fit maistre
chassa ceux qu'il estimoit infidelles. Ce meschant deslogé se retire à Niort,
l'ombre du Baron de Navailles, révolté comme luy[2]. »

En cette compagnie il ne s'améliora pas. C'est peu après son expulsion d
Maillezais, à moins que ce ne soit un peu avant, mais la première hypothèse e
plus probable, qu'il se rendit coupable d'un crime et tua sa femme (6 février 1619
Il est vrai qu'elle ne valait guère mieux que lui. Anne de Rohan parle de ce fai

---

1. *Mémoires* (Réaume, t. I, p. 110).
2. *Mémoires* (Réaume, t. I, p. 110-111). Voir aussi même tome *Lettres d'affaires personnelles*, p. 3

divers sur un ton léger, dans une lettre à la duchesse de La Trémouille, du 23 février 1619 :

« La belle-fille de M. d'Aubigny a fait un voyage dans l'autre monde par le moyen de son mary qui l'a tuée, l'ayant trouvée avec le fils d'un advocat qu'il tua de trente coups de poignard, et la femme de sept, après l'avoir fait prier Dieu. On dit qu'il est allé à Paris pour avoir sa grace ; mais avant, son père, avec qui il estoit fort mal, luy manda force bonnes paroles[1]. »

De quelle nature ? Pas de réconfort, je suppose, mais des paroles bonnes par leur utilité ou leur intention morale. Il dut profiter de cette circonstance dramatique pour essayer de réveiller sa conscience et de lui faire faire un retour sur lui-même et sur toutes ses fautes. Attitude de père, si l'on veut, mais de justicier tout autant. C'est ainsi qu'il apparaît, à quelque temps de là, dans une entrevue que Constant avait sollicitée en présence d'un pasteur :

« Après lui avoir reproché la ruine de tant de pauvres familles qu'il a affrontées, le déshonneur de plusieurs, celuy de la sienne mesme, *par le sang de laquelle* il a montré que les vanitez desgénèrent en cruautez et les erreurs en horreurs, aprez ces choses je lui fis trois questions, etc...[2]. »

C'est un acte d'accusation en règle — et mérité — que d'Aubigné dresse contre son fils.

Cette entrevue ne pouvait aboutir à un rapprochement. Fondé sur quoi ? Quels gages d'amendement apportait le coupable ? La caution d'un pasteur n'était pas une garantie suffisante. Celui-ci n'avait pu refuser son assistance au pécheur repenti, ou qui se disait tel. Mais le père savait la valeur de ces belles promesses et de ces protestations verbales ; elles ne lui coûtaient rien. Constant les renouvela par lettres, qui étaient jetées au feu sans être lues. Alors il fit écrire l'adresse par une main étrangère. A la faveur de cet incognito la lettre fut ouverte, et le père se décida à en prendre connaissance et à y répondre. Cette réponse figure dans le recueil des *Lettres personnelles*[3], c'est la septième. Elle est dure, mais pathétique par la

---

1. Cité par l'annotateur de l'éd. Réaume, t. V, p. 240.
2. Ed. Réaume, t. I, *Lettres d'affaires personnelles*, p. 341. Voir aussi le rappel de cette entrevue dans une autre lettre p. 298 : « Le dernier propos que j'ay eu avec vous, qui est en présence d'un serviteur de Dieu, fut en ces termes... etc. ».
3. Cf. t. I de l'éd. Réaume, p. 296-299.

douleur qui se mêle à la véhémence des reproches, et qui les anime au moins autant
que l'indignation. Il rappelle à son fils son excellente « nourriture plus digne du
seigneur que du pauvre gentilhomme », son instruction par les meilleurs maîtres
arrachés aux plus grandes maisons à force d'argent, puis les grades prématurés
les bontés sans cesse renouvelées jusqu'à son apostasie, — non pour lui reprocher
tous ces bienfaits, il passerait sur l'ingratitude — mais ce qu'il ne peut admettre
c'est la dérision de tant de soins, et des principes moraux et religieux qu'il s'était
efforcé de lui inculquer. Constant a renié tout cet enseignement familial en reniant
le Dieu qu'on lui avait appris à prier; et, avec une gravité solennelle, le père lui
déclare :

« N'espérez pas que je puisse toucher à la main qui sert les idoles et faict la
guerre à Dieu, que la langue puante de blasphèmes me puisse accoiser de paroles
et que les genoux qui ont ployé devant les profanes autels me puissent fléchir en
fléchissant devant moy[1]. »

Cette contrition qu'affecte l'habile faconde de son fils n'est qu'une hypocrisie
damnable s'il n'y a pas changement de vie. Aussi retient-il à peine « à la barrière
de ses lèvres la sentence de malédiction ». Il l'arrête pour jeter finalement un cri
paternel et terminer sur le souvenir de la mère, que Constant avait invoqué, mais
qu'il retourne contre lui pour sa condamnation :

« Surimeau, tenez pour certain... qu'il n'y a règle médiocre en ma douleur ni
en ma juste colère, quand le Diable a mis les ongles dans mes entrailles pour
triompher du fils que Dieu m'avoit donné ! Et bien heureuse la mére tant aymée
que vous alléguez, d'estre morte plus doucement que par les regrets de son parricide enfant. Enfin vous demandez que je vous ouvre pour vous jetter à mes pieds
et je vous dis que ma porte ne vous peut recevoir, que vous n'ayez brizé ou franchi
les portes d'Enfer[2]. »

Constant ne brisa pas les portes d'Enfer. Cette conversion morale que son
père lui demandait était au-dessus de ses forces. Il était bien capable de s'en
donner l'air, mais c'est tout. Quand il vit qu'il ne réussirait pas à l'abuser, il cessa

---

1. Ed. Réaume, t. I, p. 297.
2. *Ibid.*, p. 298-299.

de jouer la comédie du repentir et se mit à conspirer contre lui pour surprendre ses places. Il est possible qu'il ait été d'accord avec la Cour pour cela. S'il arrivait à s'emparer de Maillezais ou du Dognon, cela rendrait le père plus accommodant pour l'indemnité qu'il en devait recevoir. En tout cas on laissa, à Paris, tomber les pourparlers qui se poursuivaient depuis des mois pour leur rachat. Alors d'Aubigné ne ferma plus l'oreille aux propositions qui lui venaient d'ailleurs. Les circonstances amenèrent d'Epernon, comme il le dit dans ses *Mémoires*, à lui faire une offre magnifique; allait-il se laisser tenter?

C'est au moment où celui-ci se faisait le chevalier servant de Marie de Médicis brouillée avec la Cour. Il pouvait croire qu'il allait avoir à soutenir une guerre pour elle. Les forteresses de d'Aubigné lui auraient été, dans ce cas, fort utiles pour faire échec au Roi.

Cette rupture de la mère et du fils était l'œuvre ou le fait de Luynes. Reléguée à Blois après la chute de Concini, humiliée, offensée de toutes les façons, elle avait fini par se révolter contre les mauvais procédés du nouveau favori, et s'était enfuie dans la nuit du 22 février 1619, pour rejoindre d'Epernon à Angoulème. Était-ce une nouvelle guerre civile qui s'allumait? En fait, ce ne fut qu'un feu de paille. Luynes bénéficiait encore de l'impopularité de Concini, et de la satisfaction générale que sa disparition avait causée. L'opposition n'avait pas eu le temps de se reformer contre lui, de s'organiser surtout, malgré les fautes ou les maladresses déjà commises. Personne, en dehors de d'Epernon, ne bougea en faveur de la Reine-mère. Même l'Assemblée protestante, qui siégeait alors à la Rochelle pour les affaires de Béarn, ne chercha pas à profiter des circonstances et montra, au contraire, comme je l'ai dit plus haut, des dispositions conciliantes [1]. Elle se sépara le 22 avril, avec l'espoir d'un compromis dont les Églises de Béarn pourraient se contenter. Elle avait bien fait de ne pas spéculer sur un soulèvement sérieux, et de s'abstenir. Car le traité qui allait réconcilier — officiellement du moins, sinon sincèrement — la Reine-mère et son fils était proche (30 avril 1619) et l'Assemblée ne l'ignorait d'ailleurs pas, ce qui avait contribué à l'assagir.

C'est la veille (29 avril) que d'Aubigné avait conclu un *accord particulier*

1. Cf. Anquez, *Assemblées politiques des Réformés*, p. 314-315.

avec Rohan pour la cession de son gouvernement de Maillezais et de son châtea *fort du Dognon.* Les négociations avec la Cour n'ayant pas abouti, ses pensio n'avaient pas été rétablies, on ne lui payait même pas la solde de ses garnison aussi ne pouvait-il plus suffire à ses dépenses, malgré l'impôt qu'il percevait s les bateaux qui passaient à Maillezais, au pied du Dognon[1]. Force lui était donc se défaire d'une charge trop lourde pour ses épaules. D'Épernon lui propo deux cent mille francs comptant pour ses places, une vraie fortune ! Mais il ne laissa pas éblouir. Non pas tant, je crois, que l'excès même de l'offre lui ait f « soubçonner la main d'où elle venait pour n'estre pas fidelle au service du Roy ainsi qu'il l'écrivit à Pontchartrain le 29 avril en lui annonçant son accord av Rohan[2] — ce n'est là qu'un prétexte honorable à l'usage du gouvernement royal mais en réalité, la vraie raison de son refus, c'est qu'il voulait conserver ses plac à son Parti et les remettre en mains sûres, s'il ne pouvait en demeurer lui-mê le gardien. Et l'on voit que la raison était aussi honorable que le prétexte. Mê dans ses pourparlers avec la Cour, c'est en faveur de Rohan qu'il prévoyait démission de son gouvernement.

Et c'est ce qu'il réalisa de sa propre autorité (quitte à obtenir, après, la rat cation royale, c'est l'objet de la lettre à Pontchartrain), par *la convention sign au Dognon, le 29 avril 1619.* Elle concerne seulement le gouvernement de Mailleza Benjamin Fillon, qui possédait la pièce originale, l'a publiée parmi les *Documen pour servir à l'histoire du Bas-Poitou et de la Vendée*[3]. Les conditions de vente du Dognon furent aussi arrêtées en principe ce jour-là, mais l'acte ne passé qu'un mois après, dans une nouvelle réunion qui eut lieu au village de Sou près Fontenay, et à laquelle assistèrent, outre d'Aubigné et Rohan, d'autres p sonnages importants du Parti. Ce rassemblement a paru suspect à B. Fillon, e ne doute pas qu'on y ait conspiré contre la sûreté de l'État, non pas seulem

---

1. Ce péage provoquait des réclamations. Cf. une lettre de d'Aubigné à la municipalité de Ni pour répondre à ses plaintes (éd. Réaume, t. I, p. 573). Il s'excuse d'avoir été obligé de rétablir un i pôt qui existait « au temps des troubles », mais il n'avait pas d'autre moyen de « respondre au Roy de place de Maillezais », c'est-à-dire d'entretenir ses soldats. Voilà dix-huit mois que la somme qui lui allouée sur l'état des garnisons ne lui est pas payée.

2. Cf. éd. Réaume, t. I, p. 581-582.

3. A Fontenay-le-Comte chez Robuchon, 1847.

dans le secret de ce village, mais même autour de la table du festin qui, le lendemain à Fontenay-le-Comte, fut offert au duc de Rohan comme gouverneur de la province. Ce qui le confirme dans cette hypothèse — à moins que ce n'en soit la seule raison — c'est que d'Aubigné, en cédant ses places, aurait consenti à Rohan un prêt de 48.000 livres en or. Trésor de guerre évidemment! Je me demande où d'Aubigné aurait trouvé pareille somme, et en or encore! alors qu'il était si gêné. Il vendait par nécessité. En général, ce n'est pas le vendeur qui débourse, mais l'acquéreur. Et, en effet, quand on examine sans parti pris les conditions du marché dans les documents même publiés par B. Fillon, elles apparaissent fort innocentes, et d'ailleurs conformes en gros à ce que dit d'Aubigné dans ses *Mémoires*, à savoir « qu'il déposa ses places entre les mains de M. de Rohan pour cent mille [francs], moitié contant, *moitié à venir*[1] ». La moitié du paiement différée, le voilà le prêt suspect de 48.000 livres. C'est presque exactement la moitié. Comme il arrive fréquemment dans les ventes foncières, l'acquéreur ne pouvant verser tout le prix en une fois reconnaissait au vendeur une créance privilégiée pour ce qui restait dû. Cette créance productive d'intérêts à environ 6 0/0 (trois mille francs de rente) devait être amortie en trois ans. En fait Rohan y mettra un peu plus de temps[2].

Le renseignement succinct des *Mémoires* est donc exact, et confirmé par pièces authentiques que lui-même éclaire, mais il est incomplet. *Le prix de cent mille livres ne s'appliquait qu'à Maillezais. Pour le Dognon d'Aubigné était dédommagé autrement.* Rohan lui cédait de son côté une de ses propriétés de Bretagne.

L'acte d'échange que reproduit aussi B. Fillon me paraît être ce qu'il y a de plus intéressant dans son article, car il nous fournit des précisions sur le château du Dognon et toutes les dépendances et terres que d'Aubigné y avait peu à peu annexées. On constate qu'il n'avait pas cessé d'arrondir ce domaine — preuve, par parenthèse, qu'il n'était peut-être pas aussi dépourvu d'argent qu'il le dit. C'était sa création, sa dernière pensée, — surtout depuis qu'il avait eu l'idée de laisser

---

1. Ed. Réaume, t. I, p. 95.

2. D'après B. Fillon c'est en 1624, le 11 novembre que d'Aubigné fut remboursé, entre les mains d'un fondé de pouvoir, par Marguerite de Béthune, femme de Rohan. Cependant on voit par une lettre de d'Aubigné à M. de Villette du 21 juin 1626, que tout n'était pas encore terminé à ce moment. Cf. éd. Réaume, t. I, p. 566.

Maillezais à son fils. Aussi en avait-il fait quelque chose de tout à fait seigneurial.

Voici l'*Acte d'échange* :

Sachent tous, qu'en droict. en la cour du scel aux contractz, à Fontenay-le-Comte, pour le roy nostre sire, ont esté présens et personnellement establiz très hault et très puissant prince Henry, duc de Rohan, pair de France, prince de Léon, comte de Porhouet, seigneur de Blain, etc, conseiller du Roy en tous ses conseils, capitaine de cent hommes d'armes de ses ordonnances, gouverneur et commandant général pour S. M. du pays du hault et bas Poictou, Chastelleraudois et Loudunois, estant de présent en ce lieu de Souil, paroisse de St-Pierre-le-Vicil de Maillezay d'une part ; et messire Théodore Agrippa d'Aubigné, chevalier, seigneur des Landes, demourant au chasteau de Maillezay, estant de présent au dict lieu de Souil d'autre part.

Entre lesquelles parties, de leur bon gré et vollonté, a été faict l'eschange et permutation de lieux qui ensuit : savoir est que ledict seigneur duc de Rohan a ceddé, délaissé, transporté et promis garantis de tous troubles et empeschemens envers tous, audict sieur d'Aubigné et ès siens, audict tiltre d'eschange, à perpétuité pour lui et les siens, la terre et seigneurie du Port d'O, paroisse de Blain en Bretagne, et toutes ses appartenances et despendances, tout ainsi qu'audict jour en jouit ledict seigneur duc, sans rien en retrancher ne retenir, à tenir noblement à foy et hommage de ladicte terre et seigneurie de Blain.

Et en retour, rescompeuse et contre eschange, ledict sieur d'Aubigné a aussi ceddé, délaissé et transporté audict seigneur duc et ès siens, à perpétuité, la maison et forteresse du Doignon, avecq toutes ses appartenances et despendances de cour, jardin, préclotures, fossés, viviers et le moulin à vent, illecq pris hors le fossé, et les terres où il est basty ; item certaines terres acquises par le Sr d'Aubigné des nommés Rocher, Jehan de Lisle et Grezais ; item deux terres qui sont entre le Donjon et Millée, par le Sr d'Aubigné acquises de Brenuzeau et Jehan Petit ; item une aultre terre acquise de Lucas Mingot et Dutin ; item une aultre terre, acquise par ledict sieur, de Giraud et de Jehan Hardy, appelée Grimon, avecq le droit de passer au bourg de Doix ; item les terres de Louet qui commencent en Rondouze, avecq celle qui fut à Fourneau, qu'il avoit acquises de Bonnet et de Pelterean ; item l'isle de Millé, avecq la maison et jardin, terre labourable, bois et prairies : toutes les choses et domaines ci-dessus scis en la paroisse de Notre-Dame de Maillé, en l'isle de Maillezay ; item la maison scise au bourg de Maillé, appartenant audict Sr d'Aubigné, avecq les appartenances de cour, jardin, granges, estables ; le pré marais d'Andremont, avecq les terres et pescheries de Camon, scises en ladicte isle de Maillezay ; et généralement tous les autres domaines et héritages qui appartiennent audict Sr d'Aubigné en ladicte isle de Maillezay et les environs, sans rien en excepter ne retenir, dont ledict Sr duc de Rohan s'est contenté sans aultres plus particulières désignations et commentaires ; déclarant ledict Sr d'Aubigné que lesdicts domaines sont un fief du Sr Evesque de Maillezay, et y subjetz à certains cens et rentes foncières et féodaux que ledict Sr d'Aubigné n'a sceu pour le présent exprimer, et lesquels ledict Sr duc sera tenu doresnavant payer et acquiter ; et ne sera ledict Sr d'Aubigné tenu d'auculnes garanties envers ledict seigneur duc de Rohan, si n'est de ses faits et coulpes, et asseure que lesdicts lieux lui appartiennent et ne les avoir hypothéqués. Et ledict Sr a délivré et baillé audict seigneur duc tous les tiltres, contractz et aultres renseignements regardant lesdicts lieux..., etc. (suit l'élection de domicile et de juridiction en cas de contestations).

Faict et passé audict lieu de Souil, paroisse susdicte, en la maison de sire Anthoine Joubert, le vingt-cinquième jour de may mil six centz dix-neuf avant midy.

HENRI DE ROHAN   d'AUBIGNÉ.
Charrien.   Robert.

Il avait été entendu que d'Aubigné resterait à Maillezais comme lieutenant de Rohan, et que Hautefontaine serait mis au Dognon en même qualité, ce sieur de Hautefontaine dont l'installation à St-Jean-d'Angely en 1612 avait été, on se le rappelle, la cause d'un grave conflit entre Rohan et la Cour, et l'occasion de l'Assemblée de cercle de la Rochelle. C'était l'homme de confiance de Rohan, dont il avait été le gouverneur en son enfance, en même temps que de son frère Soubise. Il était né à Genève, d'une famille rouennaise, émigrée après la Saint-Barthélemy, et conservait des relations avec sa ville natale. Aussi appuya-t-il une requête que d'Aubigné adressa au Petit Conseil, en juillet 1619, pour obtenir des mémoires sur Genève qu'il comptait utiliser dans le 3ᵉ tome de son *Histoire*, et c'est par l'intermédiaire de Hautefontaine qu'il les reçut. La correspondance échangée à ce propos [1] nous apprend que d'Aubigné continua à résider à Maillezais jusqu'à la fin de 1619, mais fut contraint à ce moment d'en partir. Nous lisons, en effet, dans la lettre de remerciements que Hautefontaine adressa aux Seigneurs du Conseil, le 8 décembre 1619, à la suite de leur envoi :

1. Lettre de d'Aubigné au Petit Conseil du 20 juillet 1619, lettre de Hautefontaine le 22, envoyée par même courrier ; réponses du Conseil le 6 octobre en expédiant les mémoires demandés ; lettre de remerciements de Hautefontaine du 8 décembre. Cf. HEYER, *D'Aubigné à Genève*, p. 13 à 20. Nous reviendrons sur cette correspondance à propos de l'*Histoire universelle*.

« Ce m'est beaucoup de regret qu'il quitte Maillezais pour se retirer à Saint-Jean d'Angely, et qu'ainsi nostre voisinage d'une lieue soit esloigné, et il fait paroistre s'en fascher autant que moy. Mais *ayant vendu le Doignon à Monseigneur le duc de Rohan*, comme je vous ay escrit ci-devant, *le gouvernement de Maillezais estoit compris au marché à la charge que le dit Sr d'Aubigné y demeureroit lieutenant de Monseigneur, ce que le Conseil n'a pas voulu ratifier*, ni expédier d'autres lettres [1] qu'à condition que le dit sieur d'Aubigné sortiroit, et que Monseigneur y mettroit qui il luy plairoit, pourveu que ce ne fust point moy. Ainsi Monsieur de la Cressonnière, fort brave gentilhomme, a esté nommé et prendra possession de Maillezais dans peu de jours... [2]. »

Pendant les quelques mois où d'Aubigné se maintint à Maillezais après la cession, il eut à faire face à des attaques de son fils, qui organisait maintenant de vraies expéditions contre ses places. Constant avait, il est vrai, l'excuse qu'elles n'appartenaient plus à son père, mais celui-ci n'en était-il pas garant à l'acquéreur, absolument pour Maillezais dont il conservait la garde, et même un peu pour le Dognon au moins contre un attentat venant de son propre fils? Il nous raconte dans ses *Mémoires* une de ces entreprises, et comment, malade et fiévreux, il lui fallut monter à cheval pour aller attendre la troupe de Constant à un carrefour de chemins, qui menaient soit au Dognon soit à Maillezais. Heureusement il fut bientôt relevé de sa faction par M. d'Ade son gendre, qui, informé, accourut au galop et le supplia d'aller se remettre au lit :

« Et luy, ayant pris la leçon du père, à deux heures de là trouva son beau frère marchant à l'entreprise du Dognon, deux fois plus fort que luy, le charge, et prend seize prisonniers mis entre les mains de Monsieur de Rohan, lors Gouverneur de la province, qui ne put jamais en obtenir justice [3]. »

Bien que d'Aubigné ne le spécifie pas, Constant fut au nombre des prisonniers. Son équipée est du 6 septembre 1619 ; nous le trouvons peu après incarcéré à la Rochelle [4], et faisant solliciter son père par un intermédiaire, qui paraît être

1. De nomination pour Rohan.
2. Heyer, p. 19-20.
3. Cf. Réaume, t. I, p. 111.
4. A la Tour de la Chaine. Rohan fit ouvrir une instruction judiciaire et réclamait un châtiment exemplaire. Mais « les gens du Roi » mirent tout en œuvre pour sauver le précieux prisonnier, ce qu[i]

encore un pasteur comme la première fois. D'Aubigné répond par un réquisitoire sévère contre son fils, surtout contre son irréligion, et refuse d'intervenir en sa faveur, et de venir le voir, à moins qu'il ne soit résolu à des aveux complets :

« Je vous suplie de dire à M. le Maire (duquel nous n'oyons que des louanges extraordinaires) que le fait du Dognon n'est qu'un jeu au prix des autres projects qui sont maintenant estoufez, parce que Dieu a rompu leur premier dessein, que si Surimeau veust deposer en mon sein les vrayes particularitéz de ce qu'il a escrit, et qu'il sait bien que je say, quelque incommodé que je soye, je me feray porter à la Rochelle pour le bien de la ville à qui j'ay tout voüé[1]. »

Absorbé par ses soucis personnels, d'Aubigné n'eut pas de part aux actes de *l'Assemblée de Loudun* (25 septembre 1619-18 avril 1620) ni à ses démêlés avec la Cour. Cette Assemblée fut une réédition de celle de Saumur (1611) par le renouvellement des mêmes difficultés sur les mêmes questions de procédure, qui impliquaient des questions de principe. Avertie par ce précédent, elle aurait dû cependant s'attendre à la résistance qu'elle rencontra, d'autant plus forte avec un Roi majeur. Elle avait été autorisée pour le remplacement des Députés généraux, et elle prétendait comme sa devancière les élire directement, au lieu de proposer une liste de candidats ; elle voulait en outre différer l'élection jusqu'à ce qu'elle eût obtenu des réponses satisfaisantes à ses Cahiers de requêtes.

Or, la règle adoptée par le gouvernement royal depuis l'Édit de Nantes, qui, rappelons-nous-le, interdisait les assemblées politiques, était de ne les tolérer qu'espacées et courtes, et par conséquent de ne pas accepter de débat avec elles sur leurs Cahiers. En réalité on leur faisait toujours connaître officieusement, avant leur séparation, ce qui était accordé sur les points principaux. Mais le détail des réponses n'était communiqué qu'ultérieurement aux Députés généraux, et c'est par leur intermédiaire aussi que les Églises pouvaient, après cela, présenter leurs observations ou remontrances. Il y avait d'autant moins de chances pour que Louis XIII

prouve la complicité de la Cour. L'affaire fut déférée au Prévôt royal de la maréchaussée en Poitou, puis au Présidial d'Angers, où Constant fut conduit. Finalement, à la veille du jugement, elle fut évoquée par le Parlement de Paris. Il ne sortit de prison qu'en juillet 1620 — sans condamnation. Rohan indigné écrivit une lettre de protestation. Cf. *France protestante*, 2ᵉ édition, notice de H. Bordier sur les d'Aubigné, t. I, p. 518-519.

1. Ed. Réaume, t. I, p. 343.

se départît cette fois de ces règles que, parmi les demandes essentielles de l'Assemblée, certaines concernaient les Églises de Béarn, et qu'il n'admettait pas son intervention dans cette affaire.

Il refusa donc de recevoir et d'examiner à part un Avant-Cahier, puis un Cahier subsidiaire, enfin le Cahier dit général mais qui ne l'était pas encore. Autant de sollicitations à une discussion où l'Assemblée voulait l'engager, car elle revint à la charge par cinq députations successives auprès de lui. On ne sait ce qu'il faut le plus admirer ou de cet entêtement digne d'une meilleure cause, ou de la patience du Roi, qui ne se décida qu'après plusieurs mois (fin février) à user du moyen que sa mère avait employé pour faire céder l'Assemblée de Saumur, c'est-à-dire à inviter la minorité à désigner les candidats pour la Députation générale, si la majorité continuait son obstruction. Ce moyen réussit du reste comme la première fois, et l'Assemblée s'inclina, après avoir reçu, il est vrai, des promesses et des assurances. Ce qu'il y avait de plus certain et de plus important était une nouvelle concession des places de sûreté pour cinq ans, à compter du 1er janvier 1620. Mais le litige de Béarn restait ouvert, et le Roi avait simplement déclaré qu'il entendrait avant sept mois les représentations des députés de Béarn sur l'Édit de restitution des biens ecclésiastiques. Cela ne signifiait pas qu'il leur donnerait satisfaction. Là était le point noir pour l'avenir, d'autant que l'Assemblée avait eu l'imprudence, avant de se séparer, de voter une résolution qui risquait d'entraîner le Parti dans une voie dangereuse — et illégale. — Elle convenait, en effet, de se rassembler à nouveau (les mêmes députés ou leurs remplaçants) sur la convocation de la province de la Rochelle, et sans attendre une autorisation, si toutes les promesses n'avaient pas été exécutées dans le délai de six mois. Mais il serait toujours facile d'invoquer des manquements de détail, et en fait cette résolution cachait une arrière-pensée, qui était de demeurer constamment en alerte pour soutenir la résistance des Églises de Béarn en cas de besoin. Solidarité honorable sans doute, mais dont l'annonce ou la menace, si elle ne réussissait pas à intimider le gouvernement royal, pouvait au contraire précipiter son action et mener tout droit à la guerre.

§ IV. — Les circonstances de la publication des Tragiques (1616) et de l'Histoire Universelle (1619-1620). — La prise d'armes de la Reine-mère et de la noblesse contre Luynes : la débâcle des Ponts-de-Cé (7 août 1620). — L'armée royale envahit le Poitou : d'Aubigné s'enfuit à Genève.

Les seuls rapports qu'eut d'Aubigné avec l'Assemblée de Loudun, ce fut à propos de la condamnation de son *Histoire universelle* à Paris.

Le 9 mars 1620 il écrivait à « Messieurs de l'Assemblée de Loudun » :

« Ayant seu la sentence du Chastelet contre mon livre, j'en fis savoir ce que dicta mon premier déplaisir à Messieurs les Secrétaires de vostre saincte Assemblée : j'apris par leur response que je devois en écrire à vostre Corps... »

C'est ce qu'il fait, mais pour retirer en somme la requête qu'impliquait sa première démarche, et mettre la compagnie à l'aise en lui laissant entendre, d'une façon un peu alambiquée, qu'il comprendra très bien qu'elle s'abstienne d'intervenir en sa faveur, si elle ne voit pas dans cette affaire un intérêt général, mais un cas particulier [1].

Elle ne dut pas être fâchée de n'avoir pas à s'en occuper, elle avait assez de ses difficultés avec la Cour qui étaient dans la phase aiguë [2].

Il ne sera pas inutile de tirer au clair cette question de la publication de l'*Histoire universelle* et de sa condamnation, car il y a des points obscurs ou douteux : les trois volumes ont-ils paru séparément aux dates qu'il portent : 1616, 1618 et 1620 ? La condamnation intervint-elle au cours de la publication, ou à la fin, après le troisième tome ? Même sur le lieu d'impression tout le monde n'est pas d'accord, malgré l'indication qu'on trouve sur chacun des trois volumes : « A Maillé, par Jean Moussat, imprimeur ordinaire du dit sieur. » Il semble tout naturel de supposer qu'il s'agit de Maillé proche du Dognon, et où d'Aubigné avait un péage ; certains cependant ont situé ce Maillé ailleurs. Voyons si l'on peut résoudre ces petits problèmes.

M. Legouez, dans sa Notice bibliographique de l'édition Réaume, paraît croire

1. Ed. Réaume, t. I, p. 371-372.
2. Cf. ANQUEZ, *Assemblées politiques des Réformés,* p. 323-324.

que les deux premiers volumes « imprimés à Maillé (Saint-Jean-d'Angely) » parurent successivement à la date marquée sur la première page, 1616 et 1618. Quant au troisième, d'Aubigné, dit-il, « s'étant vu refuser le privilège, le fit néanmoins paraître à la fin de 1619 ; mais une sentence du Lieutenant civil, en date du 2 janvier 1620, le suspendit immédiatement, et l'œuvre tout entière fut condamnée à être brûlée à Paris par la main du bourreau, en l'Université, devant le Collège Royal [1] ».

Voilà qui est net. Les trois volumes auraient été publiés séparément, la condamnation serait tombée sur l'ensemble de l'œuvre déjà tout entière éditée. Mais relevons de suite une erreur : il y a impossibilité à ce que le premier volume, daté de 1616, ait paru cette année-là ; car c'est seulement la date du commencement de l'impression. Il porte, en effet, à la fin, après les tables, la mention : « Achevé d'imprimer le dernier jour de mars MDCXVIII ».

D'autre part, sur quoi se fonde M. Legouez pour traduire Maillé par Saint-Jean-d'Angely, malgré l'éloignement des deux villes ? Ou veut-il dire qu'il y eut deux lieux successifs d'impression, Maillé d'abord, puis Saint-Jean ? Cela serait plus juste, mais il faudrait le dire clairement. On lit, en effet, dans les *Mémoires*, qu'après avoir vendu ses places à Rohan, d'Aubigné « fit sa retraite à Sainct-Jean-d'Angeli, où s'estant meublé il acheva l'impression de ses *Histoires*, tout à ses despens, tint à grand honneur de les voir condemnées et bruslées au Collège Royal à Paris [2] ».

Mais il a bien soin de préciser, on le voit, que l'impression fut seulement terminée là. Nous avons vu, en effet, qu'il ne quitta définitivement Maillezais pour aller s'installer à Saint-Jean-d'Angely qu'en décembre 1619, peut-être même au mois de janvier suivant [3]. Les deux premiers tomes au moins étaient déjà imprimés. Quant au troisième, s'il avait paru à la fin de 1619, comme le suppose Legouez, lui aussi aurait été complètement imprimé à Maillé. Mais, en fait, il porte la date de 1620, ce qui s'accorde avec le renseignement donné par d'Aubigné sur le lieu

1. Cf. Ed. Réaume, t. V, p. 203.
2. Ed. Réaume, t. I, p 95
3. Cf. lettre de Hautefontaine au Petit Conseil de Genève, datée du 8 décembre 1619. Cf. HEYER, *D'Aubigné à Genève*, p. 19-20.

final de l'impression. Pourquoi l'hypothèse arbitraire de M. Legouez qu'il aurait été antidaté ? C'est qu'autrement ce ne serait pas ce troisième volume qui serait visé par la sentence du Châtelet — puisqu'elle fut rendue dès le 2 janvier 1620. Or, la Préface mise en tête de ce tome [1] proteste contre le refus d'un privilège par « Messieurs du Conseil ». Il semble donc à première vue assez naturel de penser que d'Aubigné passa outre, et que c'est ce qui détermina la condamnation.

Ce n'est pas ainsi que M. Rocheblave se représente les choses, et voici sa version : « [D'Aubigné] prit son parti d'imprimer chez lui dans sa maison de Maillé, en quelque sorte clandestinement. Le premier volume porte la date de 1616. Le second, paru avec le premier en 1618, se vit refuser le privilège. Tous deux furent brûlés dans la cour du Collège Royal, en exécution de la sentence du Châtelet, en 1620, l'année où parut le troisième et dernier [2]. »

Trois points à retenir : l'impression de l'*Histoire* se serait faite clandestinement dans la maison même de d'Aubigné, à Maillé ; les deux premiers volumes auraient paru *ensemble* en 1618, sans privilège, et c'est eux qui auraient été frappés par la condamnation du 2 janvier 1620, et non le troisième tome. Et, en effet, cela semble évident, si la date qu'il porte n'est pas fausse. Mais d'autre part on est un peu étonné, si les deux premiers ont été publiés en 1618, qu'il ait fallu tant de temps à l'appareil judiciaire pour se mettre en mouvement contre un ouvrage estimé dangereux ? La police risquait d'arriver, comme les carabiniers d'opérette, pour saisir une édition déjà épuisée.

Quant au lieu d'impression, qu'était-ce que cette maison de d'Aubigné à Maillé ? Nous la connaissons ; elle figure parmi les propriétés annexes du Dognon, dans l'acte d'échange de ce domaine cédé à Rohan. Rappelons l'article qui la concerne : « item la maison scise au bourg de Maillé, appartenant audict sieur d'Aubigné, avecq les appartenances de cour, jardin, granges, estables [3] ». Mais est-ce bien là qu'il avait monté son imprimerie, avec du matériel acheté à la Rochelle, ainsi que

1. Cf. *Histoire universelle*, éd. Ruble, t. VII, p. 1 et sq. Il y a très peu de variantes pour cette Préface entre l'édition princeps et celle de 1626 reproduite par Ruble.

2. Samuel Rocheblave, *Agrippa d'Aubigné*, dans la petite *collection des Grands Ecrivains français*, chez Hachette, 1910, p. 113.

3. Cf. ci-dessus même chapitre, § 3, p. 66.

le précise Charles Read dans son édition des *Tragiques* [1] ? B. Fillon qui a publié l'acte d'échange, et qui connaît donc mieux que personne l'existence de la maison de Maillé, suppose que les presses se trouvaient dans le fort même du Dognon. Au contraire, M. Henri Clouzot, une autorité en la matière, les mettrait plutôt à Maillezais, dans les dépendances du château [2]. Mais voici que la *Revue de Saintonge et d'Aunis*, qui ne doit plus non plus manquer de compétence régionale, transporte Maillé à Saint-Jean-d'Angely, ou presque, et rejoint ainsi l'opinion de Legouez [3]. Il s'agirait non pas du Maillé qui est l'avant-port de Maillezais sur la Sèvre, mais du château de Maillé, situé près de Saint-Jean (commune de Coivert), et qui appartenait à un ami de d'Aubigné, Louis Richard, seigneur de la Garde aux Valets-Malicorne et Maillé. Ce qui aurait décidé d'Aubigné à installer là son imprimerie, c'est la proximité avec Saint-Jean d'où il pouvait surveiller le travail. L'argument vaut pour l'époque où il fut retiré à Saint-Jean, après avoir quitté Maillezais ; mais avant ?

Maintenant que nous avons indiqué les principaux points controversés, les questions qui se posent, nous allons essayer de les élucider. Je crois qu'on peut arriver à une certitude.

Reprenons les choses d'un peu plus haut.

L'*Histoire* était à peu près terminée dès 1612, d'après une déclaration de d'Aubigné au secrétaire d'État, M. de Seaux [4]. Mais il lui manquait des renseignements sur l'Orient, et ce fut une cause de retard pour l'impression. D'autre part il n'avait recueilli qu'une moisson insuffisante dans les archives privées des familles protestantes dont les pères avaient joué un rôle, et il espérait toujours qu'en insistant, il finirait par vaincre leur indifférence ou leur peur de se compromettre aux yeux du pouvoir catholique [5]. Tout cela explique dans une certaine mesure qu'il ait

---

1. Au t. II, p. 226 (Notes bibliographiques) dans l'édition en 2 vol. in-18 de la Librairie des Bibliophiles réimprimée par Flammarion, s. d.

2. Cf. *Notes de Benjamin Fillon pour servir à l'histoire de l'Imprimerie en Bas-Poitou*, publiées par Henri Clouzot, Niort, 1895, brochure de 66 pages. A la p. 53 l'*Imprimerie à Maillé* (de la p. 53 à la p. 64). Jean Moussat serait venu de Niort avec ses presses par la Sèvre Niortaise. C'était, en effet, un imprimeur niortais, et il figure dans un autre opuscule de M. Clouzot : *Notes pour servir à l'histoire de l'Imprimerie à Niort, et dans les Deux-Sèvres*, Niort 1891, III-163 p. (Sur Jean Moussat, p. 40 et 59).

3. Cf. numéro de la *Revue* du 1ᵉʳ mars 1891, p. 119.

4. Voir mon chapitre xi, § 2, à la page 179 du 2ᵉ volume.

5. Cf. même chapitre, même paragraphe, p. 180-181.

attendu longtemps avant de commencer l'impression. Mais la raison principale, la vraie, c'est qu'il ne jugeait pas les circonstances favorables sous la Régence pour la publication de son *Histoire*. Dans la situation incertaine où se trouvait le Parti après la mort d'Henri IV, ce n'était guère le moment de ranimer, avec le souvenir des guerres de Religion, des passions mal éteintes et des polémiques rétrospectives. Il avait beau se féliciter d'observer dans tout le cours de son récit une constante modération [1], il ne pouvait se flatter de l'espoir qu'elle serait appréciée par les Catholiques.

Les Tragiques aussi demeuraient inédits depuis bien plus longtemps, et si le manuscrit ne dormait pas sous la poussière, au fond d'un coffre ou d'une armoire comme il le prétend, du moins il le gardait par devers lui. Lui-même reconnaît que les violences de ce poème risquaient de choquer maintenant presque autant les *Prudents* de son Parti que ses adversaires de l'Eglise romaine [2]. Il ne fallut rien de moins que l'excitation de la guerre du Prince de Condé, à laquelle il participa, et son indignation contre le traité de Loudun (mai 1616), pour le décider à lancer ses vers vengeurs, évocateurs des temps héroïques, comme un défi ou un soufflet, à la face des ennemis du Protestantisme, et même de ses pâles défenseurs dégénérés.

Cette première édition des *Tragiques* fut forcément anonyme pour éviter des difficultés avec la Justice. D'où le subterfuge imaginé dans l'*Avis aux Lecteurs* d'un « larcin de Prométhée » fait par l'imprimeur, qui aurait dérobé le manuscrit de l'auteur. Cette ruse ne pouvait lui garder l'incognito, car bien des gens avaient eu naguère des feuillets ou des parties de son poème. Mais elle permit au gouvernement royal de ne pas l'inquiéter, ce qu'on estima sans doute préférable au lendemain de la paix.

Dans le titre de cette édition princeps, l'anonymat porte un masque énigmatique, à savoir quatre initiales majuscules qui ont longtemps intrigué les lecteurs, et dont M. Read a ingénieusement déchiffré la signification [3] :

1. Voir notamment la lettre à M. Goulart ministre à Genève (1616) dont je citerai plus loin un passage (éd. Réaume, t. I, p. 472), la lettre à M. de Seaux de 1618 (celle où il dit qu'il a terminé depuis ans, t. I, p. 470), la lettre à M. de Loménie, un collègue de M. de Seaux, du même moment (t. I, p. 466), enfin plus tard la lettre au P. Fulgence de Venise (t. I, p. 311).

2. Cf. l'*Avis de l'Imprimeur aux lecteurs* en tête des *Tragiques* (Réaume, t. IV, p. 3 et sq.).

3. Cf. l'*Avant-Propos* de son édition des *Tragiques*, librairie des Bibliophiles, édit. in-18, t. I, p. ix-x.

« *Les Tragiques donnez au public par le larcin de Prométhée. Au Dézert par L.B.D.D. — MDCXVI.* »

C'est-à-dire par le Bouc du Désert, surnom que lui avait valu, nous nous le rappelons, aux Assemblées qui négocièrent l'Edit de Nantes, son attitude intransigeante, la Cour le rendant responsable de l'esprit d'opposition des députés, et le chargeant, comme le bouc de l'Ecriture, de tous les péchés d'Israël [1].

Quant au lieu d'impression indiqué par la même image, « Au Dézert », c'est évidemment sa résidence, l'isolement de sa disgrâce, et il n'est pas douteux que cette édition des *Tragiques* fut préparée chez lui, comme son *Histoire universelle* qu'il commençait à imprimer en 1616, donc également à Maillé.

Et nous voici revenus après un détour à l'une des questions que nous avons laissées en suspens : que veut dire exactement la mention qui figure sur les tomes de l'*Histoire* : « Imprimé à Maille ». Où était son imprimerie ?

Il y a un texte décisif. C'est bien dans sa maison de Maillé, sur la Sèvre, au pied du Dognon que ses presses étaient installées, et que travaillait son imprimeur ordinaire, Jean Moussat. Et ce texte éclaire bien d'autres points, comme nous allons voir. C'est la lettre que le sieur de Hautefontaine écrivit, le 22 juillet 1619 au Petit Conseil de Genève pour appuyer une requête de d'Aubigné, qui demandait à la Seigneurie de bien vouloir lui faire parvenir des mémoires sur les « actions publiques » de la ville « depuis l'an mil cinq cens octante et cinq jusques à la fin du siècle passé », c'est-à-dire pour la période qu'embrasse son troisième tome, « et s'il vous plaist, promptement, disait-il, ce qui touche les cinq premières années, pour ce que je suis pressé par mon imprimeur [2] ».

En transmettant cette requête, datée du 20, voici comment s'exprimait le sieur de Hautefontaine. Je ne donne que le début de sa lettre qui seul nous importe ici :

« Messeigneurs, le zèle que j'ay à vostre service passe de votre seureté à vostre réputation, et me faict désirer que Monsieur d'Aubigné (duquel la vertu est admirée mesme par ses ennemis) mette dans son *Histoire universelle* ce que vous jugerez

1. Cf. *Mémoires*, éd. Réaume, t. I. p. 71.
2. Cf. Heyer, *d'Aubigné à Genève*, p. 13.

à propos pour le bien de vostre République. *J'en ay leu les deux premiers volumes par sa particulière faveur, pour ce que les ayant faict imprimer à grands frais dans sa maison de Maillé, il ne les veut pas laisser aller que par la vente d'une bonne partie de ses exemplaires, qui se fera bientost.* Il commence par la naissance du feu roy en 1553, et ce qui reste prest à mettre soubs la presse commence à 1585 et va jusques à 1600, intervalle qui comprend tant de belles choses passées en votre estat, que je juge fort à propos que vous lui envoyiez des mémoires, et le priiez de les employer en un si bel œuvre [1]. »

J'ai souligné le passage le plus important. Personne n'était mieux placé que le sieur de Hautefontaine pour être renseigné et nous renseigner sur l'état des travaux de d'Aubigné à cette époque, et sur ses intentions. Représentant de Rohan au Dognon, quand d'Aubigné l'eut cédé, il était son voisin tant que celui-ci demeura à Maillezais, et il devait avoir avec lui des relations fréquentes et presque quotidiennes [2]. Nous pouvons donc nous en rapporter à son témoignage. Ce qu'il nous apprend c'est qu'en juillet 1619 les deux premiers volumes, quoiqu'imprimés, n'étaient pas encore sortis. Seuls quelques rares initiés avaient été admis à en prendre connaissance. Et M. Rocheblave fait donc erreur en plaçant leur publication en 1618. Mais elle dut suivre de près la lettre de Hautefontaine, on voit qu'il l'annonce comme prochaine ; et puis il fallut le temps à l'opinion publique de s'émouvoir, et à la Justice de se mettre en branle pour que la condamnation pût intervenir le 2 janvier 1620. Car ce sont bien les deux premiers volumes qui sont visés par la sentence du Châtelet, ainsi que je vais le prouver. Sur ce point M. Rocheblave a tout à fait raison.

Ce qui a trompé Legouez, c'est que d'Aubigné lui-même crée une équivoque

1. Cf. HEYER, *Ibid.*, p. 14. Le Petit Conseil, très flatté de la demande, s'empressa d'y satisfaire, et envoya à d'Aubigné des mémoires pour la période indiquée. Il y ajouta une relation imprimée de l'*Escalade* « *Vray discours de la miraculeuse délivrance envoyée de Dieu à la ville de Genève le 12* jour de décembre 1602 » (tentative manquée du Duc de Savoie pour s'emparer de la ville par surprise, dans la nuit du 11 au 12 décembre), en exprimant l'espoir qu'il pourrait l'utiliser malgré le terme de 1600 qu'il s'était assigné (cf. dans HEYER, p. 17 et sq. les réponses du Petit Conseil à d'Aubigné et à Hautefontaine, datées du 6 octobre 1619). Effectivement d'Aubigné, pour faire honneur à Genève, prolongea son *Histoire* jusque-là, et il a raconté l'Escalade dans un des derniers chapitres de son troisième tome (cf. éd. Ruble, t. IX, p. 373 et sq.). Il composa aussi un *Hymne en vers sur la merveilleuse délivrance de Genève* (cf. éd. Réaume, t. III, p. 309).

2. Cf. ci-dessus, même chapitre, mon § 3 p. 67-68.

dans la *Préface de la 3ᵉ partie*, et donne à croire que les deux premières avaient pu paraître sans rencontrer d'opposition :

« En vous donnant mon troisiesme tome, il me semble, judicieux lecteurs, que vous faites deus demandes : l'une pourquoi j'ai demeuré un an sans faire travailler ; l'autre comment, ayant publié les deux premières parties, la troisiesme est refusée d'un privilège par Messieurs du Conseil [1]. »

Et il répond à ces deux questions.

Sans doute il ne dit pas expressément que les deux premiers volumes avaient paru avec privilège, mais n'est ce pas le laisser entendre que de se plaindre du refus seulement pour le troisième ? Là est l'équivoque. Heureusement d'autres textes de d'Aubigné permettent de la dissiper, et nous révèlent qu'il avait longtemps sollicité en vain un privilège pour les deux premières parties, et que c'est faute de pouvoir l'obtenir qu'il se décida, en désespoir de cause, à s'en passer, et à publier à ses risques et périls.

Dès 1616, dans la lettre « à M. Goulard, ministre à Genève » (pasteur), où il le mettait au courant de ses « petits labeurs » comme il dit modestement, il se plaignait avec amertume de l'interdit qu'on prétendait jeter sur son œuvre historique, malgré l'effort méritoire d'impartialité qu'il avait fait ; et il se préoccupait de transporter l'impression à l'étranger au cas où on aurait voulu l'inquiéter et l'empêcher de continuer :

« J'ay donc deux choses à vous requérir sans aultre conjurations que vostre bonté esprouvée : la première est d'un mémoire exprez des merveilleux succez que Dieu a donné à vostre ville et ez environs, entre mes pièces les plus rares [2] ; à l'autre demande il y a plus de difficulté : c'est qu'ayant esté refusé d'un privilège par la hayne seule de ma personne, quoyque je sois moins violent à descrire les iniquitez de nos ennemis que n'ont esté les Papistes historiens, quoyque je ne me présente point juge en aucun endroit, et que pour eschantillon de ma modestie [3]

1. Ed. Ruble, t. VII, p. 1.

2. On voit qu'il n'avait pas attendu le 3ᵉ tome pour essayer de se procurer des mémoires genevois. Mais cette première recherche, par l'intermédiaire d'amis particuliers, lui rapporta un maigre butin. C'est pourquoi il préféra ensuite s'adresser à Dieu qu'à ses Saints, c'est-à-dire directement au Petit Conseil. (Cf. ce qu'il dit de ses tentatives antérieures dans sa Requête du 20 juillet 1619, HEYER, *op. cit.*, p. 13.)

3. C'est-à-dire modération.

'ay descrit la Sainct-Barthelemi sans avoir usé du mot de cruauté, ils disent que e fais parler les choses, et que je me sers des livrets qu'ils ont escrits (les uns ontre les autres) pour descouvrir leur honte par eux-mesmes. Et là-dessus me ouloyent asservir à prendre les corrections de M. du Vair. Je ne l'ay pas récusé our sa doctrine, mais pour avoir estimé que la teste qui peut attendre un chappeau e peut entendre au bonnet de ma liberté. En un mot ils n'ont pas trouvé en moy n homme à menacer, mais qui aymeroit mieux se mettre au feu que son livre. Je ous requiers recours et conseil, au cas qu'il me falust envoyer mon imprimeur et on correcteur achever hors de France, que vous veilliez me marquer un logis, où la requeste des Jésuittes on ne puisse envoyer quérir mon équippage. Je ne mets oint mon coussinet sur vostre ville trop nécessiteuse et trop liée d'affaires pour orter cette envie, seulement je vous prie jetter vos yeux sur vos voisins, et voir uelle caution vous m'y pourriez donner. Le Prince d'Anhalt m'a faict l'honneur e m'offrir ses portes, mais je voudrois bien n'envoyer point mon thrésor si in [1]. »

Cette lettre n'est pas seulement datée par son millésime — qui aurait pu être al lu ou mal reproduit — elle l'est encore par la mention de l'apparition toute écente de ses *Tragiques* [2]. Il ne saurait donc subsister aucun doute. Ainsi, à peine 'Aubigné avait-il commencé l'impression de son *Histoire*, que déjà il avait fait es démarches à Paris pour l'obtention d'un privilège. Quoi qu'en dise M. Roche-lave, il ne cachait pas le travail qui s'exécutait chez lui puisqu'au contraire chercha à le faire autoriser. Il n'admettait pas, en effet, l'idée d'une édition plus u moins clandestine comme celle des *Tragiques*. L'*Histoire universelle* était aintenant pour lui sa grande œuvre — il la mettait fort au-dessus des *Tra-iques* — œuvre lentement édifiée et fièrement dédiée à la Postérité. Sur le fronton u monument achevé il voulait pouvoir écrire le nom de l'architecte. Mais c'était vrer sa tête aux foudres royales s'il n'avait pas reçu permission de faire cette ublication, qui touchait à tant d'intérêts politiques. Aussi s'obstina-t-il à la emander, en essayant de présenter son livre sous un jour innocent.

1. Ed. Réaume, t. I, p. 475-476.
2. *Ibid.*, p. 473.

On ne s'étonne pas qu'il ait été rebuté en 1616. A ce moment il n'était pas en odeur de sainteté à la Cour, et il avait été assez maltraité, nous l'avons vu, à la paix de Loudun. Son refus d'accepter le contrôle du chancelier du Vair n'arrangeait ni n'avançait les choses. Mais son imprimerie fut-elle vraiment menacée d'une descente de police? Je l'ignore. En tout cas une éclaircie sembla se produire en 1618.

C'est l'année où il négociait avec le gouvernement royal pour la remise de Maillezais et la vente du Dognon. On avait quelque intérêt à le ménager. On lui faisait espérer le rétablissement de ses pensions. Il jugea l'occasion bonne pour reparler de l'autre affaire qui lui tenait à cœur, et, pendant qu'il correspondait avec Pontchartrain au sujet de ses places, il s'adressait à deux autres secrétaires d'État, MM. de Loménie et de Seaux, pour tâcher de les intéresser à la publication de son *Histoire*. J'ai déjà noté qu'il leur écrivit au cours de l'impression du second volume pour leur demander des mémoires sur l'Orient [1]. Mais ce n'était là qu'une entrée en matière, et il en venait vite à la question du privilège qu'on lui refusait par prévention, sans vouloir vérifier si son livre méritait d'être ainsi mis à l'index. Comme dans la lettre à M. Goulart, il affirme qu'il s'est imposé une réserve digne d'un véritable historien, et qu'il a gardé dans tout son récit une parfaite « aequa-nimité » :

« On a voulu penser que j'ignorasse le devoir de l'Histoire, et que je ne me pusse chastier des violences et libertez où les jeunes ans et la fureur des vers m'ont emporté autrefois. Ce n'est pas que j'aye rien à excuser en mes premiers escripts, mais un autre temps demandant d'autres meurs, et autre dessein autre stile, je me dois montrer pareil à cela [2]. »

Remarquons en passant cet aveu — sinon désaveu — des exagérations des *Tragiques*. Il réclamait donc des examinateurs impartiaux, persuadé qu'ils lui rendraient justice, et que le Roi lui-même, s'il pouvait le lire, applaudirait à son dessein qui ne tendait qu'à la glorification d'Henri IV.

Car c'est le sens général qu'il donnait maintenant à son *Histoire*, le forçant

---

1. Cf. éd. Réaume, t. I, p. 466, et 470 et mon chapitre xi, § 2, p. 179 (et note 3) du 2ᵉ volume.
2. Éd. Réaume, t. I, p. 467.

peut-être un peu, je ne dis pas le faussant, pour les besoins de la cause. *La Préface du premier tome* est caractéristique à cet égard [1]. C'est une apothéose d'Henri IV. Comme il a été l'inspirateur de l'œuvre, l'ayant commandée, il en devient le centre et le sujet essentiel. Il est vrai que d'Aubigné met sur lui le signe céleste. S'il est si grand et si sa destinée est merveilleuse, c'est que Dieu l'a conduit par la main.

Mais quand d'Aubigné s'adresse à des coreligionnaires, il découvre l'autre objet de son *Histoire* et l'intention première, qui au fond n'avait pas changé, et qui y resta prédominante, je veux dire la défense et l'apologie de la Cause protestante. Dans le même temps où il rédigeait sa *Préface*, il écrivait au pasteur Goulart ces lignes que j'ai déjà relevees dans un précédent chapitre [2] : « Il est bien besoin que la postérité sache de nos nouvelles par nous-mesmes » — c'est sa mission à lui — « enfin on [en] saura par un enfant de la maison, tesmoin par les yeux de toutes les choses plus notables, et admis au Conseil des plus secrettes [3] ».

Les deux objets à vrai dire ne s'opposent pas, puisque toute la première moitié de la carrière d'Henri IV se confond avec l'histoire du Parti huguenot. Mais précisément Louis XIII ni son entourage ne tenaient à ce qu'on rappelàt le passé protestant du Grand Roi. D'Aubigné faisait donc fausse route en essayant d'intéresser sa piété filiale au monument qu'il avait élevé à la gloire du Protecteur de la Cause. Louis XIII repoussait cet hommage et ces « trop véritables louanges » comme plus compromettantes qu'utiles pour la mémoire de son père. D'Aubigné aurait pu le prévoir. Il n'en éprouva pas moins une déception amère, qui se traduit éloquemment dans la *Préface au troisième tome*. Il rend les Jésuites responsables de cet état d'esprit du jeune Roi — et il faut bien le dire, de la plupart des Catholiques :

« Voici ce qui les blesse : c'est la perpétuelle justice et faveur du ciel, qui paroist aux gestes pleins de merveilles d'Henri le Grand, soit en la querelle des Valois ou des Lorrains. soit en celle de la religion. En nul de ces poincts je n'ai

---

1. Cf. *Histoire universelle*, éd. Ruble, t. I, p. 8 à 16, toute la 2ᵉ partie de la Préface.
2. Cf. ci-dessus mon chapitre xi, § 2, p. 169 du second volume.
3. Ed. Réaume, t. I, p. 475-475 dans la même lettre de 1616 où il proteste contre le refus du privilège.

peu, ni deu, ni voulu devenir lasche et infidelle par circonspections ; car, si je laissois tomber indiscrettement [1] le grand roi que Dieu m'avoit donné pour maistre, et qui, pour la présente action, a confié son honneur entre mes mains, si, dis-je, je le laissois tomber en réputation de tyran, quel supplice n'auroye-je mérité ? Or seroit-il tyran et parricide de sa patrie s'il avoit fait verser tant de sang pour causes légères ou honteuses, et qui ne doivent esclatter par l'univers ; et nostre roi régnant à présent auroit à cacher son extraction. Au contraire, l'Europe n'a rien de si splendide ; il est du plus haut tige du monde ; son berceau s'est joué dans les triomphes honorables pour causes justes qui cerchent la lumière et la vérité [2]. »

Sans doute ce passage aurait été modifié — ou supprimé — avec bien d'autres, si d'Aubigné avait dû se soumettre à un contrôle pour gagner le privilège. C'est pourquoi il ne faut pas regretter que les négociations qu'il avait engagées à ce sujet, ou que des amis dévoués conduisaient pour lui à Paris, n'aient pas abouti. Au début de 1619 il put croire à la réussite. Des commissaires avaient été désignés pour aller examiner son livre, ils s'étaient mis en route ; mais quand ils eurent passé la Loire, ils tombèrent au milieu des mouvements de troupes provoqués par le coup de tète de la Reine-Mère qui s'était enfuie de Blois (nuit du 22 au 23 février) pour venir se mettre sous la protection du duc d'Épernon à Angoulême. Effrayés, ils rebroussèrent chemin ; et bien que cette agitation ait été vite calmée par le traité d'Angoulême (30 avril 1619) ils ne revinrent pas. Ainsi s'évanouit l'espoir que d'Aubigné avait eu un instant de faire paraître son *Histoire* avec privilège, c'est-à-dire sous le sceau d'une approbation officielle. Il dit un mot, dans sa *Préface au troisième tome*, de cette mésaventure [3] ; mais on trouve surtout des détails rétrospectifs dans une lettre écrite plus tard, de Suisse, au chancelier de Sillery, lorsque d'Aubigné songeait à rééditer son *Histoire*, et voulait tâter le terrain pour savoir si cette fois il aurait des chances d'obtenir le visa royal, en acceptant de faire des corrections. C'est ainsi qu'il est amené, pour s'excuser d'avoir publié la première édition sans autorisation, à rappeler les circonstances atténuantes — qui l'y avaient en quelque sorte obligé :

---

1. « Discrètement » dans l'édition de 1620, ce qui paraît préférable.
2. Ed. Ruble, t. VII, p. 4 et 5.
3. Cf. Ed. Ruble, t. VII, p. 2-3.

« Il m'est arrivé en mon séjour des champs d'avoir, par le commandement du grand Roy que j'ay servy, escrit l'*Histoire*, de laquelle il est le principal personnage, et moy fidelle tesmoing, et de prez. Le fardeau de ceste entreprise a redoublé sur la fin de mon labeur, pour la peine qu'il y a, en ne servant que la vérité, à se garder des haynes fraisches et des intérêts encores en fleur : et puis il m'a esté trop difficile, de l'acul de mon village[1], pouvoir bien discerner toutes les circonspections de la Cour. Ce fut pourquoy ayant demandé des Commissaires, j'acceptay volontiers M. d'Aire, depuis Évesque de Nantes, et M. d'Aillé pour correcteurs aux choses de leur cognoissance. Ce fut lors des mouvements de la Royne, que les deus, s'estans acheminez vers l'isle Bouchard, prindrent frayeur des troupes qui s'amassoyent [et] m'envoyèrent leurs excuses par un Carme dechaussé, nommé Tiragueau, lequel aussy avoit mesnagé cest affaire dès le commancement. Mes imprimeurs que j'avois faict venir de loin avec grand'despense, le papier, les presses aprestées, et plus que tout cela la conscience trez asseurée de n'avoir point franchy les barrières du devoir, me firent achever mon ouvrage, aussy tost attaqué à la solicitation des Jésuites, et condamné par la brieve sentence du Lieutenant civil[2]. »

Évidemment si les commissaires avaient pu venir jusqu'à lui, c'est surtout sur le troisième tome que se serait exercée leur censure, puisque seul il était encore en manuscrit, alors que les deux autres étaient déjà imprimés. Mais ils n'étaient pas encore sortis (nous le savons par la lettre de Hautefontaine au Petit Conseil de Genève en juillet suivant) ; il est donc bien certain que ces messieurs les auraient aussi regardés. C'est même vraisemblablement en prévision de leur visite que d'Aubigné les avait retenus si longtemps. Après leur voyage manqué, il n'avait plus les mêmes raisons d'attendre indéfiniment, et ils durent paraître dans le second semestre de 1619[3]. C'est leur publication qui provoqua la sentence du Châtelet du

---

1. Il y a dans le texte imprimé « de l'acul de mon *visage* » ce qui n'a pas de sens. D'Aubigné veut dire : « de la retraite, de l'éloignement de mon village... ».

2. Ed. Réaume, t. I, p. 201.

3. Et assez tard dans ce semestre, puisque le 20 janvier 1620 Jean Besly, l'avocat du Roi à Fontenay-le-Comte, les expédiait à son correspondant littéraire, Pierre du Puy, comme une nouveauté toute récente. Voici sa lettre d'envoi, datée de ce jour, et qu'a publiée M. Henri Clouzot dans ses *Notes de B. Fillon pour servir à l'histoire de l'Imprimerie en Bas-Poitou*, déjà mentionnées : « Vous aurez par ce messager l'*Histoire* du sieur d'Aubigné, si longtemps et si impatiemment attendue, mais assez tost publiée pourvu qu'elle responde à l'espérance qu'on en avoit conceue. Vous verrez en la préface de quelle sorte

2 janvier 1620 ; le synchronisme des deux faits ne permet pas d'en douter ; et au surplus la date du 3ᵉ tome (1620) est trop tardive pour qu'il ait pu être impliqué dans cette condamnation, encore moins en être la cause déterminante. A y regarder de près nous allons d'ailleurs trouver dans *le texte même de l'arrêt* une indication qui confirme notre conclusion. Le voici :

« Sur la plainte à nous faicte par le Procureur du Roi qu'il se vend de nouveau un livre intitulé l'*Histoire universelle* du sieur d'Aubigné dédiée à la postérité, imprimée à Maillé par Jean Moussat soy disant imprimeur dudit Daubigné, 1616, remplie de plusieurs impostures et calomnies contre l'honneur des Rois, Reines, Princes et autres personnes qualifiées, requérant estre sur ce pourveu : nous, faisans droit sur ladite plainte, après que ledit livre a esté veu, lu et examiné en la Chambre du Conseil et ouy sur ce le Procureur du Roi en ses conclusions, avons par délibération dudit Conseil déclaré ledit livre meschant, pernicieux, et remply d'abominables et calomnieuses impostures contre l'honneur deub à la mémoire des deffunts Rois, Reines, Princes et autres qui ont tenu les premières charges du Royaume. Et comme tel sera bruslé en la place et devant le Collège Royal en l'Université de Paris par l'exécuteur de la haute justice ; deffenses à toute personne d'avoir ledit livre, vendre ny l'achepter à peine de 400 livres parisis d'amende, et de punition exemplaire ; enjoint à tous libraires et imprimeurs qui ont des exemplaires dudit livre les apporter dans 3 jours au greffe de la Cour de céans pour estre supprimés ; et qu'à cet effet, à la diligence du Procureur du Roi, la présente sentence sera signifiée aux sindics des libraires et imprimeurs de cette ville de Paris, qui seront tenus de leur notifier, à ce qu'ils n'en prétendent cause d'ignorance, sur les peines que dessus ; et que ledit Daubigné autheur dudit livre et ledit Moussat imprimeur seront pris au corps et amenez ez prison du Chastelet pour répondre aux conclusions dudit Procureur du Roy ; seront adjournez à trois briefs jours, et criez à son de trompe.

Rapporté et exécuté le jeudy 2ᵉ jour de janvier 1620.

MUSNIER [1].

Remarquons le titre de l'ouvrage condamné : « un livre intitulé l'Histoire Universelle du Sr d'Aubigné, dédiée à la postérité, imprimée à Maillé par Jean Moussat, soy-disant imprimeur du dit Daubigné, 1616 ».

---

et de quel esprit il juge M. le président de Thou. *A chacun son putil sent bon.* Il fait travailler sur le troisième tome, et ay appris qu'il ne souffrira pas aisément d'être relié avec les deux premiers ».

1. Bibliothèque Nationale ms. Dupuy vol. 658 (Lettres et mémoires depuis le Roi François Iᵉʳ jusques au Roi Louis XIII), fᵒ 240, année 1620.

C'est le titre exact du tome I qui, achevé d'imprimer seulement le 31 mars 1618, l'année même de l'impression du second, n'a pas dû pour les raisons exposées ci-dessus paraître avant lui. Comme ils étaient ensemble, on a pris le titre du 1er volume. Le second était intitulé *Les Histoires du Sr d'Aubigné*. Le troisième revient au titre du 1er : *Histoire universelle du Sr d'Aubigné*, mais ne porte pas plus que le second la mention « *dédiée à la postérité* ». Au reste si le titre avait été relevé sur lui, il n'y aurait pas la date de 1616. Donc les deux premiers volumes ont été certainement visés par la sentence du Châtelet, et dès lors, il n'est pas besoin, pour l'expliquer, de donner un coup de pouce à la chronologie comme le fait M. Legouez, et de substituer la date de 1619 à celle de 1620 qui figure sur le 3e tome, afin d'en faire l'objet de la condamnation. Je ne veux pas dire bien entendu que celui-ci aurait trouvé grâce davantage devant les juges, s'il leur avait été soumis.

Leur arrêt est d'une sévérité excessive. L'*Histoire universelle* ne méritait pas d'être traitée comme un pamphlet. Elle ne l'est pas dans les intentions de son auteur, elle ne l'est pas en fait. D'Aubigné, en signalant lui même, dans la lettre au secrétaire d'État Loménie que nous avons citée plus haut, la différence de ton et d'inspiration qu'elle offre avec *les Tragiques*, fournit les éléments ou les considérants d'un jugement équitable qui résulterait de la comparaison des deux œuvres. Ce n'est pas le lieu d'instituer ici cette comparaison. Mais ceci dit contre la sentence, nous devons ajouter que la conjonction des deux publications dans la même période leur donnait à toutes deux la même signification claire. Elles devaient apparaître, au moment où elles se produisaient, ce qu'elles étaient réellement, des manifestes du vieil esprit huguenot contre la réaction catholique, et des stimulants pour la résistance protestante. Il n'est pas impossible qu'en proposant à ses coreligionnaires l'exemple de l'héroïsme de leurs pères, et en le faisant revivre sous leurs yeux, dans son poème comme dans son récit historique, d'Aubigné ait contribué pour beaucoup à leur rendre des dispositions belliqueuses et à les rejeter dans la guerre civile à propos des affaires de Béarn. S'il s'est senti quelque responsabilité elle aura pu lui peser d'autant plus qu'il n'aura pas la consolation de prendre part à la lutte avec eux. Il aura été obligé de fuir de France avant.

Lorsque l'Assemblée de Loudun, cédant à une sorte d'ultimatum du Roi, se soumit et se sépara (18 avril 1620) on était à la veille d'un *soulèvement des Grands contre Luynes*. C'est sans doute pourquoi celui-ci, qui le prévoyait, avait hâte de disperser le foyer d'incendie que pouvait être, dans les circonstances présentes, une assemblée protestante. L'âme de la rébellion était la Reine-mère, son ennemie mortelle, et cette fois elle n'avait pas pour alliés que le duc d'Épernon, comme l'année précédente. Presque toute la haute noblesse prenait parti contre le favori, dont l'ambition insatiable et la tyrannie hautaine avaient fini par tourner tout le monde contre lui. S'il était moins aventurier que Concini, il avait la même avidité de parvenu. Ses frères, sa famille, et les quelques compagnons qu'il avait attachés à sa fortune, s'étaient jetés comme une bande affamée sur les places et sur les honneurs. Il n'en restait plus pour ceux qui n'étaient pas de « la faveur » comme dit d'Aubigné. On comprend leur irritation qui, chez les Grands, n'était pas faite seulement de jalousie, mais de dignité blessée.

Le mouvement avait une ampleur qui en faisait, en apparence, quelque chose de très sérieux. Plusieurs armées nombreuses avaient été mises sur pied, mais il y avait trop de chefs et par conséquent trop de rivalités pour qu'il y eût beaucoup de cohésion dans les desseins et dans les opérations. Le *Parti protestant*, dans l'attente des promesses faites à l'Assemblée de Loudun, *eut la sagesse de ne pas se mêler à cette révolte* où il ne voyait que querelles de Cour. *Seul Rohan, se laissa entraîner avec son frère Soubise* — par rancune contre Luynes, qui l'avait obligé à se démettre de son gouvernement du Poitou. *Il tint conseil à Saint-Maixent avec quelques amis, dont d'Aubigné*, sous prétexte de décider s'il se devait engager dans cette guerre. En réalité sa résolution était prise, et la délibération porta sur un plan grandiose, qui consistait à marcher sur Paris avec toutes les forces réunies de la coalition, 60.000 hommes ! D'Aubigné, consulté par Rohan sur les moyens et les chances de réussite, parce qu'il avait l'expérience de deux premiers sièges de Paris, sous Henri III et Henri IV, lui remontra ce qu'il y avait de chimérique dans ce projet, avec un ramas de troupes aussi disparates, et le pria « de regarder à la confusion qui dissiperoit ce grand party dès son entrée [1] ».

Il était bon prophète. Peu après, c'était la débacle des Ponts-de-Cé (7 août 1620).

---

1. Ed. Réaume, *Mémoires*, t. I, p. 96. Voir aussi dans *Faeneste* (liv. IV, chap. II, éd. Réaume, t. II, p. 562) une peinture caricaturale de cette armée et de sa déroute.

Et c'est le moment qu'il choisit, lui, pour rejoindre Rohan, par fidélité chevaleresque, alors que la partie était déjà perdue. Mais c'est qu'en le quittant, à Saint-Maixent, il lui avait dit : « *Je vous ay protesté n'estre point du parti de la Royne, mais je seray du party de Rohan à vostre extrémité, et vous me trouverez bien à propos* [1] ».

Et il tint parole. Au premier appel il accourut. Il est vrai que les circonstances l'y forcèrent presque. Saint-Jean-d'Angély, où il résidait, s'était mutiné contre les officiers de Rohan à la nouvelle de la défaite des Ponts-de-Cé et les avait chassés. Lui-même, compromis par son amitié avec le Duc, dut se sauver [2]. Le plus simple était de courir même fortune, puisqu'en s'abstenant le résultat était le même.

« Aubigné trouva les deux frères, et la Noüe avec eux, avec deux régiments qui faisoyent quinze ou seize cents hommes et quelque cent chevaux en tout. Tout cela n'ayant où se retirer que Saint-Maixent et s'acheminant vers le Bas Poictou, sans avoir lieu préparé pour résister deux jours, il prit par la main ces desvoyez et leur tourna la teste à un desseing asseuré, que luy qui s'estoit avancé, exécutoit la nuit, dont le soir auparavant arriva la paix faicte avec la Royne mère, et ceux de son party qui s'en voudroyent servir [3]. »

C'était le traité d'Angers (10 août 1620).

Je ne sais si d'Aubigné aurait bien voulu s'en servir, mais il lui eût été sans doute difficile de se réclamer d'un parti auquel il avait refusé d'adhérer. Ce qui est sûr c'est qu'*il fut traité en factieux et en proscrit dès que l'armée Royale eut franchi la Loire et envahi le Poitou*. Louis XIII, exploitant sa facile victoire, se portait rapidement vers le Midi pour aller régler sur place, et d'autorité, l'irritante question de Béarn. Les villes protestantes de l'Ouest étaient prêtes à lui ouvrir leurs portes, et à renier toute complicité avec les rebelles. D'Aubigné ne savait où se réfugier. Un mandat d'arrêt avait été lancé contre lui. Même les maisons de ses amis ou de ses enfants n'osaient l'héberger, et tremblaient de l'avoir couché une nuit [4]. *Il ne vit plus qu'une chance de salut, c'est de s'échapper et de gagner la Suisse*, où il s'était déjà préparé la possibilité d'un asile. Les Registres du Petit

<hr>

1. *Mémoires* (Réaume, t. I, p. 96).
2. *Ibid.*, et même tome, p. 208. Lettre écrite de Suisse à Mme de Rohan en 1621.
3. *Mémoires* (Réaume, t. I, p. 96-97).
4. Cf. lettre à Mme de Rohan, déjà citée, Réaume, t. I, p. 208.

Conseil de Genève nous apprennent, en effet, que, dès le mois de juin, le pasteur Goulart avait pressenti de sa part la Seigneurie sur l'accueil qui lui serait fait au cas où il viendrait se retirer dans la ville, en y apportant « tous ses moyens ». On lui avait répondu qu'il serait le très bien venu et reçu honorablement[1].

Il partit donc de nuit avec douze ou quinze hommes bien montés et bien armés, et « usant de la bonne science qu'il avoit des chemins » il réussit à passer au travers des corps de garde de trois régiments, sans répondre au « qui vive ? ». Le lendemain il poursuivit sa route sans encombre, et sortit enfin des quartiers de l'armée royale[2]. Harambure l'accompagnait en cette première journée[3], Harambure le fidèle compagnon de sa jeunesse, à qui il avait fait perdre malheureusement un œil dans l'attaque nocturne de Niort (nuit du 27 au 28 décembre 1588)[4], et qui s'en était revanché en lui sauvant la vie à la chaussée d'Aumale (5 février 1592)[5]. Quand il le crut tiré du danger il s'en retourna, mais d'Aubigné n'était pas au bout de ses peines ni de ses alertes.

Tout son voyage fut une odyssée mouvementée. Son signalement avait été envoyé partout, notamment au passage des rivières. Le marquis de Cypières, chargé de l'arrêter, le suivait de près, avec son portrait pour aider à la reconnaissance. Il manqua d'être trahi plusieurs fois par ses guides ; il fut toujours sauvé par des chances inespérées ou des complicités spontanées de coreligionnaires. Grâce à eux, une sorte de protection invisible et mystérieuse l'enveloppait et le conduisait. C'est ainsi qu'il franchit 140 lieues, et traversa la France par Châteauroux, Bourges, la Côte-d'Or, où le pasteur de Saint-Léonard le détourna un moment de sa route pour le rendre témoin d'un miracle au village de Conforgien ; de là il passa par Mâcon, puis le pays de Gex où une dernière aventure faillit le faire échouer au port ; il s'en tira encore, et le *1er septembre 1620 il arrivait enfin à Genève, pour y « prendre le chevet de sa vieillesse et de sa mort[6] ».*

1. Cf. Heyer, *D'Aubigné à Genève*, p. 20.
2. Cf. Réaume, t. I, p. 97, 209 et 353.
3. Voir la lettre de remerciements que d'Aubigné lui adressa de Suisse (Réaume, t. I, p. 362).
4. Cf. *Histoire universelle*, t. VIII, p. 6 et *Mémoires* (Réaume, t. I, p. 65).
5. Cf. *Histoire*, t. VIII, p. 260-261 et *Mémoires*, t. I, p. 67.
6. Cf. le récit des *Mémoires* sur toute cette odyssée, Réaume, t. I, p. 97-98 et quelques détails complémentaires dans la lettre à Mme de Rohan, déjà signalée (Réaume, t. I, p. 209).

CHAPITRE XIV

§ 1ᵉʳ. — **L'établissement de d'Aubigné à Genève et les services qu'il rend à la Cause, pendant que se déroule en France la guerre civile de 1621-1622. — Deux Lettres-pamphlets contre Luynes, l'une adressée au Roi, l'autre aux Princes et Grands du Royaume. — Le Traité sur les Guerres civiles. — Le Traité sur le Devoir mutuel des Rois et des sujets.**

Il y fut reçu, dit-il « avec plus de courtoisie et d'honneur que n'en charchoit un réfugié ». On lui prodigua, en effet, toutes les marques d'estime : place de choix au temple, ordinairement réservée aux Princes et Ambassadeurs [1], festin public « auquel la Seigneurie entière et quelques estrangers furent conviés. A ce festin y eut de fort grands maspans (massepains), portant les armoiries du nouveau venu ». On lui fit voir « tous les magasins et secrets », passer en revue la milice. Et bientôt on fera appel à son expérience militaire pour parfaire les moyens de défense de la ville [2].

Il fut d'abord l'hôte des sieurs de Pellissari et de Tournes. Son fils naturel Nathan, qui l'avait suivi à Genève, s'éprit de Claire de Pellissari, et l'épousera en 1621 (6 juillet) [3].

---

1. Cette distinction provoqua même des jalousies, et un conflit de préséance avec le comte allemand de Hanault : cf. *Mémoires* (Réaume, t. I, p. 106), et Heyer, *Notice sur d'Aubigné à Genève* (1870) p. 29. (L'incident fut porté devant le Petit Conseil le 28 juin 1623.)

2. *Mémoires* (Réaume, t. I, p. 98-99).

3. D'Aubigné lui constituera une dot de 14.000 florins. Cf. Heyer, p. 55 et note 1.

Il loua ensuite une maison appartenant au syndic Jean Sarrasin (elle lui venait de sa seconde femme)[1]. D'Aubigné se retrouvait en pays de connaissance dans cette famille Sarrasin. Son propriétaire était le petit-fils du Sarrasin chez qui il avait été mis en pension à Genève dans son enfance. L'aïeul était mort, mais sa fille Louise qui avait contribué à donner à Agrippa le goût du grec par émulation et reproches agissant sur un jeune cœur amoureux[2], vivait encore, vénérable grand'-mère entourée d'une nombreuse postérité. D'Aubigné pouvait remuer avec elle la cendre des souvenirs.

La Seigneurie ne voulut même pas le laisser régler le prix de son loyer. Elle le prit à sa charge[3]. Et de même elle lui facilita l'acquisition d'une maison de campagne. Quand elle sut qu'il avait envie d'acheter *le château du Crest* (près du village de Jussy, à 10 km. de Genève) elle engagea l'ancien syndic Jean Favre, qui avait aussi des vues sur ce domaine, à y renoncer[4]. D'Aubigné en devint propriétaire pour la somme de 40.000 florins, par contrat du 12 janvier 1621[5]. Il fut dispensé d'acquitter les droits du fisc sur cette mutation[6], et dans la suite on l'exempta de l'impôt sur la vente de ses vins[7].

Pendant que d'Aubigné trouvait à Genève ce hâvre de grâce et s'y refaisait un abri sûr, la tempête secouait les Églises de France et de Béarn. On peut se douter de l'anxiété avec laquelle il suivait de loin les événements. Pour la première fois il était condamné à rester simple spectateur des épreuves de ses frères. Malgré ses griefs contre les Rochellois ingrats, ou son mépris pour les défaillances trop nombreuses dans le Parti, ce dut lui être une vraie torture morale de ne pouvoir soutenir le bon combat avec ceux qui restaient fidèles à la Cause. Du moins s'efforça-t-il de les servir à distance dans la mesure où il le pouvait. Il eut même un instant

1. Cette maison était située rue du Vieux-Collège. La Princesse de Portugal, sœur de Maurice de Nassau, l'achètera en 1626, voir *Mémoires*, Réaume, t. I, p. 99 et Heyer, *Notice* p. 34.

2. Voir sur elle le joli passage de la *Lettre à ses filles touchant les femmes doctes de ce siècle*. Ed. Réaume, t. I, p. 448-449.

3. Délibération du Petit Conseil en date du 6 mars 1622. Cf. Heyer, *Notice*, p. 21 et note 2.

4. Séance du 20 décembre 1620, cf. Heyer, p. 21 et note 1.

5. Ce contrat figurait dans les papiers inventoriés après son décès (1ʳᵉ partie de l'Inventaire n° 1 aux *Archives de Genève*, Hôtel de Ville, mai 1630, D 254). Le florin pouvait valoir à cette époque à Genève environ 1 fr. 50.

6. Délibération du 22 juin 1621. Cf. Heyer, p. 21, note 3.

7. *Ibid.*, p. 22, note 1.

— nous le verrons — l'idée de rentrer en France. Si cette velléité ne fut pas suivie d'effet, ce ne fut pas sa faute.

La conséquence de la défaite des Princes aux Ponts-de-Cé (7 août 1620) ce fut *l'expédition de Béarn*. Louis XIII ayant la route libre devant lui, voulait en finir avec la résistance de ce petit pays qui frondait l'autorité royale, dans la pensée qu'elle était trop loin pour pouvoir jamais s'appesantir sur lui. Même quand le Roi était déjà à Bordeaux, les États de Béarn et le Conseil souverain refusaient encore d'enregistrer l'Édit de restitution des biens ecclésiastiques. « Il faut aller à eux » dit-il à Luynes ; et il se mit en route pour le Béarn le 10 octobre. Trois jours après, à son arrivée à Grenade, la première ville du pays, on lui apportait la vérification de l'Édit faite précipitamment à l'annonce de son approche. Mais c'était trop tard pour qu'il consentît à s'arrêter. Il poursuivit sa route, entra à Pau le 15 octobre, rétablit le catholicisme dans tous ses droits, et prononça la réunion du Béarn et de la Navarre à la couronne. La milice locale fut dissoute et remplacée par des garnisons royales dans les principales villes ; des modifications furent apportées à l'organisation judiciaire et administrative. Bref ces deux provinces entrèrent dans la grande famille française, et si leurs libertés ne furent pas détruites, leur autonomie était désormais brisée. Non seulement les Catholiques applaudirent à ce coup de force, mais tous les patriotes en voyant se fermer une porte à demi-ouverte sur l'Espagne. Louis XIII fut acclamé à son retour à Paris (7 novembre 1620).

Mais le lendemain (8 novembre) l'Empereur Ferdinand II écrasait à *la bataille de la Montagne blanche* la rébellion protestante des Bohémiens. Son trône un moment chancelant sur deux de ses assises, la Bohème et la Hongrie, était consolidé, grâce à l'abstention et même à la complicité de la France. Tel était le résultat de nos luttes intérieures. Louis XIII s'était laissé facilement convaincre qu'il ne devait pas soutenir des sujets révoltés contre leur Prince, et Luynes avait paralysé l'Union Évangélique d'Allemagne par le traité d'Ulm (3 juillet 1620) qui l'empêcha d'intervenir. C'était cependant la guerre de Trente ans qui commençait. Allions-nous pour des considérations religieuses renier la politique traditionnelle de la France, et faire le jeu de la Maison d'Autriche contre ses adversaires naturels, les Protestants d'Allemagne ?

La question se posait aussi dans *la Valteline*, où les Protestants avaient été massacrés (9 juillet 1620) et où l'Espagne avait fait entrer ses troupes du Milanais, sous prétexte de protéger les Catholiques contre les représailles des Grisons. Ici encore notre intérêt évident était de prendre parti pour les Protestants, et de ne pas laisser cette voie de communication internationale à la disposition de l'Espagne, qui, de là, pouvait donner la main à l'Autriche par le Tyrol ou faire passer ses soldats d'Italie vers les Flandres. Mais cette politique de résistance aux deux grandes monarchies habsbourgeoises, la politique d'Henri IV, celle bientôt de Richelieu, il est douteux que Luynes ait eu assez d'envergure d'esprit pour la concevoir, et de hardiesse pour la pratiquer [1].

En tout cas elle supposait une France unie. Il dépendait donc beaucoup de la sagesse des Réformés qu'elle pût être tentée. A ce point de vue le conflit de Béarn était déplorable. Sans doute il aurait mieux valu que Louis XIII eût la même prudence que son père, et ne le soulevât pas, mais la faute du Parti n'en est pas moins grande d'en avoir pris prétexte pour rallumer, à un moment si inopportun, une guerre civile de deux années, alors qu'aucun intérêt vital pour les Églises n'était impliqué dans cette querelle.

L'excuse des Réformés, c'est qu'il ne marchèrent pas tous, tant s'en faut. La guerre ne fut le fait que d'une minorité. A la nouvelle de « l'attentat de Béarn », la Rochelle, usant du droit que lui avait conféré l'Assemblée de Loudun au cas où les promesses de la Cour seraient violées, convoqua de nouveau les députés des Églises. Louis XIII, informé, interdit la réunion par la Déclaration de Grenade (22 octobre 1620). Ils passèrent outre, et furent exacts au rendez-vous *à la Rochelle, où s'ouvrit, le 25 décembre, cette Assemblée fatale au Parti et à la France.* Presque tous les grands Seigneurs protestants la désapprouvaient et cherchèrent à la persuader de se dissoudre. Même Rohan, qui, une fois engagé, la soutiendra jusqu'au bout et sera son généralissime, joignait au début ses instances à celles des autres chefs pour qu'elle s'inclinât devant l'interdiction royale. Rien n'y

1. Cf. G. Hanotaux, *La Crise européenne de 1621 :* I *Le Problème protestant en Europe, les Affaires de la Valteline, Revue des Deux Mondes,* 1ᵉʳ janvier 1902, p. 5 à 44. — II. *Luynes et le Parti protestant Revue des Deux Mondes,* 1ᵉʳ février 1902, p. 481 à 507. — Articles reproduits avec quelques additions et variantes au tome II (2ᵉ partie) de son *Histoire du Cardinal de Richelieu* (Paris, Firmin-Didot, 1893-1903) p. 357 à 405 et 407 à 443.

fit. Dominée par les fanatiques, intimidée par une agitation révolutionnaire du peuple de la Rochelle, elle n'osa pas accomplir un acte de raison [1]. Les Cahiers qu'elle fit présenter au Roi par les Députés généraux (mars 1621) contenaient des requêtes impossibles à satisfaire, car on ne lui demandait rien de moins que de s'infliger à lui-même un démenti humiliant, en rapportant toutes les mesures prises en Béarn, et en retirant toutes les garnisons qu'il avait mises dans le pays et sur le chemin de son voyage, en Poitou et en Guyenne. Louis XIII avait un haut sentiment de son honneur et de sa dignité; il ne vit qu'insolences dans ces exigences, et l'action dans cette assemblée illégale. Aussi se prépara-t il à la réduire par la force. Elle, de son côté, mettait les places en état de défense, se procurait des fonds et organisait le Parti pour la guerre, en votant (avril-mai) un *nouveau Règlement Général* des milices et des finances, qui faisait de la France protestante, divisée en huit départements militaires, une sorte de République fédérative sur le modèle des Provinces-Unies de Hollande. Jamais encore, même aux plus mauvais jours du xvie siècle, le séparatisme huguenot n'avait essayé de se constituer d'une façon plus audacieuse et plus minutieuse à la fois [2]. Il ne sert à rien de dire, à la décharge de l'Assemblée, que cette république n'exista que sur le papier. D'abord, c'est inexact : partout où elle put imposer sa loi, le Règlement fut appliqué; et s'il y eut des résistances, même dans les provinces qui n'échappaient pas à son action, jamais l'insuccès d'une tentative criminelle n'a été une excuse. Il n'a pas dépendu des facieux de la Rochelle que par eux ne fût consommé le déchirement de la patrie.

C'est donc par le recours aux armes — par le jugement de Dieu, comme on pensait au moyen âge — qu'allait se régler le conflit. D'Aubigné s'étonne et s'indigne de la facilité avec laquelle les places protestantes se rendirent au Roi dès qu'il se mit en campagne, au printemps de 1621. « Guerre d'argent », dit-il [3]. Mais pourquoi cette débâcle? Les caractères étaient-ils à ce point dégénérés et la foi morte? Pourquoi l'appel de l'Assemblée ne fut-il entendu que dans le Midi et l'Ouest? Pourquoi, même dans ces régions, y eut-il tant de défections? sinon parce

---

1. Cf. ANQUEZ, *Assemblées politiques des Réformés*, p. 334 à 337.
2. *Ibid.*, p. 340 à 350.
3. Cf. *le Supplément inédit à l'Histoire universelle de d'Aubigné*, publié chez Champion par J. PLAT-TARD, 1925, p. 75.

que la conviction manquait, cette confiance dans la bonté de la Cause protestante, qui avait soutenu naguère les soldats de la Religion et fait des miracles au siècle passé ? Voilà ce que d'Aubigné n'aperçoit pas. Il constate les défaillances et les divisions du Parti, il les déplore, elles le révoltent, mais il ne remonte pas aux causes, il n'en voit pas la vraie raison.

C'est qu'il n'admet pas qu'on discute avec sa conscience quand les Églises sont menacées. Lui ne se considérait pas comme libéré envers elles, ni par son âge, ni par l'ingratitude des Rochellois, ni par l'exil. Aussi avait-il fait proposer à son successeur dans Maillezais, M. de La Cressonnière, de venir se charger de la défense de la place, avec promesse de la lui rendre, sous caution de dix mille écus, à la fin de la guerre, s'il réussissait à la sauver. C'est M. d'Ade, son gendre, qu'il avait prié de faire cette démarche, repoussant d'avance toutes les objections de la sollicitude filiale, toutes les raisons de la raison que le cœur ni l'honneur ne voulaient pas connaître en cette circonstance. La lettre a belle allure :

« Mon brave fils, vos suasions sont fondées sur choses vrayes, et bien esprouvées par moy. Je voy bien l'immense fardeau qui va tomber sur nos amis, et leur paucité, foiblesse, pauvreté, désunion, et apparente consternation. Je le renvie d'autant de laschetez et d'infidelitez notables qu'il y a de places. J'ay encore à dire que l'Assemblée m'a débouté en toutes mes réquisitions, sollicitée et gourmandée par les Rochelois, et c'est pourquoy, quand on me demande mon advis sur leur permanence [1], je m'excuse comme estant offensé. Vous avez encore une puissante raison sur moy, et que je suis en pleine mission qui se donnoit à soixante ans, puisque que j'en ay soixante-dix ou plus. Je voy comme vous, qui savez combien mes blessures m'incommodent à cheval, que mon labeur sera sans mesure pour aller crever sous un autre labeur, que mon péril continuel ne servira qu'à cercher un péril mortel, qu'à ce labeur il n'y a point de guain, qu'à ce danger il n'y a point d'honneur qui sont la monnoye de tous les deux : mais les Huguenots n'ont point de loy *si quid fortifer*, se font porter aux combats s'ils n'y peuvent aller... et le salaire est en Dieu... J'attens vostre response avec l'ardeur et impatience de vingt ans [2] »

---

1. C'est-à-dire sur la continuation de l'Assemblée malgré l'interdiction du Roi.
2. Cf. Réaume, t. I, p. 319-320.

Le sieur de La Cressonnière repoussa l'offre. Les Rochellois le traitaient mieux que d'Aubigné. Ils lui avaient envoyé de l'argent et des munitions. Aussi se faisait-il fort de soutenir un siège avec honneur. Mais le Roi n'était pas encore à Thouars, que déjà il avait quitté sa place en abandonnant l'artillerie [1].

Louis XIII avait franchi la Loire à Saumur, qu'il avait repris à Duplessis, en qui il ne se fiait qu'à moitié, malgré tant de preuves de loyalisme de ce vieux serviteur de son père. D'Aubigné, qui le jugeait faible [2], semble noter avec une sorte de malin plaisir l'empressement que mirent les soldats de la garde à aider au déménagement de son cabinet « ou estoient ses livres, qui furent deschirez par les rues, brûlez ou foulez par les fanges [3] ». Le Roi lui avait laissé espérer, peut être promis, qu'il lui rendrait son gouvernement après la guerre, mais Duplessis ne se faisait sans doute pas beaucoup d'illusions et il écrivait avec amertume à Mme de La Trémoille (20 mai) : « Ce sont les fruicts de notre assemblée qui perdra Jérusalem, comme jadis les prétendus zélateurs [4]. »

Rien ne fit mine de résister jusqu'à Saint-Jean-d'Angély où s'était jeté Soubise avec des renforts, et où il se défendit pendant un mois (juin). Là fut tué l'ancien voisin de d'Aubigné au Dognon (après la cession de ses places à Rohan), son valeureux ami Hautefontaine, « d'une mousquetade qui le frappa au front et toute la garnison au cœur. Cest homme (ajoute d'Aubigné, en manière d'oraison funèbre lapidaire et militaire), en tout ce qui est louable, n'avoit rien de médiocre que la naissance [5] ».

La capitulation accordée à ces braves fut faite « à vies, armes et bagues sauvez [6] », mais avec engagement de ne pas reprendre les armes contre le Roi. Soubise ne tiendra pas sa promesse.

De là, Louis XIII se dirigea vers la Guyenne en recueillant partout des soumissions (juillet). A l'approche du souverain, les villes, comme frappées de stupeur

1. Cf. *Supplément inédit à l'Histoire universelle*, p. 37.
2. Voir ses appréciations dans une lettre à M. de Chatillon du dernier mai 1621. Il ne pardonne pas à Duplessis d'avoir livré si facilement Saumur par affectation de loyalisme quand même, car cela a donné le branle à tout le reste. (Réaume, t. 1, p. 211-212.)
3. *Supplément inédit à l'Histoire*, p. 35.
4. Cf. *Suite des Lettres et Mémoires de messire Philippe de Mornay, seigneur du Plessy-Marly,* etc. [de janvier 1618 au 31 oct. 1623] à la page 603. Amsterdam, chez Louys Elzévir MDCLI.
5. *Supplément inédit à l'Histoire*, p. 52.
6. *Ibid.*, p. 54. Bagues, c'est-à-dire bagages.

ou de respect, ouvraient leurs portes; d'autres se rendaient à ses lieutenants, jusque dans le Quercy, jusque dans les Landes. Elles tombaient les unes après les autres, les forteresses du Parti, comme les pièces d'un échiquier, dans une dégringolade ininterrompue et que rien ne semblait devoir arrêter : sur la Dordogne, Castillon, Sainte-Foy, Bergerac ; sur la Garonne ou dans le voisinage, Monflanquin, Montségur, Tonneins, Montheurt, Puymirol, Casteljaloux, Nérac, Lectoure, l'Isle-Jourdain etc... Les gouverneurs invoquaient pour s'excuser la fidélité due au Roi et la faiblesse de leurs murailles, mais en fait ils « aimoient mieux vendre avec profit que défendre avec péril[1] ». Seul Clairac essaya de tenir tête (23 juillet-4 août) et le paya par quelques exécutions :

« Dedans la ville furent pendus pour leur vigueur La Fargue, procureur en la Chambre de Nérac, son fils, ministre, qui avoit résiste à son compagnon, et le consul Denys avec ses habits consulaires[2]. »

En outre, deux cents personnes, soldats étrangers ou habitants, qui voulaient quitter la ville par bateaux, comme la capitulation le leur permettait, se noyèrent — ou peut-être furent noyées perfidement.

Tout cela n'intimida pas Montauban, où vint enfin se heurter contre des murailles solides et des courages fermes la marche triomphale des Royaux. *Montauban résista victorieusement pendant près de trois mois* (17 août-13 novembre 1621) à toute l'armée royale, et sauva pendant cette campagne l'honneur militaire du Parti. Les prédications du ministre Chamier insufflèrent à tous une âme héroïque ; la population, y compris les femmes, se fit guerrière comme les soldats; ce fut vraiment la Cité sainte, la Jérusalem inexpugnable.

C'est pendant le siège de Montauban que d'Aubigné semble avoir écrit et peut-être publié *deux pamphlets contre Luynes, sous la forme de Lettres*, *adressées l'une à Louis XIII « par trois gentilshommes vieillis au service du Roi Henri le Grand »*, *l'autre à « Messeigneurs les Princes et Grands du Royaume »*. Elles figurent toutes deux dans les *manuscrits de Bessinges*[3], mais en outre on a retrouvé *une édition rarissime de la Lettre au Roi*, qui a donc paru, en une

<hr>

1. D'AUBIGNÉ, *Supplément inédit à l'Histoire*, p. 81.
2. *Ibidem*, p. 86.
3. Cf. éd. Réaume, t. I, p. 501 à 511 et 511 à 516.

plaquette (sans lieu ni date) de 19 pages in-8°, avec certaines retouches du texte (par rapport au manuscrit) et d'assez nombreuses additions [1].

Avec une extrême virulence, d'Aubigné dénonce l'ambition insatiable du triumvirat qui gouverne pour le malheur du pays, le trio des trois frères, Luynes, Brantès, Cadenet, ces petits gentilshommes qui autrefois « n'avoyent qu'un cheval » et qui maintenant se pavanent dans leurs titres de Ducs et Pairs, dans leurs dignités toutes neuves de Connétable et de Maréchaux de France, après avoir « sans peine passé tant de degrés », véritables champignons poussés en une nuit. Il fait honte aux Seigneurs, dans la Lettre ouverte qu'il leur adresse, de leur lâcheté sur laquelle est édifiée la fortune de ces parvenus ; il stigmatise leurs discordes, leurs « mutuelles infidélités » qui les ont annihilés devant eux. Aussi ne leur reste-t-il plus d'autre ressource que de s'abaisser chaque jour davantage dans la servitude et, comme il dit, de « se bien ranger au montoir », pour porter la grandeur des insolents favoris. Avec une ironie sarcastique il prétend leur montrer la voie à suivre pour arriver au terme de l'humiliation et de l'infamie. Il ne faut voir dans ces violences excessives que l'expression de sa souffrance devant la débâcle protestante. Il en rend les Grands responsables parce qu'ils ont laissé faire ou prêté leur concours à Luynes. Exécuteurs de ses haines et de ses vengeances, ils en sont réduits à l'office de valets de bourreau.

1. Voir la reproduction de la plaquette dans le *Bulletin du Protestantisme*, t. XLVI (1897), p. 530 à 542. Mais M. N. Weiss commet une erreur quand il voit dans la Lettre au Roi des allusions aux événements de la période de 1621 à 1630, et une attaque de la politique de Richelieu, dont Louis XIII se ferait le docile instrument. La lettre est dirigée contre la tyrannie de Luynes et de ses frères, et écrite avant la mort de Luynes (14 décembre 1621). L'énumération des villes qui ont abrité et protégé le père (Henri IV) et que le fils maintenant maltraite, énumération qui se trouve dans la plaquette et pas dans le texte de Bessinges, précise nettement l'époque de la composition, car ce sont toutes villes qui durent céder à l'armée royale au cours des expéditions de 1620 — pour le rétablissement du Catholicisme en Béarn — et de 1621 pour réprimer la révolte huguenote du Midi, qui en avait été la conséquence : « Tout cela sera vérifié en prononçant les noms de la Rochelle, Saint-Jean-d'Angelis, *maintenant* le bourg Saint-Louis, Bergerac, Sainte-Foy, Nérac, Navarrins et *Montauban* », Montauban, devant lequel Luynes devait échouer. Mais il y a mieux. A la fin de la lettre, pour faire peur à Louis XIII, d'Aubigné lui rappelle les souverains que Dieu a déjà frappés comme persécuteurs de son Eglise, en Angleterre, en Espagne, en France : « Qui a dévoré vostre voisin chef de l'Inquisition (Philippe II) et *en ceste année* son fils suivant son train, *année qui n'est pas encore finie* et qui a enlevé pour sa part sept souverains ? » (Réaume, t. I, p. 510). Philippe III était mort le 31 mai 1621. Cette date de 1621 est d'ailleurs formulée en toutes lettres dans la variante que la plaquette offre de ce passage : « Mais je ne veux entretenir le Roi que d'exemples royaux. Philippe, chef de l'Inquisition, ne cacha pas les poux qui le mangèrent, et comme il dit à son fils : *Mirays esto Re nel cuerpo d'an Re*, il nous dit aussi : *Mirays esto reyes !* Son fils suivant son train est le septième des souverains qu'a emportés l'an 1621. »

La Lettre à Louis XIII garde un peu plus de mesure. Dans l'ensemble cependant elle offre aussi de singulières exagérations, par exemple lorsque, pour lui faire peur, elle montre Luynes tellement grisé par son élévation inespérée, qu'il songerait à gravir le dernier échelon et à s'asseoir lui-même sur le trône : « Dieu vous garde, Sire, de ces bons serviteurs de Roy qui sont muguets du Royaume et servent la Royauté comme les galands font leurs maistresses, pour monter dessus. Et vous souvienne que c'est chose plus insolente de monter de Fauconnier au Conestable que du Conestable au Roy[1]. »

Ce qui a plus de portée, c'est sa véhémente protestation contre l'ingratitude de Louis XIII à l'égard des Huguenots, les dévoués serviteurs de son père, les fidèles soutiens de la Royauté, qui l'ont sauvée à l'heure critique où Henri III était submergé par le flot montant de la révolte ligueuse. On les vit alors accourir à Tours, à l'appel du Roi de Navarre, et faire au souverain un rempart de leurs corps « pour authoriser les mains qui ne s'estoyent pas encore lavées de leur sang[2] ».

Acte d'abnégation, qui leur a valu plus tard un témoignage honorable de Mayenne. C'était peu avant la mort d'Henri IV, lorsqu'il se disposait à confier la Régence à Marie de Médicis pendant l'expédition de Clèves-Juliers. « Lors le Roi tint ce propos, *où nous estions plus de deux cents auditeurs :* Madame la Régente à venir, sçachez de Monsieur du Mayne qui sont vos vrais amis et sans soupçon. Le Duc ayant prononcé que c'estoyent les Huguenots, la Reine en prit de l'estonnement; elle est par la grâce de Dieu pleine de vie pour avouer ceste vérité[3] ».

Et pour récompense le Roi d'à présent leur inflige la persécution ; il s'acharne tout particulièrement contre les villes qui ont servi d'asile à son père pendant sa proscription. Ce sont elles qui ont été « choisies par la France pour estre pillées, démantelées, déshonorées et affamées ». Celles-là seules ont échappé à ce misérable sort, qui se sont armées de courage et défendues victorieusement contre leurs ingrats :

1. Ed. Réaume, t. I, p. 504-505.
2. *Ibid.*, p. 506.
3. Anecdote rapportée dans la *plaquette* imprimée, et qui ne se trouve pas dans le *manuscrit de Bessinges.* Elle se place immédiatement après les mots « qui ne s'estoyent pas encore lavées de leur sang ».

« Tout cela sera vérifié en prononçant les noms de la Rochelle, Saint-Jean-d'Angelis, maintenant le bourg Saint-Louis, Bergerac, Saincte-Foy, Nérac, Navarrins et Montauban[1]. » •

Mais que le Roi prenne garde. On pousse au désespoir les plus vaillants hommes de France, ceux qui ont fait la preuve de leur valeur et de leur vertu dans tant d'occasions, ceux qu'on n'a pu réduire même après la saignée de la Saint-Barthélemy, quand trente mille des leurs avaient été massacrés, et qu'il ne leur restait d'autres places de refuge que Sancerre et la Rochelle. Cette leçon du passé doit servir d'avertissement, et aussi l'exemple des peuples que la tyrannie a jetés dans la rébellion, et par elle menés à l'indépendance, « les Grisons, les Suisses, et tant de villes impériales d'Allemagne », et ces Flandres, qui ont supporté tant « d'actes tyranniques avant secoüer de leur pensée et puis de dessus leurs testes le nom royal[2] ».

Cela est déjà assez hardi, mais ce n'est pas encore la suprême menace que d'Aubigné suspend sur la tête du Roi : « Le troisième péril est du Ciel, Sire », et, interprétant l'histoire à sa façon, voyant des intentions providentielles dans la mort de tous les persécuteurs de l'Église de Dieu, dans la nature même du mal ou le coup dont ils furent frappés, il essaie de l'effrayer et de contre-balancer l'effet des terreurs que les Jésuites, paraît-il, lui inspiraient par une étrange mise en scène. D'Aubigné ne se porte pas garant de la chose, mais sans doute il y croit puisqu'*il a ajouté cette curieuse révélation dans la plaquette imprimée :*

« C'est un bruit de vostre royaume que les Jésuites ne pouvant pas confiner Vostre Majesté en la Chambre des méditations, pour ce que trop de gens à leur gré veulent voir la face de leur Roi, ils ont trouvé une invention de vous monstrer tous les jours à l'heure de l'oratoire, dans un miroir, un tableau de réflection où paroist Henri le Grand dans le feu du Purgatoire grièfvement tourmenté. Quelques-uns de vos serviteurs cognoissent quand vous sortez d'un tel spectacle à la pasleur de vostre visage et au trouble de vos yeux. On adjouste que vostre piété

---

1. C'est le passage que j'ai cité ci-dessus dans la note 1 de la page 97 et qui a été ajouté dans la plaquette au texte de Bessinges après la phrase : « Les fascinateurs de vostre entendement et de vostre courage ne jettent pas seulement leur sort sur les personnes, mais sur les villes aussi... » (Réaume, t. I, p. 501).

2. Ed. Réaume, t. I, p. 506.

demande par quels moyens on peut soulager le père en ses tourmens, et on **vous** instruit que c'est en détruisant le reste des Huguenots.

« Sire, le feu du Purgatoire est feint et fabuleux, mais le feu éternel des Enfers ne l'est pas ; il est allumé de sang pour les rois, et ceux qui vous conseillent d'esteindre le feu avec du sang vous mettent de l'huile en main pour jetter dessus. Dieu vous face la grâce de voir et d'appréhender en la parole de Dieu, et non pas en un miroir de bateleurs, ce redoutable feu préparé aux perfides et aux meurtriers humains. »

C'est aussi l'exemple d'Henri IV que d'Aubigné invoque pour terminer sa lettre dans la rédaction imprimée, où la péroraison un peu courte du manuscrit s'amplifie en un large et pathétique finale. Cette invocation est faite naturellement juste à contre-sens de l'exhibition des Jésuites. Le Roi défunt n'y est plus représenté expiant ses prétendues fautes envers Dieu, mais au contraire ce sont ses mérites, c'est sa politique prudente, et ce sont ses obligations envers les Huguenots que d'Aubigné propose à l'imitation ou à la méditation de son fils. Il y a là une transposition d'un morceau qui se trouve à la fin de la *Préface au tome III de l'Histoire*, et où il s'élevait avec indignation contre cette entreprise sacrilège des Jésuites pour aliéner le cœur de Louis de la mémoire de son père, et de la reconnaissance due à ceux qui l'avaient si bien assisté et défendu en ses épreuves [1].

Sans doute il a raison, et, pendant qu'on le lit, on ne peut s'empêcher de subir l'émotion communicative des sentiments qui l'animent, mais quand on réfléchit après, à tête reposée et refroidie, on se dit que cette ingratitude qu'il reproche à Louis XIII — je ne parle pas de son impiété filiale qui serait sans excuse si elle était vraie, mais de son hostilité contre les Protestants — c'est eux en grande partie qui en étaient responsables. Depuis la mort d'Henri IV, ils n'avaient pas cessé de donner au jeune Roi des impressions fâcheuses par leurs agitations continuelles et leur opposition systématique. Et maintenant ils se plaignaient qu'il eût perdu le souvenir des services rendus au père. Mais n'était-ce pas eux qui s'étaient employés à les lui faire oublier ? Que n'avaient-ils écouté les sages con-

1. Ed. Ruble, t. VII, p. 4 à 6.

seils d'un Duplessis qui les avertissait du danger, à l'approche de la majorité du Roi ?

Quoi qu'il en soit de cette question de responsabilité, le fait était là : Louis XIII leur était devenu hostile. Par leur faute — ou celle de leurs ennemis — il avait grandi dans la méfiance et dans l'irritation contre eux. Et dès lors, en présence de cette situation, deux attitudes étaient possibles : ou changer de méthode, et essayer de le regagner en faisant montre d'une sagesse tardive, ou lui en imposer par la puissance apparente du Parti. C'est la solution de d'Aubigné, c'est le retour aux pratiques du siècle précédent. On peut penser qu'il retarde, et que, sous un régime consolidé par le règne réparateur d'Henri IV, et de nouveau raffermi après les turbulences passagères d'une régence, la modération et la conciliation eussent mieux valu. En tout cas qui veut la fin veut les moyens. Pour se faire craindre il faut disposer d'une force réelle. Les Protestants en donnèrent peut-être un temps l'illusion, même à eux, par leurs agitations ; mais à l'épreuve des faits on aperçut la faiblesse intime qu'elles recouvraient, née des divisions du Parti, des défections ouvertes ou secrètes, et, même chez les fidèles, d'une certaine tiédeur généralisée, soit que la Religion fût en baisse, soit plutôt qu'on ne la sentit plus si dangereusement menacée.

Aussi, effrayée de cette faiblesse qui se révélait, l'Assemblée de la Rochelle cherchait des secours à l'étranger. Mais elle trouva « au dehors du roiaume toute communion des sentimens esteinte [1] » entre les Protestants. *Elle s'était adressée à d'Aubigné pour être son intermédiaire et son représentant auprès des Suisses et des Allemands.* Il raconte, en effet [2], qu'il reçut secrètement à Genève la visite d'un des députés, le Sr d'Avias, déguisé en « gueux » ou en paysan pour ne pas attirer l'attention et ne pas compromettre la ville aux yeux de la France. Il lui apportait des Instructions et des Lettres de créance munies du nouveau cachet volant « où estoit empreinte la religion et autour : PRO CHRISTO ET REGE ». Il y en avait pour Genève, pour les quatre cantons protestants, pour les villes hanséatiques, pour les Princes allemands, d'autres avec la suscription en blanc, à sa libre disposition, « tout cela aux fins d'autorizer leur Procureur ». On a retrouvé

---

1. *Supplément inédit de l'Histoire universelle,* p. 57.
2. Cf. *Mémoires,* éd. Réaume, t. I, p. 99-100, et *Supplément inédit,* p. 57.

de ces commissions dans ses papiers après sa mort [1]. D'Aubigné, malgré ses griefs contre les Rochellois ou les Assemblées, ne songea pas à refuser cette charge honorable. Il avertit le Petit Conseil de la présence du mystérieux personnage, et demanda à communiquer l'affaire à deux des membres seulement pour qu'elle ne fût pas ébruitée : on lui imposa quatre confidents [2].

Le syndic Sarrazin, dont d'Aubigné était alors le locataire, lui signala que le conte de Mansfeld venait de lui écrire « pour lui demander un maistre ». Ce grand chef de bandes se trouvait, en effet, en disponibilité après s'être battu pour les Bohémiens. Il avait sauvé une partie de son armée par une habile retraite. Cela tombait bien. A quelque chose malheur est bon. Le salut pouvait venir aux Huguenots français de la défaite de leurs coreligionnaires de Bohême. D'Aubigné entra en pourparlers avec lui en même temps qu'avec les deux ducs de Weimar [3].

« Après plusieurs voyages d'une part et d'autre, et grandes despences sur la bourse du procureur, les trois furent obligez a amener douze mille hommes de pied, six mille chevaux, douze pièces d'artilerie, moitié de batterie, pons et atelages nécessaires, jusques à la rivière de Saune, pour y joindre trois régimens de

1. Cf. HEYER, *D'Aubigné à Genève*, p. 50.
2. Il paraît y avoir sur les *Registres du Petit Conseil* des traces de cette communication. Cf. HEYER, *op. cit.*, p. 27 à la date du 20 juin 1621 : « MM. les Syndics Larchevesque et Pictet ont rapporté que, suyvant l'arrest du jour d'hier, ils allèrent voir M. d'Aubigné en son logis, là où il leur parla de quelques affaires qui concernent son particulier, ausquelles il dit ne vouloir procéder que par l'advis et conseil de quelques seigneurs de céans, ne désirant pas que la chose soit esventée en si grande Compagnie, d'autant que estant divulguée elle luy porteroit un grand préjudice et dommage ; et partant il supplie Messeigneurs de commettre quelques uns de leur corps avec lesquels il puisse communiquer et conférer familièrement de tous ses affaires pour en avoir leur advis, sans qu'ils soyent tenus d'en faire rapport au Conseil. Arresté de luy dire qu'il pourra conférer avec MM. les quatre syndics de tout ce que bon luy semblera, puisque c'est à eux que tous advis et autres choses importantes doyvent estre rapportées suivant nos Edicts et la constitution de nostre Estat. »
A rapprocher de ce passage des *Mémoires* (Réaume, t. I, p. 100) : « Aubigné avoit demandé aux Vingt Cinq eslection de deux, ausquels il pust commettre quelque secret, mais ces deux voulans dire tout au gros il fut contraint de les fortifier des deux principaux. »
Il est possible aussi que la note du 20 juillet des *Registres du Conseil* (HEYER, p. 28) se rapporte à la même affaire : « M. le Syndic Roset rapporte qu'un certain personnage est logé à la Tour d'Arve qui est venu parler à M. d'Aubigné, et que non seulement le pontenier mais aussi le dit sieur en a donné advis. Arresté qu'on dissimule ce fait. » Etait-ce M. d'Avias ? D'Aubigné reçut les Instructions et les pièces de l'Assemblée faites en double par deux voies différentes « la première par l'ordinaire de Paris », la seconde par le Sr d'Avias. Cf. *Mémoires* (Réaume, t. I, p. 100) et *Supplément inédit*, p. 57. Il pu y avoir un intervalle d'un mois entre les deux réceptions.
3. Cf. Réaume, t. I, p. 355-356 un fragment de lettre au duc de Weimar.

chascun deux milles hommes, tels que les pourroit amasser Aubigné; lequel, tant que les forces seroient jointes, serviroit de Mareschal de Camp général... Toutes ces choses agréées d'une part et d'autre, et Mansfeld avancé jusques en l'Alsace, Aubigné qui attendoit deux cents mille livres par lettres de change de la Rochelle fut adverti que quelqué gentil esprit de la Rochelle avoit proposé que ce grand affaire seroit mieux entre les mains de Monsieur le Duc de Bouillon : ce qui fut suivi gaillardement. Le Comte tourna donc vers Sedan, et en arriva ce que vous apprendrés en l'*Histoire*, le premier marchand demourant en croupe avec cinq cens pistoles de despence [1]. »

On conçoit le dépit de d'Aubigné. Mais il fut beau joueur et ne le montra pas trop. Dans des conjonctures aussi graves, les intérêts du Protestantisme passaient pour lui avant toute considération personnelle. En avisant Mansfeld qu'il s'effaçait devant Bouillon, il laisse bien voir quelque amertume, mais il ne l'en prie pas moins de ne pas l'oublier, s'il a quelque emploi à lui donner dans son armée :

Au Comte Mansfeld :

« Monsieur, j'avois eslougné vostre attente jusqu'à la fin de Novembre, et pour user de vostre bienveillance sans en abuser, sentant la misère, l'irrésolution et mauvaise espérance de vos requérans, j'avois en toutes mes lettres (ce que je vous prie marquer sans l'oublier) excepté et mis clause expresse, afin que mon traitté ne fist perdre à vostre Excellence les honorables et utiles occasions que maintenant elle prend par les cheveux... J'ai eu nouvelles que les difficultez de passer en ce lieu, et le choix d'un plus digne et plus puissant négociateur avoit faict tourner les affaires vers les Ardenes, et qu'avec deux Seigneurs de marque on y avoit envoyé une somme notable. Certes ce négoce accabloit mes espaules, et ne sera qu'un jeu au Seigneur que vous savez. Ayant veu le train que cela prend... j'ay creu me devoir entièrement décharger envers vous, hormis de tout service particulier, priant vostre Excellence que si elle passe dans le pays d'Alsasse, et qu'elle m'estime encore capable de donner un coup d'espée auprez d'elle, il luy plaise mettre les mains sur moy [2]... »

1. *Mémoires* (Réaume, t. 1, p. 100-101).
2. Réaume, t. I, p. 213-214.

La diversion du comte Mansfeld en faveur des Protestants français ne se produira que l'année suivante, au mois d'août, sans succès d'ailleurs ; il ne réussira pas à déboucher des Ardennes.

Montauban avait pu se passer de ce secours. Brillamment défendue par un officier de fortune, Saint-André de Montbrun, que Rohan avait mis à la tête de la garnison, par le gouverneur élu du pays, le comte d'Orval fils de Sully, par le duc de La Force et les siens, la vaillante ville tint bon contre tous les assauts, et usa peu à peu les forces ennemies. *Le gendre de d'Aubigné, Caumont d'Ade, remplissait l'office de sergent de bataille ;* mais sa conduite ne fut pas nette jusqu'au bout, et d'Aubigné, dans sa relation du siège[1], apparaît très préoccupé de le justifier. Il n'y réussit pas complètement.

L'armée royale avait paru devant la place le 17 août. Le bombardement commença le 1er septembre. Tout le commencement du mois fut occupé par les assauts furieux que le duc du Maine livra dans son secteur, assauts meurtriers et qui décimèrent la noblesse. Les Montalbanaises elles-mêmes avaient fait le coup de feu sur les remparts ou lapidé les assaillants. Le 16 septembre, « le duc du Maine, menant le duc de Guise nouvellement arrivé, et le comte de Schomberg à ses promenoirs (c'est ainsi qu'il nommait son travail), reçut une mousquetade dans l'œil gauche, sur la soirée, dont il mourut sans parler[2]. »

Son frère, le marquis de Villars, avait été tué quelques jours auparavant dans l'explosion d'une poudrière. Quand on apprit leur mort à Paris, une émeute éclata contre les Protestants : le temple de Charenton fut brûlé, il y eut quelques victimes.

L'échec de ces attaques avait incliné Luynes à tenter quelques pourparlers ; mais la ville ne voulait pas entendre parler de traiter en dehors de l'Assemblée de la Rochelle, ni de Rohan le généralissime, qui était le gouverneur protestant du Haut-Languedoc et avait son quartier à Castres. Deux envoyés de Montauban furent autorisés à aller le trouver, le gendre de d'Aubigné et le sieur de Nouaillan. Bien qu'ils fussent étroitement surveillés par un représentant de Luynes, qui leur

---

1. Cf. *Supplément inédit à l'Histoire universelle*, chap. xv à xx inclus, p. 93 à 159.
2. D'Aubigné, *Supplément inédit*, p. 117.

avait été adjoint, d'Ade vit Rohan en secret, et convint avec lui des voies et moyens pour introduire un secours dans la place à travers les lignes royales que sa mission lui avait permis de reconnaître. Ce secours fut confié à Beaufort, qui fit un détour pour venir par Saint-Antonin [1]. Mais, faute de bons guides, il fut obligé une première fois de rétrograder. Il repartit de Saint-Antonin le 27 septembre, et à la première halte, le chef harangua ses soldats pour raffermir leur résolution par ces belles paroles :

« *Compagnons, dès que nous serons montez hors ce valon, nous marchons dans le danger, parmi des ennemis avertis ; ne refusons point nos courages à Dieu, il se rendra de la partie à la délivrance des églises et du pays, à un effet que les siècles magnifieront. En sauvant Montauban, nous sauvons la paix. Voyez quels peuples nous béniront d'avoir été instrument de leur repos. L'entreprise est périlleuse ; c'est ce qui la fait belle. En tout cas, alons sacrifier nos vies au relèvement de la foi publique et de nos libertez* [2]. »

Beaufort comptait passer à la faveur de la nuit, mais il fut trahi. L'alarme avait été donnée dans les quartiers royaux, des feux s'allumaient au haut des clochers et sur les lieux élevés. Sa marche était harcelée par des estradiots. Finalement, il tomba aux mains de l'ennemi avec une partie de sa troupe ; une moitié seulement réussit à atteindre Montauban :

« Or donc, à la veue des flambeaux et au son des toscsains, se jettèrent à la contrescarpe six cens trente hommes de conte fait, avec neuf drapeaux et quelque vingtaine de blessez [3]. »

Ce n'en était pas moins un demi-succès que l'entrée de ce secours dans la ville assiégée, de quoi réconforter les défenseurs et décourager les Royalistes. Aussi Luynes, furieux, rendit d'Ade responsable. Il l'aurait empêché de revenir à Montauban, malgré le passe-port qui lui avait été délivré :

« Seulement, vous diray-je, rapporte d'Aubigné [évidemment d'après le récit de son gendre] [4], que Dadde, pensant rentrer dans la ville, fut mené au cabinet du Roi, où ne se trouva que Sa Majesté, le Conestable et le Grand Prévost. Là, après

---

1. Sur l'Aveyron, Tarn-et-Garonne.
2. *Supplément inédit*, p. 129-130.
3. *Supplément inédit*, p 132.
4. D'Ade se rendit à Genève en 1622 : cf. ci-dessous, p. 126.

toutes les promesses repoussées, le Conestable dit qu'il ne lui faloit point espérer rentrer dans Montauban. Sur la foi du Roi alléguée par lui on répliqua que le sauf-conduit estoit pour ceux de Montauban et qu'il estoit d'ailleurs et d'une autre qualité. Comme il se vouloit escrier davantage, le Conestable dit : Vous avez abusé du passeport, car vous aves mesnagé et dirigé le secours, lui avez fait prendre le chemin que vous aviez reconnu en alant ; le duc de Rohan a tout fait par vostre avis. Il y va de la teste. — Dadde a confessé qu'il n'avoit jamais esté catéchisé d'un Roi, d'un Conestable et d'un Grand Prévost et qu'il s'estonna, pensant avoir fait assez de refuser le service du Roi qu'on lui offroit à bon conte et de prendre sa maison pour prison. C'est cela qui lui empescha le retour et non les mescontentemens [1]. »

Ce qui surprend dans cette version, c'est qu'elle est contredite par d'Aubigné lui-même, qui, un peu plus haut dans sa relation, avait noté le retour de d'Ade à Montauban [2]. Il en était donc reparti depuis ? Et, en effet, c'est bien ainsi que les choses se sont passées. *Un Journal du siège rédigé par un ministre protestant* nous le confirme [3]. Mais alors nous devons supposer, pour tenir compte de l'excuse qu'il donna à d'Aubigné, que ce ne fut pas volontairement qu'il en repartit, mais en vertu d'un engagement pris. Il aurait été dès ce moment prisonnier sur parole. Tout cela aurait eu besoin d'être précisé et éclairci davantage, car il subsiste un doute, quelque chose de suspect ou d'équivoque dans la conduite de d'Ade, puisqu'il fut accusé d'avoir renseigné le grand maître de l'artillerie royale sur les effets du tir, et de lui avoir conseillé de concentrer ses batteries à un certain endroit. D'Aubigné ne nie pas le fait, mais il l'explique... à sa façon. D'Ade aurait trompé les Royaux et indiqué justement un emplacement d'où le bombardement n'était pas efficace. Le malheur est que les assiégés ne furent pas de cet avis [4].

1. *Supplément inédit*, p. 134.
2. *Ibid.*, p. 119.
3. Le Journal du pasteur Henry Jolly, publié en 1623, à Leyde sous le titre *Histoire particulière des plus mémorables choses qui se sont passées au siège de Montauban*. D'Aubigné s'en est beaucoup servi. Notamment la harangue de Beaufort rapportée ci-dessus lui est empruntée.
4 Cf. *Supplément inédit*, p 141-142 et la note de la page 142. M. Plattard cite ce passage de l'*Histoire particulière* : « Schomberg, comme intendant extraordinaire de l'artillerie, print enfin garde (adverti *au dire des assiégés par Dade, qui avoit quitté la ville depuis son retour de Castres*) que les canonniers perdoient leurs coups contre Ville-Bourbon... et qu'une batterie assise au-delà de Tescou nous nuiroit plus... ».

En octobre, une entrevue entre le duc de Rohan et Luynes, au château de Reyniès, à une lieu de Montauban, n'aboutit pas, le Connétable offrant à Rohan, son parent, « la carte blanche pour son particulier », c'est-à-dire tous les avantages qu'il voudroit, s'il consentait à traiter pour lui seul, et celui-ci refusant généreusement d'abandonner l'Assemblée. Luynes lui représentait que le Parti n'avait à compter sur aucun concours étranger ou intérieur, et le menaçait, s'il s'entêtait, de la confiscation de ses biens : « Il vous faut résoudre à une perte ignomineuse et assurée, ou à relever votre maison plus qu'elle ne fust jamais. » Et Rohan ripostait que toujours dans le passé les Huguenots avaient commencé par se faire battre, mais qu'ensuite « l'inquiétude de l'esprit françois, le mescontentement de ceux qui ne gouvernoient pas et les secours estrangers les ont toujours remis ». C'était reconnaître que la religion n'était pas le seul mobile de ceux qui avaient soutenu contre la Royauté les guerres antérieures. On s'en doute, mais l'aveu a son prix dans la bouche d'un grand chef protestant [1]. Croyait-il sincèrement que cette fois encore un revirement pouvait se produire dans la situation, et que le Parti, qui était divisé contre lui-même, attirerait des alliés ? En tout cas, il disait vrai en faisant observer à Luynes que sa haute fortune reposait sur des bases fragiles, et qu'à poursuivre un triomphe trop complet, il risquait de tout compromettre :

« Je considère bien le péril auquel je me trouve. Mais je vous prie de regarder le vostre : vous estes haï universellement, parce que vous possédez seul ce qu'un chascun désire [2]. »

Voilà de la psychologie politique. Rohan avait raison. Aussi quand après un mois de nouveaux combats, où la lutte continua avec autant d'acharnement — c'est le moment où le ministre Chamier fut tué d'un coup de canon [3] — l'armée royale, épuisée par ses pertes et par la maladie (une forme de peste), se résigna à lever

1. D'Aubigné reproduit les propos échangés (*Supplément à l'Histoire*, p. 125-139) d'après les *Mémoires de Rohan* dont il avait eu connaissance en manuscrit.

2. *Supplément inédit*, p. 137.

3. Le 16 octobre, jour d'assaut général, qui échoua, comme il l'avait prédit dans son sermon de la veille en rappelant la promesse faite par le Prophète à Jérusalem qu'assiégeaient les Assyriens : « Non, non ! ils n'y entreront pas, ils s'en retourneront par le chemin qu'ils sont venus ». Il aurait annoncé aussi sa mort à ses amis : cf. *Supplément inédit*, p. 117 et note 1.

le siège [1], la déception et le regret de tant d'efforts et de sacrifices inutiles éclatèrent en imprécations contre l'impéritie du connétable improvisé. Il eut beau se défendre dans des apologies qui renvoyaient à d'autres la responsabilité de l'échec [2], il n'eût sans doute pas évité la disgrâce, s'il n'avait eu la chance — relative — de succomber au bon moment devant la petite place de Montheurt (14 décembre 1621).

D'Aubigné qui, comme historien, se pique d'être juste envers les ennemis du Protestantisme, lui a consacré quelques lignes d'oraison funèbre :

« Si quelcun dit que Luynes se passeroit bien d'un éloge (que nous donnons ordinairement aux testes les plus eslevées), le Connestable pourtant en veut un : nous disons donc qu'aiant pris pied aux grâces du Roi par une vile humilité, puis fait son progrez par des plaisirs serviles, il s'affermit dans l'eslévation, se fit homme d'affaires dans les affaires, et forgeron en forgeant [3]. »

Sa disparition pouvait aider au rétablissement de la paix. Les Réformés le considéraient comme le boute-feu de cette guerre, et lui rendaient la haine dont ils le croyaient animé à leur égard. Il leur serait plus facile maintenant, semble-t-il, de faire acte de soumission au Roi. L'ambassadeur d'Angleterre s'entremettait pour y amener l'Assemblée. Louis XIII était rentré à Paris en triomphateur (28 janvier 1622), salué par les acclamations de la population, et il était allé à Notre-Dame célébrer par un *Te Deum* ses victoires sur les hérétiques. L'écho de ces fêtes parvint jusqu'en Suisse :

« Vous pouvez savoir d'ailleurs, écrit d'Aubigné à deux notables de Berne, l'entrée du Roy à Paris, la grande despence des Parisiens, où l'on remarqua particulièrement des mandilles en broderie de diamans estimez jusques à six ou sept mille escus... »

On parle de paix, dit-il, les avis sont partagés à la Cour. En attendant les Protestants améliorent leur position :

---

1. Par échelons, du 6 au 13 novembre 1621.

2. Cf. *Supplément*, p. 155 et sq.,, chap. xx, *Reproches mutuels du lèvement du siège*.

3. *Supplément inédit*, p. 172. Il y a dans les poésies satiriques de d'Aubigné un sonnet épigrammatique, où il menaçait Luynes (peut-être après coup) de cette fin prématurée : « Adieu à un chef de guerre qui alloit au siège de Montauban. » (Ed. Réaume, t. IV, p. 341, le XXIII• des *Sonnets épigrammatiques*). Voir aussi même tome, à la page 386, un quatrain (*Tombeau*) sur sa mort.

« La Rochelle continuë à se fortifier en mer, toutes les villes de haute et basse
Guyenne et Languedoc en terre ; ils se vantent maintenant qu'ils ont trente Mon-
taubans ; et M. de Rohan a dict du premier, qu'au lieu de quinse mille hommes,
qu'il en faloit 50.000 pour le rassiéger [1]. »

Le Parti avait perdu une centaine de places pendant la dernière campagne.
Traiter dans ces conditions et sur cette base lui paraissait désastreux. C'est pourquoi il essayait de profiter de l'accalmie hivernale pour faire quelques opérations
de détail fructueuses. En Guyenne plusieurs places furent reconquises. En Poitou
surtout Soubise remporta des succès marqués. Il avait occupé l'ile d'Oléron
(novembre) et pris Royan (décembre). Il installa un poste fortifié dans l'ile déserte
d'Argenton, au milieu de l'estuaire de la Gironde, pour prélever des redevances
sur les bateaux (janvier 1622). Il préparait une expédition contre les Sables-
d'Olonne. Mais, dans le Languedoc, Rohan était paralysé par les divisions locales,
par sa querelle avec Châtillon devenu suspect au Parti, par le conflit entre l'Assemblée de cercle de Montpellier et les provinces mêmes d'où elle émanait.
Aussi était-il assez disposé à entrer en conversation avec Lesdiguières (le gouverneur de Dauphiné) qui était encore protestant, quoiqu'ayant abandonné la
Cause, et qui cherchait à réconcilier le Roi avec ses sujets réformés. L'Assemblée
de la Rochelle consultée autorisait Rohan à négocier ou l'arrêtait, suivant les
vicissitudes de la situation militaire, et les espérances qu'elle en concevait. Après
les succès de Soubise elle se montra beaucoup plus récalcitrante, et, dans l'entrevue que Rohan eut avec Lesdiguières à Laval Notre-Dame (près d'Alais, le 25 mars
1622), il formula des exigences inadmissibles [2].

*Cependant à la Cour deux opinions adverses se disputaient l'influence du
Roi,* celle des partisans de la paix avec les Réformés, celle des irréductibles qui
voulaient mener la guerre jusqu'au bout et en finir avec les rébellions protestantes.
Condé, venu à la faveur depuis la mort de Luynes, était pour cette solution énergique et radicale, et quand on lui représentait les nécessités de la politique étrangère, et tout ce que nous faisait perdre au dehors cette lutte intestine, il savait

1. Cf. Ed. Réaume, t. I, p. 220-221.
2. Cf. Anquez, *Assemblées politiques des Réformés*, p. 367-371.

bien répondre que précisément la France ne retrouverait sa liberté d'action extérieure qu'après avoir mâté le Parti. Mais dans le Conseil il n'avait pas la majorité.
La plupart des ministres opinaient pour la conciliation, soutenus par la Reine-
Mère, à qui Richelieu ouvrait les yeux sur les événements européens. Pourvu que
l'autorité du Roi fût sauve, et qu'il ne rendît pas les places prises, elle était d'avis
qu'il se montrât généreux.

*Il est certain qu'il y avait un intérêt urgent pour la France à ne pas rester
longtemps absente des affaires du continent.* Sa carence laissait le champ libre
aux entreprises de domination des deux grandes puissances catholiques, ses rivales,
l'Autriche et l'Espagne. L'Empereur Ferdinand avait chassé de ses États et dépossédé l'Électeur Palatin Frédéric V, gendre du Roi d'Angleterre, que les Bohémiens
avaient voulu lui opposer. Dans la Valteline l'Espagne se moquait de nous, et,
malgré les engagements pris[1], non seulement elle n'évacuait pas la vallée, mais
même elle imposait par traité[2] aux Grisons d'y renoncer et de reconnaître son
occupation Le nouveau Roi, Philippe IV (qui avait succédé à son père le 31 mai
1621), s'annonçait comme un prince belliqueux et voulait reconquérir la Hollande.
A l'expiration de la Trève de douze ans, à laquelle avait présidé Henri IV, il recommençait la guerre. Ainsi les circonstances étaient pressantes. Il était grand temps
que la France se manifestât et rendît confiance aux petites nations, qui étaient
habituées à voir en elle une protectrice contre la tyrannie de la double monarchie habsbourgeoise.

Les Réformés que n'aveuglait pas l'esprit de parti n'étaient pas fermés à ces
considérations. Non seulement Lesdiguières, mais Bouillon, mais Sully, Duplessis
et bien d'autres déploraient cette malheureuse guerre et s'employaient à y mettre
fin. Et d'Aubigné ? Que pensait-il de la situation, comment la jugeait-il à ce moment critique, où elle pouvait évoluer dans un sens ou dans l'autre, soit vers la
paix, soit vers une reprise au printemps et un redoublement des hostilités fratricides ?

*Il a écrit pendant cette période d'incertitude un opuscule intitulé « Traitté
sur les Guerres Civiles »* qui était destiné à la publicité, mais que la pression de ses

---

1. Traité de Madrid du 25 avril 1621.
2. Traité de Milan du 29 janvier 1622.

amis lui a fait jeter « dans un fond de coffre » afin de ne pas exciter davantage les passions [1]. C'est assez dire quelle en était l'inspiration. Mais c'est dire aussi que ce manifeste étouffé a été connu de plusieurs, et qu'il a pu avoir une influence sur l'attitude des intransigeants de la Rochelle. Au reste, même sans cela, il ne serait pas resté lettre morte, car les idées que d'Aubigné y expose ont passé en actes dans sa correspondance politique, dans les efforts qu'il déploya — avec l'autorité officielle dont l'avait investi l'Assemblée — pour rallier les forces de tout le Protestantisme européen contre le péril commun d'une réaction catholique universelle. Partout il jette le cri d'alarme, partout il fait entendre comme le toscin des Églises protestantes. Les raisons et les justifications de cette croisade, qu'il prêche dans ses lettres avec des arguments appropriés à chaque pays et à leurs conditions diverses [2], on les trouve rassemblées et coordonnées dans le *Traité sur les Guerres Civiles*, qui, malgré son titre, n'a rien de théorique, et qui offrait au contraire, à l'époque où il fut composé, un très vif intérêt d'actualité. C'était en particulier une approbation sans réserves de la guerre qu'avait provoquée l'Assemblée de la Rochelle, et un encouragement à la poursuivre sans défaillance. Pour quels motifs ? En voici l'exposé très sommairement résumé.

La thèse de ceux des Réformés qui se faisaient les avocats de la paix, c'est que cette guerre n'était pas nécessaire, qu'elle n'avait été voulue ni par la Cour, ni par la nation catholique, et que le Parti s'était jeté lui-même dans cette tourmente par la faute de quelques meneurs, en épousant intempestivement la querelle des Églises béarnaises. Mensonges ! proclame d'Aubigné, affirmations perfides qui ne tendent qu'à démoraliser les Protestants en les faisant douter d'eux-mêmes et de la bonté de leur cause. La vérité selon lui, la vérité absolue, c'est qu'ils

---

1. Cf. Réaume, t. II, p. 3 et sq.

2. Cf. notamment : Lettre à M. d'Arsens ambassadeur des Provinces-Unies à Paris (1621) pour solliciter le secours de la Hollande en faveur des Réformés français, t. I, p. 131 ; aux Seigneurs de Berne en 1622 (début de l'année, t. I, p. 217 et juillet t. I, p. 226); à M. de Lutzelman, magistrat de Bâle, en 1622 également, t. I, p. 145 et 222. On peut rapprocher ces lettres aux villes suisses de la pièce épigrammatique assez virulente *Aux dégénérés suisses*, t. IV, p. 362. Voir encore un passage du Mémoire aux Seigneurs de Genève sur les fortifications de leur ville : « Le throne d'Hespagne ayant changé de personne a retardé quelques accidents, mais non pas desmordu ce que les prescheurs appellent *le grand desseing.* » (t. I, p. 585). Le Grand Dessein, c'est-à-dire l'établissement de l'absolutisme catholique et la destruction de toute liberté politique et religieuse.

font une guerre de légitime défense, et qu'il y va du salut même de la Religion dont l'existence est en jeu. Leur immixtion dans les affaires du Béarn, qu'on leur reproche tant, n'est qu'un prétexte invoqué contre eux pour les abattre ; à défaut de celui-là on en aurait trouvé un autre. La guerre actuelle n'est, en effet, qu'un épisode d'une vaste entreprise contre toutes les libertés religieuses ou politiques, qui a son centre à Rome et qui est dirigée par trois tyrans, le Pape, le Roi d'Espagne, l'Empereur. La monarchie française s'est inféodée à cette trinité diabolique ; il s'agit de savoir si le pays se soumettra sans résistance.

Les preuves de cette ténébreuse conspiration ? D'Aubigné en a plein son sac, et il les apporte avec une assurance parfaite. Il y croit dur comme fer, et il ne doute pas qu'elles ne paraissent décisives aux autres comme à lui-même.

Les faits connus ne sont-ils pas déjà assez édifiants ? Et il rappelle [1], les tristes incidents de Saumur (1611), tout ce travail d'intrigues et de corruption accompli par la Cour, autour et dans le sein de l'Asssemblée, pour la diviser contre elle-même et décomposer le Parti. Là est la genèse du mal, là s'est exercé le premier effort de désorganisation, qui a été inlassablement poursuivi depuis. Les discordes des chefs, les défections soudoyées, la propagande insidieuse des « faux pasteurs », les suspicions généralisées, et ces appellations nouvelles de « Fermes » et de « Prudents » qui marquent la séparation en deux camps de frères devenus ennemis, toute cette désagrégation morale est sortie des mauvais germes de Saumur.

Objectera-t-on que la Cour a seulement profité des circonstances, des fautes du Parti, des défaillances individuelles, sans plan préconçu ? D'Aubigné ne l'admet pas. Toutes ces conséquences ont été voulues, préméditées par l'action patiente d'une malfaisance consciente. L'affaire de Béarn en est une nouvelle démonstration. Elle fut montée pour provoquer et exaspérer les Huguenots. — Donc il ne fallait pas tomber dans le piège ? — D'Aubigné n'entendrait pas. Il aurait d'ailleurs une réponse [2]. La Réforme est partout solidaire. Laisser sacrifier le voisin n'est pas seulement une lâcheté, c'est une maladresse, car c'est s'exposer soi-même à être plus tard frappé sans plus de secours. Puis, à regarder au fond

1. Cf. le chap. ii, éd. Réaume, t. II, p. 5 et sq.
2. Cf. son chap. v, éd. Réaume, t. II, p 20 et sq.

des choses, la question de Béarn, quoi qu'on en dise, était réellement vitale pour les Églises de France. Le Béarn et la Navarre protestante étaient une sorte de rempart contre la contagion et les menées du Catholicisme espagnol[1]. C'est pourquoi Rome voulait faire sauter cette barrière. Car si l'on remonte à la source de toutes ces machinations, c'est toujours à Rome qu'on aboutit et à ses noirs agents, les Jésuites.

De cela d'Aubigné est sûr ; il le sait de science certaine, il a vu des documents authentiques et irréfutables, qui lui ont révélé tout le complot ourdi contre la Réforme et la liberté à travers le monde. Et c'est ici qu'intervient *la curieuse histoire de Gaspard Baronius,* le neveu du Cardinal, fugitif de la Cour pontificale par remords d'avoir condamné au martyre « le petit Capucin » de Rome[2], et qui, emportant des mémoires de la congrégation de la Propagande, les aurait communiqués à une assemblée de « doctes protestants » tenue au logis de M. de Bouillon. La compagnie désigna d'Aubigné et un pasteur pour en prendre connaissance. C'est là qu'il se fit savant en secrets d'État[3]. Étrange aventure, qui ressemble fort à un roman, et qui pourrait nous laisser sceptiques s'il ne l'avait racontée plusieurs fois, lui faisant même les honneurs de l'*Histoire universelle*[4]. Là il fournit une indication qui permet de fixer, ou du moins de supposer avec beaucoup de vraisemblance l'époque de cette communication. L'assemblée réunie chez Bouillon avait pour objet de « défendre la créance de Madame ». C'est donc très probablement au moment où sa foi subit le plus rude assaut, lors du séjour qu'elle fit à Paris avec sa belle-famille de Lorraine, en 1601 (du 13 juillet au 17 décembre), quand tout fut mis en œuvre pour la convertir. Bouillon fut le témoin de ses angoisses, et, pour d'Aubigné, j'ai expliqué précédemment[5] les raisons qui me faisaient croire qu'il se trouvait aussi à Paris, et qu'il assista Madame dans cette épreuve.

Quoi qu'il en soit de cette question de date, elle n'a ici qu'un intérêt secondaire ; ce qui importe, c'est le contenu des mémoires que Baronius montra à d'Au-

---

1. Voir au chap. IV, la p. 15 (Réaume, t. II).
2. Le Capucin Le Maigre. Cf. *Tragiques,* éd. Réaume, t. IV, p. 181-185, et mon chap. XI § 3 (la partie concernant *les Feux*) p. 211 du 2ᵉ volume.
3. Cf. le chap. IV du *Traité sur les Guerres civiles* (Réaume, t. II, p. 13 et sq.)
4. Cf. *Histoire universelle,* éd. Ruble, t. IX, p. 199-200. Voir aussi *Mémoires* (Réaume, t. I, p. 91-92).
5. Cf. mon chap. XII, § 1, p. 297 à 301 du 2ᵉ volume.

bigné. Or il prétend y avoir lu tout l'avenir prochain, prémédité par la Cour de Rome : la conspiration du Duc de Savoie contre Henri IV « où trempa depuis le dernier mareschal de Biron » (1602), l'affaire de la Valteline et des Grisons, le coup de force contre les Églises de Béarn, l'arme forgée pour miner le Protestantisme hollandais au moyen de l'hérésie arminienne, etc., etc.

Toutes ces prévisions ne concernaient que l'Occident. Baronius n'avait pas les mémoires des autres régions. Si les événements y étaient annoncés avec la même sûreté, le Pape aurait été vraiment en droit de se dire le représentant de Dieu sur la terre, ayant comme lui la puissance par la prescience.

Sans suspecter la bonne foi de d'Aubigné, ni la véracité de son récit qui invoque ou cite d'autres témoignages que le sien, il est permis de se demander si ce Baronius n'était pas un imposteur, et si ses documents n'étaient pas falsifiés. Il exerçait une vengeance contre la Papauté ; il a pu lui prêter des desseins imaginaires. — Mais ils se seraient réalisés ? — Qui sait si d'Aubigné n'a pas été dupe d'une sorte de mirage rétrospectif, et s'il n'a pas interprété après coup, suivant la leçon des faits, de très vagues projets ? Lui-même nous dit que, pour ce qui a trait à la Savoie, il y avait « quelques obscuritez [1]. » Et sans doute aussi pour le reste. Les croyants comme lui, habitués au sens enveloppé des prophéties bibliques, sont assez portés, sans même s'en rendre compte, à solliciter un texte pour lui faire dire ce qu'ils veulent. A plus forte raison est-ce facile quand on ne l'a plus sous les yeux, et qu'on n'en a gardé qu'un souvenir plus ou moins précis.

Certes la lutte contre la Réforme devait être une des préoccupations constantes de la Cour de Rome. Mais de là à avoir arrêté plusieurs années d'avance tout un programme d'action, avec ses diverses étapes, il y a une distance. Tant de choses inattendues pouvaient déranger les combinaisons les mieux ordonnées, qu'une telle prévoyance à longue échéance eût été à peine raisonnable.

D'Aubigné est bien obligé de reconnaitre que l'inconnu joua, en effet, un rôle et que le « Grand desseing » de Rome dut s'y accommoder :

« A la vérité nous le trouvons traversé de deux choses, l'une des mouvements du Prince de Condé et de la Royne, et par cela quelques choses retardées en France ;

1. Cf. *Histoire*, t. IX, p. 201.

nous en trouvons d'autres avancées en Allemagne par l'élection de Bohême[1]. »

Ici des retards, là des avances. Ailleurs l'événement n'a pas été du tout conforme au pronostic. Par exemple les Cantons protestants de la Suisse devaient, d'après Baronius, être partagés entre le Duc de Savoie et les cantons catholiques. Rien de tel ne s'est produit, et la Savoie a fait une politique opposée, s'alliant à la France et à Venise pour arracher à l'Espagne la Valtaline et la rendre aux Grisons[2].

Décidément le Vicaire du Christ n'était pas l'égal de Dieu. Mais a-t-il vraiment songé à tant de bouleversements? Et si les révélations de Baronius n'avaient pas la précision ni la portée que d'Aubigné leur attribue à distance, qu'en restera-t-il pour appuyer sa thèse de la guerre défensive, faite légitimement par le Parti pour prévenir une destruction concertée entre ses ennemis ? Sa démonstration repose sur une base fragile, et réclame de nous un acte de foi, que nous sommes en droit de lui refuser. Mais alors l'affaire de Béarn, soustraite à cette optique spéciale qui règne dans le *Traité sur les Guerres civiles*, ne nous apparaîtra plus reliée à un ensemble de machinations romaines contre le Protestantisme européen ; elle ne sera plus qu'un différend local, d'ailleurs ancien, et subitement aggravé par des fautes et des maladresses réciproques, un différend auquel les Réformés français auraient pu ne pas se mêler, en tout cas qui ne justifiait pas de leur part un recours aux armes. Et l'Assemblée de la Rochelle demeurera avec la lourde responsabilité d'avoir rompu sans raisons suffisantes le pacte de l'Édit de Nantes, et paralysé la politique étrangère de la monarchie, au moment où se posaient au dehors des questions de première importance.

D'Aubigné a composé vers la même époque que le Traité sur les Guerres civiles un autre opuscule politique, en apparence plus théorique, le traité sur le « *Debvoir mutuel des Roys et des subjects*[3] ». Il y établit sur l'autorité des livres saints, des juriconsultes anciens, des lois de l'État français, enfin sur l'histoire même du Parti réformé[4], le droit des sujets à se révolter contre le Prince qui abuse de

1. *Traité sur les Guerres civiles,* chap. ix, p. 14 du t. II (Réaume).
2. Traité de Paris, 7 février 1623.
3. Cf. Ed. Réaume, t. II, p. 35 à 69.
4. C'est l'occasion pour lui de reprendre presque mot pour mot (au chap. v, p. 57 à 60) un passage

son pouvoir, surtout en matière religieuse, et qui exerce une tyrannie sur les consciences. C'est bien la thèse du *Traité sur les Guerres civiles*, mais présentée d'une
façon plus générale, et qui ne semble pas d'abord viser spécialement la situation
du Protestantisme pendant la crise française et européenne de 1621-1622. En fait,
c'est bien elle que d'Aubigné a en vue. *Le Traité sur le Debvoir mutuel des Roys
et des subjects fonde le droit,* le *Traité sur les Guerres civiles en fait l'application*
à des circonstances particulières, à un cas donné. Voilà toute la différence des deux
ouvrages. Le second nous fournit un exemple, une illustration de la doctrine politique exposée dans le premier; mais, dans celui-là même, peut-on se tromper sur
les intentions et les arrière-pensées de l'auteur, quand on lit des phrases comme
celle-ci, pour peindre la triste condition des Huguenots, ayant sur leurs têtes, ainsi
qu'il le dit, la pesante domination de l'Injustice ?

« Et s'il faut regarder au dernier degré de ce qui est sur nous, nous y verrons
un Roy pour lequel nous fleschissons tous les jours les genoux devant Dieu, et
pour la vie duquel nous ferions jonchée des nostres de bon cœur : nous voyons ce
Prince fasciné par les empoisonneurs des aames [1], courant et rugissant comme un
lion à la mort et à la ruine de ceux en qui il trouvoit fidélité. Et encor pour rendre
plus insupportable le fardeau de ceste domination, nous voyons sur les espaules et
sur la perruque de nostre Prince, né Souverain, les pieds infàmes et puants de l'An-
techrist qui enfange de sa pantoufle les fleurs de lys et fait son marchepied du
diadème françois [2]. »

L'allusion n'est-elle pas assez claire à la situation de 1621-1622, et à ce projet
d'extermination des hérétiques qu'il prête à Louis XIII, sous l'influence de la secte
satanique des Jésuites, et de la Cour de Rome ?

Le fait est que le jeune Roi s'élança de nouveau « comme un lion » à l'attaque
des rebelles au printemps de 1622. D'Aubigné dut y voir une confirmation de ses
sombres prévisions. Les députés que Rohan avait envoyés à Paris pour traiter,

de l'*Histoire universelle*, où il défendait ses coreligionnaires contre les reproches qu'on leur adressait pour
leur abstention au siège d'Amiens en 1598. (Cf éd. Ruble, t. IX, p. 283 à 287.)
    1. Formule à rapprocher d'un passage de la lettre-pamphlet au Roy Louis XIII en 1621 : « Les fasci-
nateurs de vostre entendement et de vostre courage... » Cf. Réaume, t. I, p. 501.
    2. Chap. vii du traité, éd. Réaume, t. II, p. 67-68.

après son entrevue de Laval avec Lesdiguières, ne purent même pas avoir audience du Roi avant son départ et furent obligés de courir après lui en campagne :

« Tout cela, dit d'Aubigné, [c'est-à-dire la députation] va à la Cour, où ils furent assez bien receus, jusques à Pasques fleuries, que les solliciteurs de la guerre desrobèrent le Roi de Paris, le faisans sortir par le derrière des Tuileries et, le conduisans à Orléans. sous prétexte d'y faire ses dévotions, lui firent prendre le chemin de Nantes [1]. »

D'Aubigné accuse les solliciteurs de la guerre dans le camp catholique, c'est-à-dire Condé, Schomberg [2], le cardinal de Retz, etc. Mais s'il était juste, il en verrait aussi dans son parti, et il pourrait s'accuser lui-même. Toute son influence s'était exercée, nous venons de le constater, dans le sens d'une résistance à outrance, et d'autre part il n'avait pas cessé de jeter le soupçon sur l'intervention de Lesdiguières. Car il avait été informé un des premiers par des avis secrets, venus de Grenoble [3], que la Cour offrait au vieux Maréchal, s'il consentait à se convertir, la dignité de Connétable de France. Depuis, il se méfiait de lui, et il avait vu d'un mauvais œil ses pourparlers avec Rohan [4]. La reprise des hostilités avait donc de quoi le satisfaire en un certain sens.

En réalité l'offensive de Louis XIII ne fit que répondre à celle du frère de Rohan, M. de Soubise, dans le Poitou, et à la mauvaise volonté que l'Assemblée de la Rochelle apportait aux négociations de paix, en raison même des succès de Soubise pendant l'hiver. Elle dut amèrement le regretter ensuite, car cette campagne de 1622 fut une répétition de celle de l'année précédente. Rien ne tint d'abord contre l'armée royale.

Soubise fut le premier mis hors de combat, s'étant laissé surprendre par l'irruption soudaine des troupes catholiques dans une île du Marais vendéen, au nord de

---

1. *Supplément inédit à l'Histoire*, p. 239.

2. Henri de Schomberg, le fils de l'ancien colonel général des Allemands sous Henri III et Henri IV (Gaspard de Schomberg), était alors surintendant des finances et grand maître de l'artillerie et le véritable chef du ministère.

3. Cf. HEYER, *D'Aubigné à Genève*, p. 22. On trouve trace sur les *Registres du Conseil* de cette communication dont d'Aubigné lui avait fait part, en lui demandant son avis sur diverses questions pour lesquelles il était consulté par ses coreligionnaires de France.

4. Cf. deux lettres de d'Aubigné à Bouillon, au début de 1622, où se manifeste cette défiance contre Lesdiguières, éd. Réaume, t. 1, p. 199 et 224.

Saint-Gilles-sur-Vie. Ce fut un sauve-qui-peut. La cavalerie se tira d'affaire, mais les
gens de pied n'ayant pu fuir sur des bateaux, que la marée ne fut pas assez forte
pour renflouer, furent dispersés, assommés par les paysans, ou faits prisonniers
et envoyés aux galères. Mauvais augure que cette déroute de Rié (16-17 avril 1622),
et la suite ne le démentit pas. La chute de Royan, qui se rendit à d'Épernon (7 au
11 mai), en fut la première conséquence. Soubise s'embarqua pour l'Angleterre,
d'où il espérait ramener du secours.

Pendant ce temps, Louis XIII descendait en Guyenne, et recueillait partout sur
son passage des soumissions faciles. Quelques villes cependant mirent un peu de
lustre sur les armes huguenotes. Tonneins avait fait, en mars et avril, une belle
résistance au duc d'Elbeuf, et le maréchal de camp de ce prince, Vignolles, rend cet
hommage à ses défenseurs : « *Ceux-ci se sont trouvez de la race de ces vieux huguenots, qui autrefois ont si bien défendu leurs places* [1]. » Mais La Force, qui leur
avait donné son fils pour chef, et qui, de Clairac, avait tout fait pour les aider,
n'en remit pas moins au Roi, peu après, ses places de Sainte-Foy et de Monflanquin
« pour un estat de maréchal et deux cents mille escus, emmenant avec soi ses enfants,
sans prendre congé ni donner avis à l'Assemblée [2] » (24 mai). Triste exemple qui fut
imité. Condé, qui entraînait le Roi, voulait frapper les villes de stupeur et de terreur.
A Nègrepelisse, qu'il fut contraint d'emporter d'assaut, il se conduisit en bourreau :

« Tout ce qui se trouva d'hommes, de femmes, de filles et d'enfans fut esgorgé ;
quelques femmes, aiant passé la rivière avec leurs enfants au cou, furent violées,
puis assommées, des enfants mis au bout des piques. Ceux qui se sauvèrent dans le
château capitulèrent et furent tous pendus [3]. »

La ville fut brûlée le lendemain avec six à sept cents morts (8-12 juin).

Le Roi entra dans le Languedoc. Il séjourna en juillet à Béziers, enlevant une
à une les petites places de la région, pour isoler Montpellier et en préparer le siège.

C'est pendant ce mois de juillet que Lesdiguières abjura le Protestantisme à
Grenoble :

« Ceste mutation, dit d'Aubigné avec une sévérité qui se contient un peu par

1. *Supplément inédit à l'Histoire universelle.* p. 216.
2. *Ibid.*, p. 210.
3. *Ibid.*, p. 217.

respect pour un grand homme de guerre, fut longtemps de dure digestion à ce vieux capitaine; mais enfin les remontrances de ses vieux serviteurs, les tressauts de la conscience, l'esgard du parti où il avoit pris son avancement, la charité[1] de ses amis, la considération d'une constante vieillesse, et la difficulté de porter honneur à ce qu'il avoit eu en horreur, tout cela fut vaincu par les habiles solicitations de trois ou quatre émissaires, par celles de sa femme prises aux heures favorables, par l'esclat de Connestable et l'utilité du taillon, et, plus que tout cela, par la terreur qu'il avoit prise de la ruine apparente de son parti[2]. »

Du moins lui épargna-t-il le coup de pied de l'âne. Il refusa, comme Henri IV, la parade d'une dispute théologique, d'où la Religion protestante aurait pu sortir vaincue. Les cérémonies de l'abjuration commencèrent le 24 juillet et durèrent quatre jours. Dès la première journée, au retour de la messe, le maréchal de Créqui, son gendre, lui présenta de la part du Roi ses lettres de nomination à la dignité de Connétable, que la mort de Luynes avait laissée vacante, et le gouverneur de Lyon Alincourt, fils de Villeroy, lui apporta les insignes de l'Ordre du Saint-Esprit.

Malgré ces récompenses, il n'avait pas obéi à des motifs vils en se convertissant; il avait seulement voulu témoigner qu'il mettait désormais la Patrie au-dessus du Parti, et qu'il ne pouvait rester associé à une cause où la Religion servait de prétexte à des rébellions de moins en moins justifiées, qui empêchaient la France de jouer au dehors un rôle digne d'elle. Mais il demeurait dévoué à ses anciens coreligionnaires, et il allait employer auprès du Roi son autorité accrue pour leur ménager, malgré leurs erreurs, une paix honorable.

D'Aubigné repoussait ces services d'un infidèle. Il écrivait aux magistrats de Berne :

« M. le Conestable dict à ses familiers que sa révolte n'est pas cognoissance de religion, mais au bien des Églises pour lesquelles il se damne. Nous devions estre préparez à ce langage, commencé par un Prince [Henri IV] qui nous a dict les mesmes choses avec plus d'apparence, et aussy peu de raison et moins de succez. Ce qui empesche la paix en France, c'est que la crainte mutuelle par laquelle elle subsistoit est maintenant tournée à mespris, et ce grand Capitaine, pour nous

1. C'est-à-dire l'affection.
2. *Supplément inédit*, p. 226-227.

rendre plus considérables, achève de nous accabler : voilà en quelles mains on a conseillé et on conseillera encore aux oprimez et à ceux qu'on veust oprimer, d'avoir recours [1]. »

On comprend son amertume, et on ne s'étonne pas de son point de vue : à savoir que les Réformés n'auraient jamais d'autres garanties que leur force. C'est l'opinion qu'il a toujours professée. Elle était peut-être fondée naguère ; mais elle était maintenant bien contestable, et l'on est en droit de penser au contraire qu'ils se seraient davantage imposés à l'estime de leurs adversaires, si, comme ils pouvaient donner l'exemple des vertus morales. ils avaient donné aussi celui de la sagesse politique. En tout cas si le Parti prétendait faire reposer son salut sur sa puissance, et la crainte qu'elle inspirerait, il faut avouer qu'il avait mal réussi à la démontrer depuis deux ans. Il avait surtout fait éclater ses divisions et sa faiblesse. A la Rochelle même, centre d'impulsion de la guerre, la discorde régnait entre l'Assemblée et le Corps de ville, qui se disputaient les revenus de la Cause ou le commandement sur les mers, ou bien même se querellaient pour des questions de personnes [2]. Dans le Bas-Languedoc, Châtillon, dépossédé de son gouvernement, continuait à créer toutes les difficultés possibles à Rohan. Comment, dans ces conditions, le désarroi et le découragement n'auraient-ils pas gagné de proche en proche ?

Rohan n'avait pu faire entrer que quinze cents hommes à *Montpellier*, qui fut investi par l'armée royale le 31 août. Elle attendait de puissants renforts. Il semblait que le sort de la ville — et du Parti — fût réglé d'avance, car c'était le dernier réduit de la défense huguenote. S'il était pris, il ne restait plus qu'à capituler. Mais quand tout paraissait perdu, tout fut sauvé par l'héroïsme de cette place. *Le miracle de Montauban se renouvela.* On se battit furieusement pendant tout le mois de septembre. Des deux côtés on sentait le prix de l'enjeu. L'armée royale voulait en finir vite, à cause de l'avance de la saison, et ne pas faire un siège en règle ; elle multipliait les assauts coûteux contre les bastions principaux ; les assiégés ripostaient par des sorties et bouleversaient les ouvrages de chemi-

---

1. Éd. Réaume. t. I, p. 227.
2. Cf. Anquez, *Assemblées politiques des Réformés*, p. 371 à 381.

nement. Le 9 septembre, Rohan essaya de s'approcher de la place avec des renforts ; l'armée lui barra la route[1]. La redoute du bastion de Calonges fut emportée,
le 13, dans un assaut de nuit, où donnèrent quatre mille hommes de pied, deux
cents gentilshommes ou capitaines armés en tête et deux cents salades pour parer
à une sortie[2]. Mais malgré plusieurs jours de préparation d'artillerie, l'assaut lancé
le dimanche 2 octobre à 4 heures contre le bastion des Tuileries échoua, bien
qu'ayant été « rafraichi » trois fois[3]. Sur ces entrefaites le connétable Lesdiguières
arriva à l'armée. Son gendre, le maréchal de Créqui, achevait pendant ce temps
de conclure la paix avec Rohan. Elle fut arrêtée le 9 octobre et signée le 19. Elle
était aussi avantageuse pour les Réformés qu'elle pouvait l'être après leurs revers
et dans les circonstances présentes. Quoi qu'en pense d'Aubigné, la médiation de
Lesdiguières leur avait été utile. L'Édit de Nantes était rétabli et confirmé dans
tous ses articles et parties annexes, la révolte amnistiée, les biens et les honneurs
des particuliers restitués. Mais les assemblées politiques demeuraient formellement
et expressément interdites — sauf autorisation du Roi — et la force militaire du
Parti se trouvait très diminuée. Les places qui lui avaient été prises ne lui furent
pas rendues ; il en perdait pour le moins 80 ; et, dans celles qu'il conservait, les
fortifications devaient être réduites. Seules la Rochelle et Montauban eurent le privilège de conserver les leurs intactes. Montpellier se vit épargner l'humiliation d'une
garnison royale. Ainsi étaient mises à l'honneur les trois villes qui s'étaient signalées par leur vaillance, qui avaient été comme les piliers de la résistance protestante. Il y avait dans la faveur que leur accordait le Souverain, dans l'hommage
qu'il leur rendait, un geste élégant et bien français.

*L'Assemblée de la Rochelle se résigna à accepter ces conditions et se sépara
le 13 novembre 1622.* Elle pouvait se rendre cette justice qu'elle avait fait beaucoup de mal au Parti, et préparé les voies aux mesures définitivement répressives
de Richelieu.

1. Cf. *Supplément inédit à l'Histoire*, p. 273.
2. *Ibid.*, p. 273.
3. *Ibid.*, p. 274 à 277.

§ II. — **La fin de la carrière militaire d'Agrippa d'Aubigné. — L'officier du Génie : les fortifications de Genève, Berne et Bâle. — Il est sur le point d'entrer au service de Venise quand la République s'allie à la France et à la Savoie contre l'Espagne (1623-1624). — La Cour de France oppose son veto : les démêlés de d'Aubigné avec l'ambassadeur de France en Suisse. — Nouvel espoir à l'avènement de Richelieu : d'Aubigné offre ses services au Connétable de Lesdiguières en Italie, ou pour une diversion en Franche-Comté. Echec du projet (1625).**

Si d'Aubigné avait été obligé de contempler de loin les périls et les épreuves de ses frères de France, jamais il n'avait été tenté de dire avec le poète :

> Suave, mari magno turbantibus aequora ventis,
> E terra magnum alterius spectare laborem [1].

Non seulement parce que ce sentiment lui eût paru vilain et horrible à l'égard de ses coreligionnaires, mais parce qu'en fait il ne se sentait pas à Genève complètement à l'abri de cette tourmente. Nous savons qu'il considérait les événements de France comme un épisode de l'entreprise générale de Rome contre le Protestantisme européen. Or la cité de Calvin, qui était en quelque sorte le cœur de la Réforme française, se croyait particulièrement visée et menacée. De tous temps elle avait redouté son puissant voisin, le Duc de Savoie, et, maintenant plus que jamais, elle était persuadée qu'il se ferait un devoir de conscience de servir le Grand Dessein catholique romain... en satisfaisant sa propre ambition. Elle s'attendait donc à un siège. Ce n'est pas d'Aubigné qui put la rassurer. On se rappelle qu'il prétendait avoir lu naguère dans les papiers de Baronius qu'un des articles du programme était le partage des cantons suisses protestants entre le Duc de Savoie et les cantons catholiques [2]. M. Heyer, qui a compulsé tous les registres du Petit

---

1. LUCRÈCE, *De Natura Rerum*, lib. II, vers 1-2.

2. Toute sa correspondance à cette époque est remplie de ces appréhensions du danger qui menaçait Genève : cf. éd. Réaume, t. I, en 1621 à M. de Rohan p. 198 ; à M de Mayerne, médecin de Jacques Ier p. 206-207 ; au duc de Bouillon, au moment du siège de Montauban, p. 135-136 : il a peur que le Duc de Savoie ne profite de l'occasion qui retient le Roi pour brusquer les choses de son côté. — En 1622 au même

onseil, en retire et donne cette impression que *Genève vécut alors dans de conti-
uelles alarmes*, et même ajoutons-le, en forçant un peu sa pensée, mais non la
érité, dans une sorte de fièvre obsidionale :

« Les années 1620, 1621, 1622, dit-il dans sa *Notice sur d'Aubigné*[1], furent
ne époque de sérieuses inquiétudes pour Genève. De fréquents avis, venus de
us côtés, faisaient craindre de nouvelles tentatives de la part du duc de Savoie,
harles-Emmanuel, qu'on disait invité par le pape à rétablir la messe dans nos
urs. Fortifier la ville, s'assurer le secours des alliés, se procurer de l'argent pour
mettre en état de soutenir un siège, telles étaient les principales préoccupations
e nos magistrats, qui étaient excités par le peuple à prendre de grandes mesures
à examiner si, ne pouvant rien espérer pour le moment du côté de la France, on
e devait pas s'adresser à Venise et aux Provinces-Unies des Pays-Bas pour en
btenir de l'argent. *Ayant à leur disposition un homme dont le zèle pour le
arti réformé n'était pas douteux, un militaire expérimenté qui avait donné
e nombreuses preuves de sa valeur, et qui, malgré son âge avancé, était encore
lein de feu, ils mirent à profit ses connaissances et son activité.* »

On constitua, le 4 septembre 1621, un *Conseil de Guerre* de sept têtes seule-
ent, quatre membres du Petit Conseil et trois du Conseil des LX, et d'Aubigné fut
vité à prendre part à ses délibérations[2]. Il aurait voulu que le secret en fût gardé
bsolument, au moins pour les questions les plus importantes. Cela amena dans la
ite certaines difficultés avec le Petit Conseil[3]. Mais tant que le danger subsista,
s séances furent régulières. Il y jouissait d'une autorité particulière, surtout
ur tout ce qui concernait *les fortifications de la ville*.

On le pria de les examiner, et de faire un rapport sur leur état et les travaux
exécuter. D'un coup d'œil exercé il aperçut tout de suite les points faibles :
est-à-dire au versant sud-est, du côté des boulevards Saint-Antoine et du Pin, et

c de Bouillon (début de l'année), t. I, p. 224-225 ; à M. de Mayerne, I, p. 217 ; au gouvernement de
rne peu après son retour de Berne, I, p. 227 ; à M. de Courtaumer aux Pays-Bas, I, p. 365 ; à M. Chauve
Sommières, I, p. 372-373 ; à Mme de Rohan, I, p. 401 : il lui avoue que les inquiétudes lui font passer
s nuits sans sommeil.
   1. *D'Aubigné à Genève*, p. 23. Il renvoie particulièrement au vol. 120 des *Registres*, f" 143, 201, 203, 204.
   2. Cf. HEYER, p. 57.
   3. Cf. D'AUBIGNÉ, *Mémoires*, éd. Réaume, t. I, p. 99.

à la pointe nord au faubourg Saint-Gervais, situé au delà du Rhône — un quartie[r] vital puisque c'était celui des moulins. Partout ailleurs les défenses lui paraissaien[t] suffisantes, surtout dans les endroits où elles étaient complétées par des rempart[s] naturels, le Lac, le Rhône ou la montagne (à l'ouest, du côté de Plain-Palais)[1]. [Il] proposa donc les moyens de renforcer les deux points faibles.

Pour le premier, au versant sud-est, il avait trouvé «devers Saint Victor deu[x] cornes merveilleusement bien placées par M. de Béthune, mais faictes à la haste e[t] à l'espargne[2]». C'était un ouvrage « selon l'art et fort joly, mais il avoit appris n'aymer rien de joly contre un Prince qui menace de 40 canons[3] ». Le Conseil ayan[t] adopté ses vues, il fit reprendre et consolider ces deux cornes pendant l'été d[e] 1621[4] ; en outre, comme elles faisaient deux saillants trop avancés par rapport a[u] flanc de courtine de la place, il avait l'intention de les relier par une « pièce d[e] conjonction » dont l'établissement était d'ailleurs moins urgent et aurait pu êtr[e] effectué même « à la vue des ennemis ». La Seigneurie ne voulut pas attendre e[n] raison même des protestations du propriétaire du terrain sur lequel la pièce deva[it] être tracée ; et, pour lui donner une leçon de patriotisme, elle la fit exécuter de suite[.] Ce propriétaire s'appelait Michel Roset. C'était « le fils d'un des meilleurs syndic[s] qu'eust eu Genève ». Furieux d'avoir été dépossédé, il rendra d'Aubigné respon[sa]ble de sa mésaventure, malgré la prudence que celui-ci avait apportée dans cett[e] affaire, et il le poursuivra désormais de sa haine[5].

Les projets de d'Aubigné, de ce côté de la ville, ne s'arrêtaient pas là : il voya[it] grand, et avait l'idée d'englober dans le système des fortifications le coteau d[e] Champs, ou de Champel, en profitant du « présent que la nature offrait », c'est-à[-]dire d'une excellente position. Dans sa pensée, il ne s'agissait pas seulement d'éd[i]fier à cet endroit un ouvrage avancé, destiné à arrêter l'ennemi à distance, mai[s]

1. Voir une lettre de d'Aubigné à M. Turretini, neveu de Renée Burlamachi, qui deviendra deuxième Mme d'Aubigné, éd. Réaume, t. I, p. 139 et sq. Turretini était alors en Hollande, où Genèv[e] l'avait envoyé en ambassade auprès du Prince d'Orange. — Voir aussi le grand *Mémoire* politico-militai[re] adressé par d'Aubigné, vraisemblablement en 1621, *Aux magnifiques et très honorés Seigneurs de Genève*, reproduit dans l'édition Réaume, t. I, p. 583 et sq. d'après un manuscrit de la Bibliothèque de Leyd[e].
2. Cf. *Mémoires*, t. I, p. 107.
3. Dans la lettre à M. Turretini.
4. *Ibid.* et *Notice* d'Heyer, p. 23-24.
5. Cf. *Mémoires* (Réaume, t. I, p. 107), et la lettre à M. Turretini.

de couvrir un camp retranché installé dans l'intervalle, et où l'on pourrait parquer les troupes étrangères, les approvisionnements, le bétail, etc. [1]. J'ignore quelle suite fut donnée à cette suggestion.

Quant au versant opposé, au nord de la ville, sa défense principale devait reposer sur le monticule de Saint-Jean, qui dominait le quartier de Saint-Gervais. Mais les plans que d'Aubigné établit pour le fortifier rencontrèrent d'abord la résistance des intérêts particuliers — ceux des propriétaires du terrain, alarmés par ce qui s'était passé à Saint-Victor. Sur ces entrefaites, d'Aubigné s'absenta et alla à Berne (en novembre 1621), où il était aussi appelé comme conseiller militaire — nous parlerons tout à l'heure de ce voyage, qui sera suivi d'un second. — A son retour à Genève il trouva les esprits mieux disposés. Le Petit Conseil, qui avait longtemps hésité, s'était enfin décidé à commencer les travaux à Saint-Jean [2] « sur les continuels advertissements qu'ils ont eu que toutes choses se préparent à leur extrême péril. Le peuple, d'un commun accord, se saigne à l'exécution, et comme on leur a présenté deus desseins, un moindre à l'espargne et un plus grand à plus de vigueur, ils ont voulu avoir le plus grand, si bien qu'ils prenent plus de pays que n'en contient Sainct-Gervais. Nous craignons bien que cela haste les ennemis, mais nous espérons en peu de jours avoir faict de quoy les arrester, et parachever le reste à leur veuë [3] ».

Mais quand d'Aubigné fut reparti pour Berne — au printemps de 1622 — le Petit Conseil subit d'autres influences, et se laissa persuader de modifier son projet de fortification de Saint-Jean. Le Prince d'Orange, consulté [4], avait envoyé à Genève un de ses ingénieurs, M. du Motet, qui se concerta avec un collaborateur de d'Aubigné, M. Féraut, un réfugié français comme lui [5], et tous deux, en son absence, revisèrent les premiers plans pour réduire la dépense. Le Petit Conseil l'en informa par une lettre un peu génée, du reste pleine de déférence, en lui soumettant les modifications proposées, et lui demandant son avis [6]. Il répondit avec la même courtoisie,

1. Cette proposition est l'objet principal du *Mémoire aux magnifiques et très honorés Seigneurs de Genève* que j'ai cité dans une note précédente.
2. En février et mars 1622. Cf HEYER, *Notice*, p. 24 et notes.
3. Lettre à deux magistrats bernois MM. de Graffenried et de Spietz (Réaume, t. I. p. 148-149).
4. Par M. Turretini.
5. Qui fut nommé peu après ingénieur en titre de la ville avec les appointements d'un pasteur : cf. HEYER, *Notice*, p. 24-25.
6. Heyer transcrit cette lettre dans sa *Notice*, p 25-26, d'après les *Registres du Conseil*.

s'en remettant au jugement de « Messeigneurs du conseil ». Mention est faite de cette réponse, et de sa substance, sur les *Registres*, à la date du 10 avril 1622, mais le texte n'en est pas reproduit[1]. Je croirais volontiers qu'il nous est conservé dans une lettre à M. Sarrasin, qui aurait donc servi d'intermédiaire en cette circonstance. Cette lettre, qui figure dans les papiers de Bessinges, et que donne l'édition Réaume[2], débute, en effet, ainsi :

« Monsieur [en] l'incertitude en laquelle sont mes trez honorez Seigneurs pour la construction du fort de Sainct-Jean, un de leurs serviteurs, auquel ils ont commandé d'en mettre son advis par escrit, dict ce qui s'ensuit. Premièrement, faut cognoistre les difficultez qui ont retardé cest affaire jusques icy. Elles sont la despense, le degast des possessions, la surcharge de la garde, et l'advantage que les ennemys prendroyent de ceste piece, l'ayant mise entre leurs mains. »

Et il reprend un par un chacun de ces points, s'arrêtant surtout au dernier qu'il estime sans doute l'objection la plus sérieuse. Elle était cependant plus spécieuse que solide. Les gens timorés invoquaient la situation excentrique de Saint-Jean — au delà du Rhône — pour prétendre que sa défense serait malaisée, qu'on risquait de travailler pour l'ennemi et de lui construire une forteresse dont il pourrait s'emparer par surprise. On peut en dire autant de tous les ouvrages avancés : Il n'y a qu'à faire bonne garde. Toute la question était de savoir si l'on voulait ou non protéger le quartier de Saint-Gervais, le quartier des moulins. Si oui, il fallait bien fortifier le mont Saint-Jean. Mais évidemment le plan de d'Aubigné n'était pas *ne varietur*, et il était permis de discuter.

Il ne semble pas qu'une décision définitive ait été prise jusqu'à son retour. En l'attendant, on dut travailler, comme le Petit Conseil le lui avait écrit, « aux lieux qui se rencontroient en l'un et l'autre dessein », le sien, et celui de ses deux concurrents, MM. du Motet et Féraut. Puis, quand il fut revenu, le Petit Conseil les réunit tous les trois sur le terrain même pour arriver à une entente. M. d'Ade, gendre de d'Aubigné, qui se trouvait alors à Genève, assistait à cette conférence[3]. L'accord fut sans doute facile à réaliser, puisqu'il y avait moins rivali-

---

1. *Registres du Conseil*, p. 26, note 2.
2. T. I, p. 143-145.
3. Cf. Heyer, *D'Aubigné à Genève*, p. 26.

qu'émulation des deux côtés à faire pour le mieux dans l'intérêt de la ville.

Disons maintenant quelques mots des voyages de d'Aubigné à Berne — et même jusqu'à Bâle. Car, de partout en Suisse, on avait recours à lui et à son expérience des choses de la guerre. *M. Heyer confond les deux voyages à Berne en un seul*[1], qui durerait de novembre 1621 à juin 1622. Cette hypothèse est contraire au récit des *Mémoires*[2] et contredite aussi par l'existence de nombreuses lettres que d'Aubigné écrivit manifestement de Genève au début de 1622. Nous en citerons plusieurs.

C'est bien en novembre 1621 qu'il se rendit pour la première fois à Berne, en consultation militaire, mais il en revint presque aussitôt, n'y ayant demeuré que onze jours. Il avait hésité à partir, bien qu'on lui eût dépêché le fils du premier avoyer pour requérir sa visite « sur le poinct que Frankendal estoit assiégé[3] ». Des amis de Genève lui représentaient l'inutilité, presque le « ridicule d'essayer à réveiller cest ours endormy[4] », l'ours bernois. Il résolut d'y aller voir, étant d'ailleurs chargé par la République d'une mission officielle auprès du gouvernement de Berne[5]. Il « fut reçu avec festin partout, canonnades et autres honneurs desquels il blasme l'insolence[6] ».

Il y a dans la correspondance de d'Aubigné une longue lettre[7] où il raconte ce premier voyage avec des détails circonstanciés et même plaisants. On y voit que deux partis s'opposaient dans la ville, et que d'Aubigné n'avait pas été appelé par

---

1. Cf. Heyer, *D'Aubigné à Genève*, p. 25-26. D'Aubigné annonce son départ (le premier départ) au Petit Conseil par lettre du 20 novembre 1621 (Heyer, p. 25, note 2) et d'autre part les Registres mentionnent (*Ibid.*, p. 28) qu'il eut audience le 2 juillet 1622 pour rendre compte de son voyage (mais c'est du second qu'il s'agit cette fois).

2. Cf. éd. Réaume, t. I, p. 101.

3. *Ibid.*

4. Cf. lettre à M. de Mayerne (Réaume, t. I, p. 214), et voir aussi, sur l'apathie des bourgeois de Berne et leur répugnance à tout effort militaire, une lettre de d'Aubigné au baron de Spietz, t. I, p. 204-205.

5. Mission à la fois diplomatique et militaire. Voir dans Heyer, p. 57 une lettre que lui écrit le Petit Conseil en novembre 1621. Il devait essayer de reconnaître s'il n'y avait pas quelque malentendu entre les deux États alliés dont les relations semblaient s'être refroidies, et en même temps tâcher d'obtenir que les Bernois fissent un magasin de blés et de munitions à Genève, et y entretinssent quelques soldats bien exercés, dans l'intérêt commun. Une lettre de d'Aubigné au Petit Conseil datée de Modon (Moudon-sur-Broye, canton de Vaud) 26 novembre 1621 doit se rapporter à cette affaire, cf. Réaume, t. I, p. 554-555.

6. Cf. *Mémoires*, t. I, p. 101.

7. A M. de Mayerne, t. I, p. 214-217.

tout le monde. Les « pacifistes » qui ne voulaient pas secouer leur torpeur ni leur tranquillité égoïste, qui redoutaient en s'armant de paraître provoquer l'Empereur et de s'attirer des affaires, trouvaient des appuis jusque dans le gouvernement. C'est ainsi que certains des « principaux », l'avoyer Saguer en tête, allèrent « se promener aux champs » pendant la présence de d'Aubigné, pour marquer leur désapprobation, et ne revinrent de la campagne que « deux jours après son partement ». Mais cela n'empêcha pas le plein succès de son voyage :

« Les Seigneurs de la ville choisirent six des principaus pour entrer, eux et moy ensemble, en *Conseil secret, par onze jours,* au bout desquels les ayants quittez, et l'Advoyer estant revenu fort contraire à tout ce que nous avions faict, les Abayes (?) ayants eu communication de mes mémoires traduits en Alman, la convocation générale se fit, et les Seigneurs escrivirent icy, que de mémoire d'homme ne s'estoit veu un tel consentement que celuy avec lequel ils ont juré les résolutions que nous avions trassées, lesquelles estans suivies, ils doivent mettre sur pied une armée de 12.000 hommes, et tenir prest une milice de deux fois autant[1]. »

La création de cette armée fut la principale affaire traitée à ce moment; mais on décida aussi en principe de fortifier la ville, malgré la répugnance de beaucoup de citoyens, et le préjugé bien établi que sa situation ne s'y prêtait pas, et qu'elle était d'ailleurs assez loin des frontières du canton pour n'en avoir pas besoin[2]. Aubigné découvrit « contre l'advis de tous les grands capitaines qui l'avoyent veuë[3] » et soutint qu'au contraire c'était « une assiette merveilleusement advantageuse, et qui se peut (pour la moitié des despenses de Genève) rendre beaucoup meilleure que la Rochelle, si vous laissez à part l'avantage de la mer[4] ».

Il étonna beaucoup de monde, et après son départ les discussions reprirent. Les opposants se fortifièrent d'une consultation du duc de Bouillon, et, vu l'autorité du personnage, d'Aubigné se mit en frais de solides arguments pour y répondre :

« M. le duc de Bouillon, écrit-il à MM. de Graffrier et de Spietz, confirme mes

1. *Loc. cit.* p. 215.
2. Cf. *Mémoires* (Réaume, t. I, p. 102).
3. *Ibid.* p. 101.
4. A M. de Mayerne. t. I. p. 216.

advis en tout, hormis quelque différence en deux poincts. Le premier est que la despence et le labeur qui s'employeront à la fortification de Berne seroyent plus utilement tournez à quelques frontières. Mon escript fera foy que j'ay commencé par là, et dis encor qu'il faudroit prendre ce dessein sans laisser cestuy cy ; mais plusieurs raisons appuyent le choix que vous faites pour le commencement... Il ne fault pas imaginer vostre territoire comme un rond, ou un quarré, au centre duquel la capitale soit posée ; mais elle est tellement au cœur, qu'elle est prez de vos costés gauches, et de ses remparts estend sa veuë sur le pays ennemi. J'adjousteray à cela, outre la bienséance et la réputation, la nécessaire garde de vostre arsenal et de ce qui le faict mouvoir ; et certes M. le Duc ayant veu ce que j'ay veu en dirait autant. Donc... en la liberté que vous m'avez donnée, nous demourerons, s'il vous plaist, fixes au premier project, sauf à délibérer pour les coins de vostre patrie ce que vostre prudence avisera au premier temps commode [1] ».

Dans le même temps — au début de 1622 — il combat la tendance qu'il sentait chez les Bernois, et qui tenait à leur indolence paresseuse, à vouloir reporter surtout sur des troupes mercenaires le fardeau de la défense du pays. On n'est jamais si bien défendu que par soi-même, leur dit-il : « Employez donc vos biens pour vos biens et vos vies pour vos vies [2]. » La présence des troupes étrangères peut même être un danger à l'occasion ; ayant la force elles peuvent être tentées d'en abuser. « Il n'est arrivé que trop souvent aux Républiques d'avoir faict leurs maistres de leurs puissants secourants [3]. » Un appoint de forces étrangères, il est prêt à le procurer à « leurs continuelles sollicitations », confie-t-il à M. de Mayerne, mais à la condition qu'ils s'aident eux-mêmes [4].

Il avait été convenu qu'il retournerait à Berne pour présider à l'exécution des mesures arrêtées ; mais l'hiver rigoureux (début de 1622) retarda son voyage [5]. Il avait scrupule aussi de s'éloigner de Genève à un moment critique où elle semblait menacée [6]. Enfin il attendait que l'invitation lui fût confirmée, prêt à

---

1. Cf. Réaume, t. I, p. 137-138. Lettre du début de 1622.
2. Cf. lettre aux très honorez Seigneurs de Berne, 1622. (Réaume, t. I, p. 217-220).
3. *Ibid.*
4. Lettre à M. de Mayerne, t. I, p. 215.
5. Cf. Réaume, t. I, p. 218, aux Seigneurs de Berne.
6 *Ibid.*, et t, I, p. 224, à M. de Bouillon.

répondre au « commandement » de la Seigneurie [1], mais ne voulant pas le presser. En quoi il se montrait bon diplomate en évitant de heurter l'opposition que certains faisaient à ses propositions. N'allait-on pas jusqu'à dire, sur le vain propos d'un ingénieur, qu'il faudrait plus de vingt ans pour exécuter son programme de travaux ?

« On ne peut mieux respondre à telles villonneries, objecte-t-il, sinon que de monstrer les effects au lieu des parolles, et faire voir nostre [à Genève] besougne de cinq mois, qui a un tiers plus d'estenduë que ce que nous prétendons devoir estre fait à Berne [2]. »

Au printemps de 1622, probablement au mois de mars, le gouvernement de Berne le rappela enfin. Tenant à battre le fer pendant qu'il était chaud, il s'empressa de répondre qu'il allait partir. Juste le temps de mettre en train la fortification de Saint-Jean, que la Seigneurie de Genève se décidait à entreprendre, et il irait donner aux Bernois « quelques moix ». « Cela me recule d'une semaine pour vous aller servir [3] ».

C'est-à-dire qu'il ne prenait pas le temps de souffler. On est tenté d'oublier en voyant cette activité, ce zèle infatigable pour la défense du Protestantisme, que ce vieillard a 70 ans ! Et malgré l'âge, l'exil, les déceptions, il conserve l'ardeur d'un jeune homme et d'un néophyte. Comment ne pas être saisi d'admiration et de respect ?

Il repartit pour Berne au printemps de 1622, sans doute en mars. En tout cas il était absent de Genève en avril, puisque le Petit Conseil lui écrit à ce moment, nous l'avons vu, pour lui faire part des modifications proposées par MM. du Motet et Férault à son plan pour Saint-Jean.

Il resta à Berne jusqu'en juin [4]. Il a conté dans les *Mémoires* [5] les incidents les plus saillants de son séjour. Toutes les résistances n'étaient pas vaincues. Il y avait dans le peuple quelque émotion parce qu'on disait qu'il était venu « violer

1. T. I, p. 148 à MM. de Graffenried et de Spietz.
2. *Ibid.,* p. 150.
3. Cf. Réaume, t. I, p. 291, aux Seigneurs de Berne.
4. C'est au retour de ce second voyage qu'il rendit compte au Petit Conseil dans la séance de 2 juillet 1622 de ce qu'il avait fait. Cf. HEYER, *D'Aubigné à Genève,* p. 28. — Voir aussi dans les *Archiv des histor. Vereins des Kantons Bern,* t. VIII, 1875, p. 374 à 380, le compte rendu d'une conférence de M. STERLER sur les anciennes fortifications de Berne.
5. Réaume, t. I, p. 102-103.

leurs coutumes ». Des « yvrougnes » menaçaient de « jetter les Français dans l'Aar ». Mais les gens les plus éclairés le soutenaient résolument ; les ministres (pasteurs) employaient leur influence à amener un revirement ; finalement ils le brusquèrent en profitant d'une occasion favorable pour engager toute la cité dans une sorte de vœu national, qui mit le début des travaux sous l'invocation de Dieu. D'Aubigné joua sa partie dans cette cérémonie presque improvisée avec une aisance, un art de la mise en scène, qui impressionnèrent l'assistance, mais qui ne sauraient nous étonner de sa part.

« Le principal [ministre] ayant accompagné la Seigneurie pour aller visiter le dessein, sur quelque esmossion de vollontez, demanda de rendre grâces à Dieu sur le champ, de la bonne et salutaire délibération, et en ce disant et mettant le genouil à terre, la Seigneurie et la grand foulle qui les avoit suivis de mesme, et par là engagés. Presque toute la ville se trouva le lendemain au mesme lieu, où le Ministre ayant faict une exhortation, après un chant de psaume et une grande prière, Aubigné fit avancer ses picquets ; avec une profonde révérence en présente un à Monsieur Manuel, premier Advoyer, qui voulant céder ce premier ouvrage à l'inventeur, qui le refusa, il fallut tenir conseil sur ces courtoisies : et lors contraint à le poser, à accepter cet honneur, il jetta son chapeau à terre, y mit un genou, et dit tout haut en donnant le premier coup de maillet : *Soit à la gloire de Dieu, à la conservation de son Église, et pour arrester les ennemis des Souisses confédérés*. Ainsi le premier Advoyer et tous les Seigneurs de suite plantèrent les picquets de la fortification, que aucune de l'Europe ne surpasse en avantage naturel. Sous couleur de venir à ce travail, les Bernois firent voir les forces de tous leurs Bailliages, estimées jusques à quarante huit mille homme [1]. »

D'Aubigné visita toutes les villes du canton, reconnut les endroits propres à l'installation de campements. On lui offrit la capitainerie générale, c'est-à-dire le commandement en chef des troupes. Il le refusa parce qu'il ne savait pas l'allemand, mais il désigna trois personnes au choix du Conseil, qui se fixa sur l'un de ses candidats, le comte de La Suze. Celui-ci avait eu en France des aventures qui le signalaient à l'estime d'un État protestant [2]. Mais Berne ne voulait le nom-

---

1. *Mémoires, loc. cit.*
2. Louis de Champagne, comte de La Suze, marié à Charlotte de La Rochefoucauld, s'était fort com-

mer qu'avec l'assentiment du gouvernement français, et il fut assez difficile de l'obtenir. Grâce à l'intervention de Lesdiguières la négociation aboutit heureusement, et le Comte fut même autorisé à faire des levées en Dauphiné [2].

C'est pendant son séjour à Berne que d'Aubigné poussa une pointe jusqu'à Bâle [3], où l'on se préoccupait de renforcer la défense de la ville. Le Conseil lui avait envoyé M. de Lutzelmann pour le chercher et le conduire. Il fut reçu avec beaucoup d'honneur et de témoignages d'amitié [4]; mais il n'y resta que peu de temps [5], soit qu'il n'y trouvât pas des dispositions assez résolues, soit qu'il eût hâte de retourner à Berne. Après avoir examiné les lieux et la situation, il laissa son fils naturel, M. de La Fosse, tracer le détail du plan qu'il avait conçu; on lui en référait au besoin. En répondant aux questions posées, il ne cachait pas son impatience de la lenteur de ces études préliminaires et de la lésinerie que les Bâlois semblaient vouloir apporter dans une affaire si importante. Avec sa rude franchise il les morigénait comme il avait fait pour les Bernois, et accusait leur « léthargie », leur aveuglement devant le péril qui les menaçait plus encore que les autres Protestants suisses, puisque leur ville était comme le boulevard du pays [6]. Ainsi la fatalité des circonstances ou de son caractère lui imposait toujours ce rôle ingrat de Cassandre,

promis dans la révolte huguenote. Il avait pris part en 1621 à la défense de Saint-Jean-d'Angely, Clairac et Montauban. Puis, l'hiver suivant, ne voyant rien à faire dans les provinces au Nord et à l'Est de la Loire, où l'Assemblée de la Rochelle l'avait dépêché avec commission de lieutenant général, il s'était rendu à Genève — où il dut voir d'Aubigné — avant d'essayer de rejoindre en Dauphiné Montbrun, qui, en l'absence de Lesdiguières parti pour l'armée royale, soulevait les Protestants. Le comte de La Suze, trahi par son guide, tomba dans un guet-apens et fut emprisonné à Grenoble. Le président du Parlement, d'Expilly, avec qui d'Aubigné entretint de bonnes relations épistolaires, et Lesdiguières, à son retour, arrêtèrent le procès (cf. D'AUBIGNÉ, *Supplément inédit à l'Histoire universelle*, p. 219-221). Mais, pendant l'été de 1622, le Comte se fit de nouveau arrêter à Lyon pour sa correspondance avec Mansfeld, qui allait tenter sa diversion du côté de Sedan, en faveur des Réformés français. C'est le moment où Berne le demandait pour la Capitainerie.

1. Il y a plusieurs lettres de d'Aubigné relatives à cette négociation, ou bien dans lesquelles il en est question. Cf. Réaume, t. I, p. 138 à MM. de Graffenried et de Spietz; p. 225 au gouvernement de Berne; p. 289 au comte de La Suze, à la veille de sa libération; p. 360 et 518, au même après sa libération.

2. Cf. HEYER, *Notice*, p. 26 et lettre au comte de La Suze (Réaume, t. I, p. 290-291).

3. Il en exprime sa gratitude au début d'une lettre ultérieure à M. de Lutzelmann (Réaume, t. I, p. 145).

4. Du 1er au 25 mai 1622. Cf. ROCHEBLAVE, *Vie d'un héros*, p. 219. Il est propable, ajoute-t-il, qu'il faut rapporter à ce séjour le portrait de Sarbruck, qui a tous les caractères d'un hommage officiel.

5. Voir par exemple la très intéressante lettre à M. de Lutzelmann mentionnée dans une note précédente. Réaume, t. I, p. 145 et sq.

qui lui avait fait tant d'ennemis en France. Il se rendait compte de son importunité : « Excusez-moi si je suis un peu criard sur les dangers [1] », mais il s'en faisait un devoir.

Ce n'est qu'après plus d'un an de délibérations et de discussions qu'on adoptera enfin un programme de travaux conforme à ses vues. « Assez tost, si assez bien », écrit-il, en septembre 1623, à M. Lutzelmann[2]. Encore n'en réalisera-t-on finalement qu'une faible partie :

« De vint deux bastions qui leur furent trassez par le Sieur de la Fosse, ils se contentèrent d'en faire quatre, lessant leur ville en l'inperfection où elle est [3]. »

A Bâle, d'Aubigné avait appris par un habitant de la ville (M. de Lisle), qui venait de diner à Soleure avec l'ambassadeur de France, que celui-ci se plaignait véhémentement des « mauvais propos » que le réfugié semait, paraît-il, à Genève, contre la Cour de France [4]. D'Aubigné proteste naturellement. Cependant, quand on connaît ses dispositions et sa verve caustique, l'accusation n'a rien d'invraisemblable. Cet ambassadeur était Robert Miron, l'ancien président du Tiers aux Etats généraux de 1614. Soit qu'il obéit aux instructions de son gouvernement, ou tout simplement pour faire du zèle, il poursuivait d'Aubigné de son hostilité et ne manquait pas une occasion de chercher à lui créer des difficultés avec la République. C'est dans le malheur qu'on connaît ses amis : la fidélité avec laquelle la ville soutint son hôte en cette circonstance et dans d'autres, car Miron devait revenir à la charge, fut pour lui une précieuse consolation. A son retour de Berne, en rendant compte au Petit Conseil de son voyage (2 juillet 1622), il l'avait mis au courant de la conversation que lui avait rapportée M. de Lisle, et il avait demandé qu'on fit une enquête auprès des « personnes d'honneur et de qualité avec lesquelles il converse ordinairement, pour sçavoir si elles lui ont ouy dire chose aucune au préjudice de l'honneur du Roy, et s'il a pas toujours parlé avec respect des testes

---

1. Même lettre, p. 147.
2. Réaume, t. I, p. 228.
3. Cf. *Mémoires*, t. I, p. 103. — On trouvera quelques détails complémentaires sur le voyage de d'Aubigné à Bâle, et sur son rôle comme ingénieur-conseil de la ville, dans une étude (Mélanges, *Mittheilungen*) du professeur A. HEUSLER, consacrée à Bâle pendant la guerre de Trente ans et faite d'après les registres du Conseil, au § 4 : *Die Fortifikations arbeiten*, p. 219 et sq. (parue dans les *Beiträge zur Vaterländischen Geschichte*, 8ᵉ vol. Bâle, 1866).
4. Cf. *Mémoires* (Réaume, t. I, p. 104).

couronnées. Item, qu'il leur plaise faire informer contre ceux qui pourroyent avoir donné tel advis, comme aussi contre ceux qui font courir le bruict qu'il est cause que beaucoup de personnes ont été chassées de la ville, et qu'on a surchargé le peuple de gabelles et imposts [1]. » Pour payer les dépenses des fortifications. Ces travaux coûtaient cher. Il n'est pas étonnant qu'ils aient provoqué quelques murmures parmi ceux qui songeaient plus à leur bourse qu'à l'intérêt public, sans compter les propriétaires des terrains, évincés de leurs possessions. Bref d'Aubigné s'était fait des ennemis en troublant les égoïsmes dans leur tranquillité. Lui étranger, il devait faire à ces gens-là l'effet d'un intrus qui venait se mêler de ce qui ne le regardait pas. C'est sur ce mécontentement que spéculait l'ambassadeur. Mais il en fut pour ses frais de machiavélisme. Le Petit Conseil s'élevait au-dessus de ces mesquineries. Tout en octroyant à d'Aubigné sa requête, il lui déclara « qu'on estoit asseuré de sa bonne volonté et de son affection... qu'il pouvait demeurer en toute seureté en ceste ville sans aucune crainte ni appréhension d'estre abandonnée de la Seigneurie [2] ».

L'enquête prescrite se prolongea pendant six mois [3]. Autant dire qu'on enterra l'affaire.

Cependant, à la fin de 1622, quand la paix fut rétablie en France avec les Huguenots, un certain changement se marqua dans la politique extérieure du royaume, qui put donner quelques espoirs à d'Aubigné. Libre de préoccupations intérieures, Louis XIII désirait maintenant de son gouvernement une action plus énergique au dehors, pour faire lâcher prise à l'Espagne dans la Valteline et à l'Empereur dans le Palatinat. En effet, les faiblesses de notre diplomatie, obligée de temporiser, avaient encouragé l'audace et facilité les succès de nos adversaires. Les champions que l'Electeur Palatin, et surtout sa femme, fille de Jacques Ier, avaient trouvés pour défendre leur cause, Christian de Brunswick et Ernest de Mansfeld, s'étaient fait battre par les Bavarois. L'Empereur se préparait à transférer sur la tête de Maximilien de Bavière, en récompense de son assistance, la

1. HEYER, *Notice*, p. 28.
2. HEYER, *Notice*, p. 29.
3. Voir des détails à ce sujet dans une lettre écrite par d'Aubigné en 1624 au secrétaire d'Etat M. de Loménie, éd. Réaume, t. I, p. 307-308.

dignité électorale du Palatin. Ce serait une voix de plus dans le Collège pour les Catholiques. De son côté Philippe IV, sans refuser positivement d'évacuer la Valteline, déclarait ne pouvoir le faire avant d'avoir garanti la sécurité des catholiques de la vallée contre les représailles possibles des Grisons protestants, et, en attendant que des mesures fussent prises à cet effet d'un commun accord par les puissances catholiques, il proposait de remettre les forts entre les mains d'un séquestre. Mais depuis des mois on discutait sur le choix de ce séquestre sans pouvoir s'entendre.

Las de ces lenteurs, Louis XIII, après la paix de Montpellier, s'achemina à Avignon où il avait donné rendez-vous au Duc de Savoie et à l'ambassadeur de Venise (19 novembre 1622). Cette conférence politique fut reprise à Lyon quelques jours après, en décembre, avec le Prince de Piémont, son beau-frère, et la Princesse, sa sœur Christine. On y jeta les bases d'un traité entre la France, la Savoie et Venise, pour parvenir à la restitution de la Valteline par tous les moyens, au besoin par la force. C'est à Paris que ce traité fut signé, le 7 février suivant.

Jusque-là, et même après, d'Aubigné demeura un peu sceptique sur l'aboutissement de ce projet de coalition et sur un changement effectif de la politique française, dont les Protestants pussent se féliciter. Cependant il avait eu la tentation d'aller saluer le Roi à son passage à Lyon, comme il l'écrit à M. de Rohan (au début de 1623) :

« J'eusse désiré faire la révérance au Roy, et avoir l'honneur de vostre abouchement sans l'érésipèle que vous me vistes à Loudun, et qui ne me manque pas à la fin des automnes[1]. »

Il ajoute, il est vrai, dans une autre lettre un second motif d'abstention, qui aurait sans doute suffi à le retenir, c'est la crainte d'être mal accueilli, sachant « le mauvais estat où le Jésuitte Arnou et mon misérable fils m'ont réduict à la Cour[2] ».

Dans ces deux lettres — et dans d'autres — il entretient le duc de Rohan, à mots

1. Éd. Réaume, t. I, p. 265.
2. *Ibid.*, t. I, p. 292.

plus ou moins couverts, du recrutement de soldats protestants en France pour le
service de Venise :

« C'est trop parlé de moy ; j'ai à vous dire sur la nouvelle que je receus hyer de
Venize, de quelque espoir qu'ils ont de vous avoir pour Général, que le fait de la
Valteline ne se doit pas commencer par l'envoy d'une armée entre ces montagnes,
mais par quelqu'autre moyen plus facile, plus utile et plus honorable, que j'ay étu-
dié en deux ans et en trois mois de promenade par ces frontières[1]. »

Son avis à lui serait de faire couler les hommes par petits paquets, et il s'offrait
à leur ménager le passage, grâce à ses relations en Suisse.

*Il y avait déjà un certain temps que Venise s'était adressée à lui pour se
procurer des contingents français*, même avant qu'il ne fût question d'un traité
d'alliance avec la France. Menacée par de puissants voisins, l'Espagne (dans le
Milanais) et Rome, la Sérénissime République devait naturellement chercher des
secours au dehors. Dès l'époque de son second voyage à Berne d'Aubigné avait été
pressenti « par un vieillard italien de la part de Messieurs de Venize ». On lui
demandait à la fois son concours militaire personnel dans les Grisons[3] et son entremise pour lever en France de « bonnes et gaillardes forces », qui iraient « travailler en Allemagne sur la bourse de la Sérénissime Seigneurie[4] ». Mais il fallait pour
cela que la paix eût libéré les soldats huguenots de France. Alors les négociations purent devenir actives, et c'est l'ambassadeur vénitien en Suisse, Cavassa, qui
les conduisit directement avec d'Aubigné. Il y a dans les papiers de Bessinges des
copies d'une série de lettres adressées par d'Aubigné à M. Cavassa et relatives
à cette affaire[5].

Il s'échauffait pour ce beau projet, espérant bientôt décrocher sa petite épée.
Au commencement de 1623 il écrivait à M. de Brederode, ambassadeur des Provinces-Unies :

« J'ay desjà depesché en Daufiné, Bourgougne, Languedoc et Gascougne..

1. Ed. Réaume, t. I, p. 292.
2. Cf. Son compte rendu au Petit Conseil à son retour de Berne, HEYER, *Notice*, p. 28.
3. *Ibid.*
4. Cf. Réaume, t. I, p. 249 dans une lettre à M. de Bréderode.
5. Voir dans le recueil des *Lettres et Mémoires d'Estat* celles qui portent les numéros **XXI**, **XXII** e
XXIV, **XXXI** et **XXXII**. Ed. Réaume, t. I, p. 236, 237, 241, 251 et 252.

Pour moy, je me suis restreinct à beaucoup moindre prix qu'on ne me mettoit de ce costé là, mais promis de donner ma vie et d'espouser la condition qui me pourroit donner une honorable mort sous un maistre qui ait l'entendement de se laisser bien servir[1]. »

Il promettait à Rohan d'assurer le passage des recrues « par l'ayde de trois personnes confidentes et d'authorité parmi les Grisons », et il pressait les uns et les autres pour que tous les préparatifs fussent « achevez dez cest hyver, et les forces sur pied pour marcher sur les dernières neges[2] ».

Son zèle pour la bonne cause suffit à expliquer sa hâte ; mais il y entrait peut-être aussi le désir de n'être pas devancé par le traité qui était en train de se conclure entre la France, la Savoie et Venise (le traité de Paris du 7 février 1623). Une fois la Sérénissime Seigneurie assurée du concours officiel des forces françaises, son rôle à lui, comme procureur officieux dans le recrutement de soldats huguenots, passerait au second plan ; peut-être même Venise serait-elle tentée de renoncer à en enrôler directement ? Soit donc qu'il fût guidé dans cette affaire par un esprit de rivalité, soit qu'une juste défiance l'inspirât à l'égard du gouvernement de Louis XIII — qui, en effet, depuis des années avait paru dominé par des influences catholiques — il ne faisait pas grand fonds sur l'alliance projetée ; et il essayait de persuader Cavassa qu'un revirement de la Cour était possible au dernier moment — dont il croyait même déjà apercevoir les signes, en tout cas il estimait qu'une armée royale, qui recevrait ses ordres de France, et serait plus ou moins paralysée par le respect du Saint-Siège, ne procurerait jamais à Venise les avantages d'une bonne troupe huguenote, toute à son service et à sa dévotion :

« Je dis donc qu'il vault mieux avoir 4.000 François qui ayent en horreur les équivoques des Jésuittes, que 20.000 qui les aillent interroger sur le poinct de conscience. »

Au surplus, conclut-il, « jamais Monarque ne fut bon support des Républiques[3] ».

1. Ed. Réaume, t. I, p. 249.
2. Cf. lettre à l'ambassadeur Cavassa. Réaume, t. I, p. 237-238.
3. Voir les lettres à Cavassa nᵒ XXII et XXIV. Même idée exprimée dans le *Faeneste* après l'expédition française en Valteline (livre IV, chap. III. Ed. Réaume, t. II, p. 569).

Ce dénigrement préventif d'une alliance avec son propre pays est un peu déplaisant, et on serait tenté de l'accuser de ne pas faire là œuvre de bon Français, si on ne se souvenait pour son excuse qu'il est exilé, et persécuté encore à distance par la Cour de France : mauvaises conditions pour se dépouiller de son esprit invétéré d'opposition. Ajoutons qu'il y avait de bonnes raisons, même pour un protestant moins aigri, de ne pas croire trop vite à une orientation nouvelle de la politique royale. Au fond il n'aurait pas demandé mieux que de pouvoir modifier son opinion sur Louis XIII, et il aurait été heureux de rendre au fils le dévouement qu'il avait naguère prodigué au père. Quand il évoquait le temps de sa faveur sous Henri IV, il avait des soupirs de regret. Malgré tout, l'attitude plus ferme de la France dans la Valteline faisait repousser en lui un regain d'espérance :

« J'ay nouvelles de l'Ambassadeur Cavassa, écrit-il à M. de Rohan... si j'avois auprez de nostre Roy le quart du crédit que le père m'avoit donné, j'espérerois luy faire un des signalez services que pauvre soldat ait jamais faict à Prince : mais Dieu ne permettant pas qu'il y ait oreilles pour nous, j'oseray seulement vous dire que ceste bonne volonté estant convertie en quelque commancement d'action, nous verrions accourir à nostre besongne des multitudes que je n'ose vous dire[1]. »

Il se peut qu'il exagère et prenne ses désirs pour des réalités, mais il est certain que les lenteurs — sinon les hésitations — du gouvernement français (le gouvernement des Brûlart alors) n'étaient pas faites pour entraîner les gens. Il avait fallu plusieurs mois, après les entrevues d'Avignon et de Lyon, pour élaborer le fameux traité d'alliance. Combien en faudrait-il encore pour préparer le « commencement d'action » que d'Aubigné appelait de ses vœux ?

Pourtant, la partie serait belle, pense-t-il, si l'Angleterre, comme on l'assure, était résolue à se joindre, au moins en fait, à la coalition, et à s'employer avec les « Teutoniques » à la reconquête du Palatinat[2]. Dès lors la besogne serait toute répartie, et la France « gardant fermement le dessein pris sur les parties de deça (en Italie), c'est à elle, aux Vénitiens et aux Suisses qu'incomberait la tâche de reprendre la Valteline. Mais cette tâche serait facilitée par la diversion anglaise

1. T. I, de l'éd. Réaume, p. 247-248.
2. Voir la lettre n° XXXI à Cavassa, t. I, p. 25.

en Allemagne qui attirerait et fixerait des forces espagnoles. Plan simple et grandiose. D'Aubigné craint seulement que l'entente soit bien difficile à réaliser entre les partenaires, et surtout que la France, par peur de s'engager à fond contre les puissances catholiques, ne se laisse berner par l'Espagne et Rome.

Un ami « qui a eu part aux affaires » lui écrit de France que malheureusement tout s'arrangera en Valteline, aux dépens des Grisons : « Le différent des Grisons se composera tant plus aisément qu'eux sont les moins considérables en leurs affaires, comme en ayant quitté leur espérance et leur part [1]. Les nécessitez que l'Hespagne aura de pacifier la fera contenter de sa commodité, le Pape de l'honneur, et la France d'une apparance [2]. »

La « commodité » pour l'Espagne, ce sera le droit de passage — sans l'occupation ; « l'honneur » pour le Pape, la protection qu'il aura donnée aux catholiques de la vallée par l'exclusion des soldats des Grisons ; et l' « apparence » dont se contentera la France, ce sera une fiction de libération de la Valteline à l'égard de l'Espagne.

Cet ami ne manquait pas de clairvoyance ou de renseignements, puisqu'en effet toute l'année 1623 se passa sans intervention militaire ; et les négociations conduites à Rome par le commandeur de Sillery, frère du chancelier Brûlart, allaient aboutir à un compromis de ce genre, lorsque les Brûlart furent renversés. Louis XIII, humilié par la faiblesse de leur politique extérieure, se décida brusquement à les renvoyer (janvier-février 1624) et à confier la direction des affaires à un homme plus énergique, La Vieuville. Celui-ci était un précurseur de Richelieu, avec moins de doigté, une manière plus brutale qui ne s'embarrassait pas de ménagements pour éviter de heurter de front le parti ultramontain. L'heure de l'action allait-elle sonner ?

Pas pour d'Aubigné en tout cas. Il était trop tard. Non pas parce qu'il avait une année de plus, mais parce que Louis XIII repoussait ses services, même indirects, même pour le compte de Venise. Il avait opposé son veto auprès de sa nouvelle alliée ; sa rigueur ne désarmait pas. Ainsi tombait le rêve de l'exilé de se

---

1. Par les traités et les renoncements que l'Espagne et l'Autriche leur avaient déjà imposés (Traité de Milan 29 janvier 1622 ; Traité de Lindau, octobre 1622).
2. Lettre XXXII à Cavassa. Réaume, t. I, p. 252.

battre encore pour la bonne cause, avant de mourir, et cette fois en toute sécurité
de conscience, pour la France contre la tyrannie hispano-romaine. Ce lui fut une
cruelle déception qu'il relate ainsi dans ses *Mémoires* :

*« L'Ambassadeur Squaramel [il faut lire Cavassa][1], entra en traité de la
part de la Sérénissime Seigneurie pour le faire Général des François à leur service : et tout se concluait favorablement quand Myron, Ambassadeur du Roy
en Souisse, fit escrire à celuy de Venise qu'il seroyent en l'inimitié du Roy, s'ils
se servoyent d'un homme tant hay de sa Majesté.* Les amis eurent beau alléguer,
que les causes de la haine des Roys devoyent estre aux Republicques cause de
charité[2], la crainte prévalut sur le désir d'acsepter la fidélité[3]. »*

*Miron fit pis ou mieux. Mis en goût par ce premier succès « il entreprit de
desloger Aubigné de Genève ».* Les plaintes qu'il avait formulées à son sujet dans
une conversation privée, à Soleure, avaient fait long feu, nous l'avons vu. Mais il
leur donna une tout autre portée en les renouvelant officiellement, et en transmettant au Petit Conseil (le 9 décembre 1623) une lettre du Roi lui-même, qui
déclarait avoir « peu de satisfaction de ce qu'aucuns de nos subjects secouans le
joug de nostre obéissance et du respect qu'ils nous doyvent, s'estans retirez
parmi vous, s'emportent imprudemment à plusieurs discours licentieux contre nostre
authorité et le bien de nostre service; ce que nous avons espéré devoir estre
réprimé ».

C'était presque une sommation. A tout le moins c'était un incident diplomatique désagréable. On comprend que le Petit Conseil en ait été ému. Mais pas un
instant il ne songea à sacrifier d'Aubigné, qui offrait de se retirer « s'il sçavoit
que sa présence préjudiciast en quelque façon au bien de cest Estat ». Il ne s'agissait pas de cela. On cherchait seulement le moyen de concilier les devoirs de l'hospitalité — auxquels on entendait faire pleinement honneur — avec les égards qu'on
voulait conserver pour la Cour de France. Finalement c'est d'Aubigné qui suggéra
la formule cherchée. Puisque l'accusation du Roi demeurait dans les généralités,

1. Nous avons vu que c'était Cavassa qui avait traité avec lui. La confusion que fait ici d'Aubigné
vient sans doute de ce qu'il fut également en rapports plus tard avec le successeur de Cavassa, Squaramel.

2. C'est-à-dire d'affection.

3. *Mémoires* (Réaume, t. I, p. 103-104).

sans nommer personne, on pouvait répondre en termes également généraux : que la République ne tolérerait jamais de menées ni de propos contre lui, et que si elle en avait connaissance — ce qui jusqu'à ce jour ne s'était pas produit — elle en ferait bonne et prompte justice. C'est en ce sens que fut rédigée la réponse à la lettre de Louis XIII (16 décembre 1623) [1].

D'Aubigné qui n'avait pas ployé sous cette bourrasque, et qui avait été bien soutenu par ses amis genevois, en a gardé sans doute quelque fierté, car il a raconté les faits dans ses *Mémoires* en arrangeant un peu et en amplifiant la réponse concertée avec la Seigneurie. Le fond du reste n'est pas sensiblement altéré [2]. S'il en garda de la fierté, il en conserva aussi une reconnaissance émue à la République, à qui il avait fallu un certain courage pour le couvrir en cette circonstance, ou du moins pour ne pas le découvrir. Sa gratitude s'exprime dans une lettre à Madame la douairière de Rohan :

« Je suis icy persécuté de divers hommes, moyens et afflictions : la dernière malice a esté de bailler le choix aux Seigneurs de ceste ville ou de me perdre, ou de les priver des assistances qui leur sont nécessaires. Ils ont respondu en respectueus à Sa Majesté, en amis de l'affligé, en justes et en Souverains. Je me resjouis de l'assistance de Dieu... [3]. »

Il se réjouissait de l'assistance de Dieu et de celle de la Seigneurie, mais *il souffrait de cette hostilité implacable que lui témoignait le fils d'Henri IV.* S'avouait-il dans son for intérieur qu'il n'avait guère fait ce qu'il fallait pour l'éviter ? Je ne sais, mais ce qu'il y a de certain, c'est qu'elle lui était singulièrement pénible et qu'elle aggravait pour lui la mélancolie de l'âge et de l'exil. Aussi lui arrache-t-elle, peu après l'incident que nous venons de relater, un cri douloureux dans une lettre à Monsieur de Loménie, secrétaire d'État (début de 1624). Il lui rappelle la proposition — touchante et dérisoire — qu'il avait faite naguère, quand il négociait avec la Cour la reddition amiable de ses places, de se retirer à l'étranger, dans le pays qu'on lui désignerait, pourvu qu'il restât inscrit sur les états de la

---

1. Cf. HEYER, Notice, *D'Aubigné à Genève*, p. 29 et 30 (d'après les *Registres du Conseil*). Cet incident aura encore un écho, 4 ans plus tard, en 1627, dans une conversation tenue à Paris par le secrétaire d'Etat Herbault avec deux députés Genevois. Cf. *Ibid.*, p. 31.

2. Cf. *Mémoires* (Réaume t. I, p. 104-105).

3. Réaume, t. I, p. 306.

maison du Roi pour un écu de pension, et qu'il pût continuer à se dire domestique
de Sa Majesté. Maintenant il est prêt à s'éloigner encore davantage si on le trouve
trop près de la France à Genève, mais à la condition que ce soit honorablement, et
non sous une accusation infamante qu'on n'ose pas porter en justice où la preuve
pourrait être administrée :

« J'ay requis que procez me fust faict et parfaict sans faveur aucune ; mais
ne vient ny partie ny tesmoings, et cependant je demeure criminel en la pensée de
mon Roy, ruiné de toutes mes affaires en France, en charge et fardeau à mes
amis... Or, voicy ce que je demande au Roy pour les services d'un père, de frères
et dix parents morts à la querelle des Bourbons, de soixante années que j'ay faict
lettière de ma vie avec plusieurs playes pour le mesme nom, de ce que Dieu s'est
servy de mon adresse pour tirer mon Maistre des prisons [1], et de mes mains pour
le sauver de deux assassinats : qu'il plaise à Sa Majesté (si on désire mon esloi-
gnement de ce lieu et ne le causer par aucun crime, comme il seroit grand d'avoir
blasphémé de l'oint de Dieu) trouver bon que je m'eslogne de cinq cents lieues
le feray. Mais si on ternit mon nom de quelque accusation, je retournerois du bout
de l'Europe en ce lieu où la justice bonne et sévère s'exerce mesme des delitz faitz
au loing. J'attendray donc la pure volonté du Roy pour y obéir sans déshonneur [2].

Il n'eut pas de réponse, mais en 1625, après l'avènement de Richelieu au ministère, quand une armée française commandée par le marquis de Cœuvres (An-
nibal d'Estrées) descendit des Grisons en Valteline et en chassa les troupes ponti-
ficales, en même temps que le connétable de Lesdiguières franchissait les Alpes
et, avec le concours du duc de Savoie, allait attaquer Gênes, le port du Milanais
espagnol, d'Aubigné eut *une fausse joie*, et crut encore à la possibilité de faire
agréer ses services *in extremis*. M. de Bullion, conseiller d'État, qui avait été
commissaire de la Reine Régente en 1611, à l'Assemblée de Saumur, accompagnai
le Connétable. Il entra en relations avec d'Aubigné, malgré les différends passés
— ils étaient du reste réconciliés [3] — et le pria de transmettre les renseignement

---

1. En 1576 quand il avait fait échapper le Roi de Navarre de la Cour des Valois.

2. Éd. Réaume, t. I, p. 308-309.

3. Depuis 1621 sur l'initiative de M. de Bullion qui lui avait écrit de Grenoble. D'Aubigné e
avait fait part au Petit Conseil (séance du 3 février 1621 : cf. HEYER, *Notice*, p. 123, note).

qu'il pourrait avoir sur les dispositions des cantons suisses — catholiques et protestants — surtout les nouvelles relatives aux mouvements des troupes impériales allemandes, dont on redoutait une intervention contre les corps expéditionnaires français de Valteline et d'Italie. Tout en s'acquittant diligemment de sa mission, l'Aubigné ne manqua pas de rappeler qu'il était « homme de siège et sans capitulation » (lettre du 2 avril 1625), et, comme on n'eut pas l'air de repousser ses avances, il insista, affirmant hautement, d'une façon flatteuse pour Lesdiguières, que ce lui « seroit un honneur souhaitable de mourir en bien faisant, non avec, mais soubs le plus redouté Capitaine de l'Europe. Je reprendrois joyeusement, ajoute-t-il d'un ton alerte qui fait plaisir chez ce vieillard, la petite espée pue j'ay mise au crochet, et forcerois toutes les incommoditez de l'exil, de l'aage, et de la pacifique condition que je suis, avec la diligence et la vigueur que se peut. » (Lettre du 18 juillet)[1].

Peu s'en fallut cette fois, semble-t-il, qu'il ne fût exaucé. Un projet prenait corps, audacieux et bien fait par cela même pour le séduire. Il s'agissait d'une diversion en Franche-Comté, point sensible de la puissance espagnole, où l'on pouvait couper ses communications entre l'Italie et les Flandres. Il était question de lui confier pour cette entreprise quatre régiments d'infanterie et une compagnie de gendarmes. M. de Bullion vint se concerter avec lui à Genève. L'affaire était en bon train. Mais finalement la Fortune se joua encore de ses espérances. Les difficultés imprévues auxquelles se heurta, à Gênes et à Savone, l'expédition franco-piémontaise, fit sans doute renoncer à cette extension hardie des opérations. Car il fut nécessaire d'envoyer en Italie d'importants renforts, prélevés sur l'armée qu'on avait préparée en Champagne[2].

Il fallait que d'Aubigné se résignât désormais. Il ne reprendrait jamais les armes. Au reste il approchait de 75 ans. Il avait bien gagné ses Invalides... à la lettre, car il avait le corps tout cousu de blessures, qui le faisaient souffrir surtout aux changements de saisons. Mais l'esprit et le cœur demeuraient jeunes, et, à

---

1. Voir la correspondance de d'Aubigné avec M. de Bullion et Lesdiguières au t. I de l'éd. Réaume, les nᵒˢ XII et XIX des *Missives et Discours militaires*, p. 154 et 177 (au Connétable) — et les nᵒˢ XXXVII, XL, et XLII des *Lettres et Mémoires d'État*, p. 257, 261 et 263 (à M. de Bullion).
2. Cf. sur cette nouvelle déception, *Mémoires*, éd. Réaume, t. I, p. 109.

défaut de l'épée, il devait garder jusqu'au bout à la main sa bonne plume, alerte et acérée... un peu trop même parfois, car elle lui attira encore quelques désagréments. Heureusement une influence féminine s'exerçait sur lui, qui contribuait avec l'âge à l'assagir : il avait retrouvé sur la terre d'exil la douceur tiède d'un nouveau foyer.

§ 3. — **Le nouveau foyer d'Agrippa d'Aubigné : son remariage avec Renée Burlamachi (24 avril 1623). — Le retour du fils prodigue. — La mort de sa fille Marie. — Les derniers travaux littéraires d'Agrippa d'Aubigné.**

Il était veuf depuis 1595, et, pieusement recueilli dans les souvenirs du passé, jamais il n'avait songé à se remarier, tant qu'il avait été entouré de ses enfants et petits-enfants. Mais à l'étranger, loin des siens, loin de ses amis d'autrefois, il sentait davantage le poids de la solitude. Même son fils naturel, Nathan, qui l'avait accompagné à Genève, n'habitait plus avec lui depuis qu'il avait épousé Claude Pellissari[1]. Ce n'était pas sa petite « maison militaire » qui pouvait lui donner l'illusion d'un foyer, ces quatre gentilshommes qui avaient escorté sa fuite de France et qu'il avait gardés près de lui. Sa situation intéressa de bonnes âmes ; elle toucha « la vefve de Monsieur Balbany, de la maison des Burlamasqui de Luques. Ce mariage fut commencé par la voix du peuple, qui n'avoit rien à souhetter pour une personne grandement aymée, tant pour la probité, charité et bienfaicts envers tous, que pour la race très noble et les biens et commoditez à suffisance de cest nouvelle vefve[2] ».

Impossible de faire entendre plus délicatement que le bénéficiaire dans cette union, à tous les points de vue, c'était lui. Renée Burlamachi était née à Montargis, le 25 mars 1568, et avait donc cinquante-cinq ans. Elle était veuve depuis deux ans de César Balbani, dont elle avait eu dix enfants, tous morts en bas âge. C'était une femme de haute vertu, de grande piété, de noble cœur, digne à tous égards de s'unir au glorieux proscrit dont elle acceptait d'adoucir la vieillesse et l'exil[3].

1. Cf. Heyer, *D'Aubigné à Genève*, p. 55 et note 1.
2. *Mémoires* (Réaume, t. I, p. 105-106).
3. Cf. Heyer, *Notice*, p. 35-36, et l'ouvrage de Charles Eynard : *Lucques et les Burlamachi* (Paris Genève, 1848, in-12) où il a raconté la vie de Renée, d'après ses *Mémoires*, qui s'arrêtent à 1601.

Une circonstance imprévue permit à d'Aubigné de faire au dernier moment une épreuve décisive du caractère et de la valeur morale de celle qui allait devenir sa compagne. La veille du contrat il apprit qu'il avait été condamné en France « à avoir la teste tranchée pour avoir revestu quelques bastions [de ses places] des pierres d'une Église ruinée l'an 1562 [1] ». C'était sa quatrième condamnation à mort pour crime de ce genre. On pensait le rendre ainsi odieux à Genève, et cette fois faire rompre son mariage. Il alla porter lui-même la nouvelle à Renée Burlamachi pour juger de l'effet produit :

« *Je suis bien heureuse d'avoir part avec vous à la querelle de Dieu*, répondit-elle : *ce que Dieu a conjoint l'homme ne le séparera point* [2]. »

Ainsi s'accomplit le mariage, le 24 avril 1623. D'Aubigné « congédia et contenta » — par quelque honnête gratification — les quatre gentilshommes qu'il avait conservés jusque-là comme une sorte de garde d'honneur à sa dignité de Maréchal de camp, et il « se réduisit au ménage avec sa femme », allant habiter chez elle, et renonçant au logis Sarrasin, dont la Seigneurie avait fait gracieusement les frais [3].

Il semble que dès lors il passait l'été dans sa propriété du Crest, et l'hiver à Genève dans la maison de sa femme. Il avait fait au Crest des travaux de construction et d'aménagement importants, au cours desquels il faillit se rompre le col en escaladant les échafaudages comme un jeune homme [4]. Il n'avait pas seulement en vue la commodité et l'agrément, mais aussi la sécurité, car il était persuadé que ses ennemis de France, étaient très capables de soudoyer quelques bandits

---

1. *Mémoires* (Réaume, t. I, p. 105). Dans l'*Inventaire* des papiers de d'Aubigné après son décès, figure « une permission des religieux et prestres de Maillezais au dict defunt de se servir de la pierre et terre de la ruine de l'église de Maillezais, signée Collars, 18 février 1613. » (Cf. Heyer, p. 48 note 1.) Si c'est pour cela qu'il fut incriminé, on voit que c'est une mauvaise querelle qu'on lui chercha, puisqu'il avait pris la précaution de se munir d'une autorisation du clergé catholique. La condamnation fut exécutée en effigie sur la place de Grève à Paris : cf. le quatrain fait là-dessus par M. Foissia au moment du mariage (*Mémoires*, t. I, p. 106), et un autre que cette circonstance inspira également à un jeune et charmant correspondant de d'Aubigné qui venait de passer l'hiver chez lui (cf. *Bulletin du Protestantisme*, t. XXIV, 1875, p. 323-326).

2. *Mémoires*, éd. Réaume, t. I, p. 106.

3. *Ibid.*, p. 99 et 106. La maison de sa femme était située près de la porte du château, à peu près sur l'emplacement du n° 14 actuel de la rue de l'Hôtel-de-Ville. Elle a été démolie en 1840 (cf. Heyer, *Notice*, p. 34.)

4. Cf. *Mémoires*, éd. Réaume, t. I, p. 105.

pour lui faire un mauvais parti. Aussi, en 1624, demanda-t-il au Petit Conseil l'autorisation de fortifier son château. Elle lui fut accordée à condition qu'il n'en abusât pas, et qu'il n'édifiât rien qu'on fût obligé de démolir en cas de guerre pour ne pas offrir une forteresse à l'ennemi. Il répondit qu'il cherchait seulement à se garantir contre les larrons et assassins, et qu'il y aurait « une courtine fermée et un bastiment sur les vieilles murailles avec un cul-de-lampe [1] ».

Il jouissait du bien-être matériel et moral ; il se sentait entouré d'une douce et calme affection, qui apaisait l'agitation de sa longue vie mouvementée. Les travaux de la campagne, l'administration de son domaine l'intéressaient et l'occupaient. Il y menait un train seigneurial, qui lui permettait de recevoir en châtelain ses amis de Genève. Il les retrouvait à la ville. Tout l'élite de la société était liée avec lui, des magistrats, des pasteurs, les Tronchin, Diodati, Goulart, Turretini, le neveu de Mme d'Aubigné. Les étrangers de marque qui étaient de passage à Genève, ne manquaient pas d'aller visiter l'illustre réfugié, lui portant encore plus de respect que de curiosité, et venaient goûter en sa compagnie et dans sa conversation le charme des souvenirs et les leçons d'une longue expérience. Très hospitalier, il ne se contentait pas de faire bon accueil à ses amis et à ses visiteurs ; il aimait à organiser des réceptions en leur honneur, comme il le fit pour la princesse de Portugal, à qui il offrit un concert avec vers et musique de sa composition [2].

D'Aubigné paraît avoir été plus qu'un amateur de musique, et les instruments qui figurent sur l'Inventaire de ses meubles après décès (une grande viole basse, deux moyennes et un violon [3]) ont sans doute été touchés par lui. C'est une révélation sur le côté tendre et délicat d'une sensibilité qu'on est plus habitué à voir, dans ses œuvres, tendue et violente.

Y a-t-il rien de plus exquis que ce petit tableau qu'il trace lui-même, dans une

1. Cf. HEYER, *Notice*, p. 34-35 et notes 1 et 2 de la p. 35.
2. Cf. *Ibid.*, p. 38-40, et ROCHEBLAVE, *Vie d'un héros*, p. 228-230. Cette princesse, Emilie de Nassau, femme de don Emmanuel de Portugal, était la sœur de Maurice de Nassau (mort en 1625). Elle venait s'établir à Genève avec ses six filles. C'est elle qui acheta la maison Sarrazin où d'Aubigné avait logé (1626). La pièce de vers, que d'Aubigné composa en son honneur et mit en musique, se trouve au t. III, de l'éd. Réaume, p. 307.
3. *Archives du Conseil*, vol. 254, nᵒˢ 21 à 24 de la 2ᵉ partie (Meubles.)

lettre à Rohan, du charme de son existence nouvelle, où les plaisirs de l'esprit et du cœur se mêlent harmonieusement ?

« C'est avec grand regret que je ne puis vous aboucher, pour des raisons qui ne se peuvent escrire ; mais si les choses vont au bien, nous guérirons bien toutes ces craintes en mettant la main à l'œuvre pour lequel je quitteray, quand il vous plaira, mes livres, mes compagnies exquises, mes bonnes et grandes musiques, et la plus douce vie que j'aye encor savourée [1]. »

Mais survint un trouble-fête : Constant reparut. D'Aubigné ne l'avait pas revu depuis 1619. On se rappelle qu'il avait repoussé durement toutes les tentatives de réconciliation que son fils avait faites auprès de lui, avant son départ de France, par des intermédiaires bien intentionnés, mais plus faciles à abuser que le père. Il avait épuisé toutes les indulgences, et il n'était pas homme à tomber dans la faiblesse. Cependant on peut croire qu'il n'oubliait pas ce dévoyé, que sa pensée allait souvent vers lui, et qu'il priait Dieu de lui faire la grâce de le ramener dans le bon chemin. Les Villette ne le perdaient pas de vue — et pour cause, car Constant avait souvent besoin de secours pécuniaires — et ils tenaient le père au courant de ses faits et gestes. Renée Burlamachi, avec son grand cœur de femme et de mère qui avait perdu tous ses enfants, devait s'employer de son côté à un rapprochement. Bref, Constant crut le moment venu, au début de 1624, et il arriva inopinément à Genève pour solliciter son pardon. Il se disait prêt à toutes les pénitences qu'on lui imposerait pour faire sa paix avec l'Église protestante. D'Aubigné voulut croire à sa sincérité, et avertit la compagnie des pasteurs, qui estima nécessaire « une griefve et sérieuse repentance par laquelle il peust édifier, autant qu'il avait scandalisé par son apostasie et vie desbauchée. Elle députa vers lui quatre pasteurs à qui il promit de reconnaître sa faute de la manière et dans l'endroit qu'on jugeroit à propos. Sur quoi il fut convenu que la réparation de la faute devait se faire là où le scandale avait été donné[2] », c'est-à-dire à Paris et dans le Poitou. (Délibération du 13 février 1624.)

C'était une façon adroite d'accorder les exigences de la morale avec celles du Petit Conseil, qui ne tenait pas à voir se prolonger le séjour dans la ville du fils

1. Ed. Réaume, t. 1, p. 294.
2. Cf. HEYER, *Notice*, p. 37.

d'Aubigné. Trois jours avant, en effet (le 10 février), il avait reçu de France à son sujet un rapport peu édifiant — ou qui l'était trop. Il fallait bien se garder, écrivait-on, du sieur Surimeau, qui avait eu des communications fort étroites avec les Capucins et les Jésuites. Il n'y avait pas longtemps qu'on l'avait vu à Paris en fort petit équipage ; et maintenant il avait de l'argent, de provenance suspecte. Puis il n'avait pas fait le voyage seul. Il était accompagné d'un homme qui passait pour un grand mathématicien. A quelle intention ? — Les mathématiques ne sont assurément pas une science défendue, ni dangereuse en soi, mais je suppose que la Seigneurie craignit d'avoir affaire à un espion, chargé de relever le plan des fortifications. Quoi qu'il en soit, on pria d'Aubigné de congédier son fils le plus tôt possible [1].

Constant repartit donc, et alla faire en Poitou et à Paris toutes les « recognoissances » et soumissions qui lui avaient été enjointes. Il y ajouta même de son chef, et, pour donner des gages plus éclatants de son changement, il écrivit « en vers et en prose furieusement contre la Papauté ». Les palinodies ne lui coûtaient pas cher, mais elles coûtèrent davantage à son père, qui, pour ne pas le laisser retomber dans ses égarements par manque d'argent, lui en donna et lui fit même une petite pension [2].

Il croyait l'avoir reconquis. Sa joie éclate dans une lettre d'exhortation à Mme de Rohan (la femme du Duc), qui portait la même croix et voyait un de ses fils séduit par les Jésuites :

« Je vous convie à prendre la mesme résolution que je fis [c'est-à-dire le remède énergique de la rupture] et laquelle, Dieu mercy, m'a succédé; car ce perdu s'est retrouvé, et mon mort est ressussité [3]. »

C'est presque un alleluia. Blâmerons-nous le cœur paternel d'avoir rendu peut-être trop vite sa confiance ? On comprend du moins que les étrangers n'aient pas été si prompts à l'accorder. A trois reprises, pendant cette année 1624, Cons-

____

1. Cf. HEYER, *Notice*, p. 36-37.
2. Cf. *Mémoires*, éd. Réaume, t. I, p. 112.
3. Ed. Réaume, t. I, p. 399. Ce fils de Rohan devait mourir prématurément et réconcilié avec le protestantisme — d'où d'Aubigné tirera une consolation pour le père. Voir même tome, p. 402, le nº XI des *Lettres de Piété et de Théologie*.

tant annonça son intention de revenir à Genève, et chaque fois le Petit Conseil lui fit signifier par le père qu'il devait s'abstenir [1].

Alors il restait à Paris, lieu de tentation et de perdition pour lui. A tout prix d'Aubigné voulait l'en arracher. Il finit par lui couper les vivres pour l'obliger à en partir. Il lui proposait d'aller servir dans l'armée du Roi de Danemark, qui se préparait à intervenir en Allemagne en faveur du Protestantisme et de l'Électeur Palatin dépossédé. Constant parut d'abord céder, pour avoir de l'argent. Mais le père prenait ses précautions. Il écrivait à son gendre M. de Villette :

« Je le conois bien pour estre ennemi des entreprises rudes, comme il a nommé celle-là ; mais pour luy faire quitter son Paris, par quelques interssessions puissantes sur moi qu'il a employées, il n'a seu obtenir de moi le secours d'un teston. Maintenant il promet de franchir la barrière. Je luy escris que, m'en asseurant, je luy feray donner de quoy partir de Paris et aller jusques à Hambourg ; là il recevra de quoy achever son voyage [2]. »

Quand il connut ces conditions, Constant trouva « l'invention » paternelle encore plus « rude », et il renâcla. Et d'Aubigné gravement lui répliquait que son relèvement ne pouvait se faire sans effort :

« Vos mauvaises actions vous ont rendu soubsonneux aus bons, leur retour vers eux irréconciliable aus meschans ; de là n'y a plus d'emplois ni d'honorable travail. Vos desbauches et dettes vous ont osté l'orillier de la maison, et le repos. La condition où vous estes vous est en horreur. Touttes ces maladies implicites demandent un grand changement d'air et le bain de vos sueurs [3]. »

Il ne put décider le pécheur à aller si loin. Constant offrit un moyen terme. Son père désirait le voir soldat, et soldat de la bonne Cause. Il y était tout disposé. Mais à quoi bon aller se perdre dans les brumes du Nord, quand il pouvait se battre en Italie ou en Valteline, avec les armées alliées ? Plusieurs gentilshommes de ses amis, le baron de Semur, M. de Marigny, le marquis de Jouvernet, levaient des compagnies à cheval pour le compte de Venise. Son ambition était d'en faire

1. Séances du Conseil du 24 mars, 28 avril et 14 juillet 1624. Cf. HEYER, *Notice*, p. 37 et notes 3 et 4.
2. Cf. Réaume, t. I, p. 577, où cette lettre est donnée d'après la copie du ms. de Bessinges. L'original (de la main de Renée Burlamachi) se trouve à la Bibliothèque de l'Histoire du Protestantisme, dans la collection P. A. Labouchère, avec un post-scriptum où Renée parle en son nom (Cote 756/1).
3. Ed. Réaume, t. I, p. 484-485.

autant. Ce projet ne déplaisait pas en principe à d'Aubigné, qui lui-même, nous
l'avons vu, espérait prendre part à cette campagne. Il consentit donc à causer avec
Constant, et, sur sa requête, le Petit Conseil accorda un sauf-conduit d'un mois
« au sieur de Surimeau » (8 avril 1625)[1]. Ce qui effrayait d'Aubigné c'était la
dépense. Il fallait faire des avances dont on ne serait remboursé que plus tard, si
on l'était. Constant prétendait avoir des prêteurs, si son père consentait à donner
sa caution. Celui-ci hésitait. Cependant il le laissa aller en Gascogne et en Saintonge préparer le recrutement de ses hommes. Le connétable de Lesdiguières l'assistait de sa recommandation, et d'Aubigné l'en remerciait : « Si on luy tient promesse, je mettray l'espaule sous la sienne pour luy aider à la tenir[2]. » Mais quand
il connut le montant exact des sommes promises et les conditions d'engagement
que faisait Venise, il jugea « le marché ruineux » et estima que jamais Constant
ne s'en tirerait. Aussi refusa-t-il finalement de garantir la levée[3] (début de 1626).

Au reste, le traité de Monçon avec l'Espagne, qui allait régler la question de
la Valteline, était proche. Il fallut toute l'habileté politique de Richelieu pour
obtenir un demi-succès, malgré la nouvelle révolte protestante qui lui tira dans le
dos pendant qu'il faisait face à la coalition ultramontaine. Les prétextes invoqués
étaient insignifiants : quelques infractions à la dernière paix, surtout la menace du
Fort-Louis construit par les Royalistes pendant la campagne de 1622 et qui in-
quiétait la Rochelle, ou encore la présence de navires de guerre croisant dans les
parages de l'ile de Ré. En réalité Soubise profita simplement de l'occasion et des
circonstances qui absorbaient ailleurs les préoccupations et les forces du gouvernement français. Au début de 1625 il surprit plusieurs vaisseaux royaux à l'embouchure du Blavet[4], puis, maître de la mer, s'empara de l'ile d'Oléron. Pendant
ce temps, son frère Rohan parcourait le Languedoc en prêchant la guerre sainte, et
faisait le prophète avec des versets des Écritures. Heureusement ces deux perpé-
tuels agités ne réussirent à entraîner qu'une minorité. Mais cela suffit à gêner beau-

1. Cf. Heyer, *Notice*, p. 37 et note 5.
2. Lettre du 18 juillet. Cf. Réaume, t. I, p. 316-317.
3. Voir les lettres échangées entre le père et le fils à ce sujet : celle de Constant au t. V de l'éd.
Réaume dans une note, p. 247, et la réponse du père au t. I, p. 192, n° XXV du livre des *Missives et Discours militaires*.
4. Morbihan, la rivière qui débouche à Lorient.

coup l'action de Richelieu au dehors. Cette fois d'Aubigné condamnait le mouvement. Il qualifiait Soubise de « pyrate de bonne maison », et jugeait cette affaire « fascheuse et intempestive [1] ». Ce qui prouve qu'à Genève son point de vue s'élargissait tout de même, et qu'il n'était plus réduit à l'horizon borné où s'enfermait l'esprit de parti des Huguenots français. Il embrassait maintenant tous les événements européens et les intérêts généraux du Protestantisme, et il ne pouvait pas ne pas voir qu'en se soulevant à ce moment, les Réformés, qu'ils le voulussent ou non, faisaient le jeu de la Papauté et des puissances ultra-catholiques. Il essayait pourtant encore d'excuser Rohan, pour qui il avait une estime et une affection toutes particulières. Il écrit à un noble personnage :

« J'ay reçeu lettres de M. de Rohan qui parlent bien un langage plus pacific que le bruit qu'on lui donne. J'ai résolu de n'entretenir point Vostre Altesse des affaires françaises : car ma conscience ne les pouvant aprouver, ny ma condition les condamner, il ne me reste que le taire et attendre le résultat du ciel [2]. »

Voilà un langage de bon Français. Il est vrai qu'il avait un motif personnel de déplorer la faute de ses coreligionnaires, puisque leur rébellion si inopportune risquait d'arrêter net la guerre extérieure, à laquelle jusqu'au bout il espéra de participer. Le rétablissement de la paix générale, au printemps de 1626, fit évanouir son dernier rêve de soldat [3]. Il avait eu au moins ce bon côté d'être une diversion salutaire au deuil qui venait de le frapper.

L'aînée de ses filles, Marie, celle qui avait épousé Caumont d'Ade, était morte dans l'été de 1625, après une longue maladie. Elle laissait quatre enfants, « quatre chainons », écrit d'Aubigné à son gendre [4], qui devaient maintenir solidement le lien d'amitié entre eux deux. Mais ce qui ne tarda pas à le relâcher, c'est le remariage rapide de Dadou avec Madeleine Mériaudeau, fille d'un procureur (17 oct. 1625). D'Aubigné en fut peiné. Il songea à prendre avec lui un des orphelins, soit l'aînée

---

1. Voir éd. Réaume, t. I, dans le livre des *Missives et Discours militaires,* les lettres XVII à l'ambassadeur de Venise et XVIII à M. Durant, colonel au service de Venise, p. 175-176.

2. Ed. Réaume, p. 284-285.

3. Traité de la Rochelle avec les Protestants (5 février 1626). Traité de Monçon avec l'Espagne (élaboré de janvier à mai).

4. Voir la lettre de consolation et d'exhortation chrétienne qu'il lui a adressée le 27 août 1625, éd. Réaume, t. I, p. 318, n° 28 des *Lettres d'affaires personnelles.*

des fillettes, Arthémise, si ses mœurs s'accordaient bien « à la modestie et humillité qu'il faut à Genève » et si le père consentait à la lui laisser marier à son idée, soit un des petits, plus faciles à ployer[1]. Il ne semble pas que ce projet ait eu une suite.

Si sa prédilection paternelle allait à « son unique », Mme de Villette, il avait toujours eu une sollicitude particulière pour la situation de sa fille Marie, moins bien mariée et moins fortunée. D'ailleurs il lui devait une compensation, car elle n'avait pas touché complètement sa dot. Aussi c'est à elle, et à ses enfants, qu'il avait attribué d'avance le domaine du Crest, dont il lui avait fait donation régulière — entre vifs — par acte du 2 septembre 1622, s'en réservant seulement l'usufruit[2]. Les Villette n'ignoraient pas cette disposition, mais ils n'en ressentaient pas d'envie. Leurs relations avec d'Aubigné, comme le montrent les correspondances échangées, ont toujours été extrêmement affectueuses. Il les chargeait de petites commissions, de lui choisir des chapeaux[3] — à la mode sans doute — de lui commander des pièces de toile du Poitou, sans regarder à la dépense, car c'est un cadeau qu'il veut faire à sa femme[4]. C'était là peu d'embarras. Mais ce qui en causait davantage à M. de Villette, c'était le règlement des affaires que d'Aubigné avait laissées en suspens par son brusque départ de France. M. de Villette faisait rentrer les créances. La liquidation la plus laborieuse fut celle du reliquat de l'indemnité de Rohan pour la cession de Maillezais. Rohan, d'après la convention, devait s'acquitter en trois ans des 50.000 francs restant dus. En 1626 ce n'était pas encore terminé. Le 21 juin, en accusant réception à M. de Villette de lettres de change pour une somme de 16.000 francs, d'Aubigné ne lui cache pas qu'il a été et est encore fort gêné, car il ne pourra rien toucher avant deux mois :

---

1. Cf. même tome, p. 566, la lettre à M. de Villette, datée du 21 juin 1626.

2. Une expédition de cette donation est mentionnée parmi les papiers inventoriés après le décès de d'Aubigné (1re partie de *l'Inventaire* général, n° 26). En fait les deux demoiselles de Caumont (les deux garçons moururent jeunes) furent dépossédées du Crest, car leur branche était elle-même débitrice envers Constant, sur lequel Dadou avait usurpé la terre de Surimeau. Pour la garder, celui-ci fit vendre le Crest, qui fut acquis par un Micheli (il est resté dans cette famille). Acte passé à Niort le 11 avril 1637 (cf. Heyer, p. 52 et note 3). D'où des difficultés ultérieures avec ses filles, et surtout avec l'un de ses gendres. Je n'entrerai pas dans le détail de cette affaire compliquée, qui donna lieu à toutes sortes de procédures.

3. Éd. Réaume, t. I, p. 576.

4. *Ibid.*, p. 575.

« J'ai honte de vous dire que j'estois à sec, et que j'aurois besoin que vous me fissiés envoyer, par la dernière voye, afin qu'il n'y ait point de longueur, quelque quatre mille livres, ou moins si la doute de l'affaire de Maillezais le veut ainsi [1]. »

C'est que, en fin de compte, le Crest lui revenait assez cher avec les transformations qu'il y avait faites, et l'accroissement qu'il avait donné peu à peu à la propriété par des acquisitions supplémentaires de terrain tout autour : bois, prés, vignes [2]. Le total de la dépense monta à onze mille écus [3]. C'était une somme pour un exilé, qui avait dû, des épaves de sa fortune, se refaire un fonds nouveau. Puis son train de maison exigeait d'assez gros revenus, et il ne voulait pas vivre aux dépens de sa femme. Il lui fallait donc être bon économe, afin d'équilibrer ses recettes et ses dépenses. M. de Villette cherchait à lui faire rendre la faculté de rentrer en France, au moins d'y venir à sa volonté. Pour cela il fallait obtenir l'annulation des condamnations prononcées contre lui. Mais d'Aubigné déclare tout net qu'il ne dépensera rien pour des frais de procédure :

« J'ay encor un mot à vous dire : vous m'obligerez beaucoup quand vous me pourrez faire donner liberté de me promener en France ; mais pour effacer l'ignominie de l'arrest qui a esté mis sur ma teste quatre fois en ma vie, je tiens ces persécutions à tel honneur que je serois bien marri de dependre un escu pour les abolir, comme aussy mes affaires ne le requièrent pas : car de tout ce que vous avez heureusement et fidèlement fait pour moy, il s'en fault de deux cents livres que mon revenu m'aquite de ce que je suis obligé d'employer tous les ans [4]. »

Sa grande préoccupation pendant ses dernières années, en dehors de l'administration de son domaine, c'était la réédition de ses principales œuvres et la composition de nouvelles, car son génie resta fécond jusqu'à la fin.

Il dut se mettre d'assez bonne heure à la revision de ses *Tragiques*, dont il ne se dissimulait pas les imperfections de forme ni les négligences, avouées dans l'Avis de l'Imprimeur de la 1re édition, qui en faisait espérer une seconde « où non seule-

1. Ed. Réaume, t. I, p. 566. Un an après il était encore question de « l'affaire de 50.000 livres » et il ne peut guère s'agir que de la dette de Rohan. Cf. Réaume, t. I, p. 574, lettre du 9 juin 1627.

2. Cf. dans l'Inventaire des Papiers le n° 19 relatif aux titres de propriété du Crest et de ses annexes.

3. Cf. *Mémoires* (Réaume, t. I, p. 105).

4. Lettre du 8/18 novembre 1626, éd. Réaume, t. I, p. 568.

ment les deffauts seront remplis, mais quelques annotations esclairciront les lieux plus difficiles [1] ». Il est regrettable que ce programme n'ait été qu'à demi exécuté. D'Aubigné s'est dispensé des annotations promises, historiques ou autres, qui eussent été souvent bien nécessaires pour l'intelligence du texte. Du moins ce texte l'a-t-il amélioré par des corrections et des additions — environ 400 vers intercalés çà et là dans les 7 livres. Le résultat de ce travail de révision est enregistré dans le manuscrit de Bessinges (vol. VII) où le poème a été recopié tout entier, avec les leçons nouvelles et les additions. Cette copie est de la main d'un secrétaire ; d'Aubigné n'a fait lui-même que quelques rectifications. C'est le manuscrit qu'ont reproduit MM. Read [2] (1872) et, peu après, Réaume et de Caussade [3] (1877). Il porte à la première page la mention : « Donné à l'imprimeur le 5 aoust ». Mais il n'a pas dû aller chez l'imprimeur, son état ne permettant pas de supposer qu'il ait passé par les mains des compositeurs. L'explication de cette contradiction apparente a été donnée dans l'Introduction d'une édition critique du premier chant (*Misères*) faite en 1896 par cinq élèves de l'École Normale Supérieure sous la direction de M. Joseph Bédier [4]. On y a démontré que le manuscrit de Bessinges avait servi à la préparation de la 2ᵉ édition des *Tragiques*, que c'en était la base, mais qu'elle n'avait pas été faite sur lui : les modifications qu'il apporte au texte de 1616 ont été reportées sur un exemplaire de la 1ʳᵉ édition, en marge, en surcharge, ou sur des feuillets intercalés ; et c'est cet exemplaire ainsi corrigé qui a été remis à l'imprimeur, le jour où d'Aubigné en a pris note sur son manuscrit conservé.

Quel était cet imprimeur ? Est-ce à Genève même qu'a été faite cette seconde édition ? On n'a pas de certitude absolue, puisqu'elle parut sans indication de lieu ni de date, sous le titre : « *Les Tragiques* CI-DEVANT DONNEZ AU PUBLIC PAR LE LARCIN DE PROMÉTHÉE, et depuis avouez et enrichis par le sieur d'Aubigné ». La vraisemblance du moins est qu'il s'est adressé à un imprimeur genevois pour pouvoir plus facilement surveiller l'exécution et corriger les épreuves. M. Read va même plus

<hr>

1. Ed. Réaume, t. IV, p. 5
2. Librairie des Bibliophiles, Paris, Jouaust, 1 vol in-8°.
3. Au t. IV de leur édition.
4. Paris, Colin. Par H. Bourgin, L. Foulet, A. Garnier, Cl.-E. Maître et A. Vacher.

loin [1], et, faisant état d'une annonce de librairie (de 1625) tirée des catalogues de la foire de Francfort, il croit qu'elle se rapporte à cette seconde édition, et qu'elle nous fournit le lieu et la date d'impression : « A Genève, chez les héritiers et vefve de Pierre de la Rovière, 1623. » Le titre n'est cependant pas identique. Il annonce une « augmentation d'une quarte part, remplacement des lacunes de la précédente et plusieurs pièces notables adjoustées ». Aussi s'est-on demandé s'il ne s'agirait pas là d'une troisième édition inconnue. Mais comme personne n'en a jamais vu trace, et qu'il ne s'est retrouvé aucun exemplaire de cette édition fantôme, avec le titre sus-mentionné, l'hypothèse de M. Read, qui la confond avec l'édition sans lieu ni date, a bien des chances d'être vraie : le gonflement du titre ne serait qu'une réclame de catalogue.

Ainsi ce serait trois ans environ après son arrivée à Genève que d'Aubigné aurait donné ce nouveau texte de son grand poème. Cela prouve avec quel soin et quelle patiente lenteur il l'aurait retouché. Il gardait, en effet, une tendresse paternelle pour cette œuvre de jeunesse, jaillie au choc même des événements, toute chaude de ses ferveurs et de ses colères saintes ; et, sans méconnaître les exagérations auxquelles avait pu l'entraîner son indignation, il entendait ne rien renier de cette poésie brûlante, où s'étaient épanchées sa foi et sa passion huguenotes. Là s'étaient inscrits tous les sentiments qui l'avaient agité au cours de la tragédie : c'était l'histoire de son âme. La vraie histoire exige plus de sérénité. Il le savait mieux que personne, et c'est pourquoi, tout en ayant une prédilection pour ce poème, né dans le feu de la bataille et tout imprégné de ses fureurs, il ne prétendait pas lui assigner la même valeur qu'à son *Histoire universelle*, et c'est elle seule qu'il chargeait de déposer sous serment auprès de la Postérité en faveur de ses coreligionnaires.

Aussi l'avait-il reprise, comme ses *Tragiques*, dans les loisirs de la retraite, et il en préparait une seconde édition pour laquelle il comptait bénéficier à Genève de facilités et d'une liberté qu'il n'avait pas eues en France. Mais les choses n'allèrent pas aussi aisément qu'il le pensait. Il usa cependant de diplomatie. Dans l'été de 1622 il offrit à la ville, pour la remercier de l'hospitalité généreuse qu'elle lui

---

1. Cf. l'*Avant-propos* de son édition, § 5, p. xi à xiv du 1ᵉʳ volume dans la réimpression de Flammarion en deux volumes in-12.

donnait, un exemplaire (assez grossièrement relié il est vrai) de l'édition princeps, en un gros volume in-4° portant sur la couverture les armoiries de Genève, avec l'inscription suivante en lettres dorées : « A la Cité de Dieu, asyle de Piété, Genève la sainte et ses très-honorés et magnifiques Seigneurs, Th. Agr. d'Aubigné receu à bras ouverts en leur sein V. D. [vous dédie] les restes de ses labeurs et de sa vie[1] ». Comment, après une dédicace aussi flatteuse, la Seigneurie aurait-elle pu refuser la réimpression qu'il sollicita peu après ? Elle lui fut donc accordée le 4 septembre 1622, et le privilège fut concédé pour dix ans à son libraire Pierre Aubert. Mais quelques mois après, le Petit Conseil se ravisa. Les ennemis de d'Aubigné avaient agi, et le syndic Aujorrant avait fait observer « qu'il y a de la conséquence d'en permettre l'impression pour les choses qui y sont contenues ». La conséquence, c'était le mécontentement possible ou probable de la Cour de France. La crainte est, dit-on, le commencement de la sagesse. Je ne sais si c'est le mot qui convient ici, car ce n'était guère de la sagesse pour un Corps d'État de se dédire ainsi à quelques mois de distance. Disons que cette crainte fut conseillère de prudence, et que le privilège fut retiré (20 janvier 1623)[2].

D'Aubigné paraît avoir été assez embarrassé, et c'est sans doute le moment où il sonda le terrain à Venise pour savoir s'il y serait plus heureux. Il s'adressa à un Jésuite, le Père Fulgence, que son libéralisme faisait apprécier dans les milieux protestants, et il le pria de bien vouloir examiner son livre, se déclarant prêt d'avance à se soumettre à sa censure..., mais il s'efforce de la prévenir favorablement par une apologie de son impartialité :

« Vous verrez comment entre les loix que j'ai reçeuës des meilleurs maistres, j'observe de ne descrire que les pures actions, sans donner ma sentence au lecteur. Je ne luy fais présent que des prémisses, et luy laisse la façon de la conclusion... »

Est-ce sa faute si les faits parlent d'eux-mêmes, comme le lui reproche en particulier le Père Arnou ? Et il conclut en s'en rapportant au jugement de son correspondant :

« Voilà ma demande que je fais d'un si bon cœur, que si vous pouviez me

---

1. Cf. HEYER, *D'Aubigné à Genève*, p. 42, note 1. Sur la demande du Recteur et du Principal du Collège (*Registres du Conseil*, 27 juillet 1622), ce volume fut mis à la Bibliothèque publique, où il est encore.
2. Cf. HEYER, *Notice*, p. 41 *et notes 4 et 5*. Voir aussi *Mémoires de d'Aubigné* (Réaume, t. I, p. 107).

donner une voye assurée pour consigner en vos mains mes derniers manuscripts corrigez et augmentez d'une bonne partie, je le ferois très librement. Je n'ose vous parler de donner cette besougne à quelqu'un de vos imprimeurs, car si vous me faisiez sentir que cela se peust, je déposerois entre vos mains le père avec les enfans [1]. »

Je suppose que le Père Fulgence ne fut pas très pressé d'assumer pareille tâche et pareille responsabilité, car plus tard, lorsque la 2e édition paraîtra, d'Aubigné hésitera à lui envoyer un exemplaire, ne sachant pas s'il serait bien accueilli [2]. C'est donc que le Jésuite n'avait pas répondu à sa requête.

Il eut alors une autre idée, et puisque Genève redoutait le ressentiment de la Cour de France, il jugea bon d'aller droit à l'obstacle, et de proposer au chancelier de Sillery de désigner lui-même des censeurs. J'ai déjà cité au chapitre précédent[3], à propos de la première publication, un passage de la lettre qu'il lui écrivit à ce sujet, parce qu'il y rapportait les circonstances qui avaient empêché naguère les commissaires vérificateurs de venir jusqu'à son imprimerie de Maillé, si bien qu'il avait dû se passer de privilège. Mais il se dit tout disposé maintenant à subir ce contrôle pour la réimpression... Il y met tout de même certaines conditions, et il le limite en réalité à la recherche d'erreurs *de fait*. Ce n'était pas beaucoup s'engager :

« Qu'il vous plaise, suggère-t-il au Chancelier, de jetter l'œil sur quelque ou quelques personnages de probité et de savoir, bien instruits au livre du monde, lesquels ayants veu et reveu mes trois Tomes, y cottent les poincts qui peuvent offenser, comme s'il m'estoit advenu d'avoir reçeu quelques mémoires sans trebuchet, et par là d'avoir failly en la question du faict, car je me suis abstenu estroittement de celle du droit : afin de réparer tout en une édition que je veus donner au contentement de moy mesme, et de mes Seigneurs et amis [4]. »

Il est certain qu'une proposition ainsi formulée n'avait guère de chance d'être acceptée. Ce qu'on reprochait à d'Aubigné c'était l'esprit même de l'œuvre, l'apo-

---

1. Cf. éd. Réaume, t. I, p. 311-313 la XV° des *Lettres d'Affaires personnelles*.
2. Cf. lettre à M. Durant, colonel au service de Venise, la XXXI° du même recueil, t. I, p. 335.
3. Cf. mon chap. xiii, § 4, p. 82-83 ci-dessus (même volume III).
4. Ed. Réaume, t. I, p. 203. Cette lettre au chancelier de Sillery, non datée, est évidemment antérieure au 1" janvier 1624, jour où il fut disgracié.

logie du Parti protestant, et la justification des guerres de Religion. Or, sur ce point, il ne pouvait transiger. Aussi son offre n'eut pas d'écho.

Allait-il être obligé de renoncer à son projet de rééditer l'*Histoire* ? Non, il est avec le ciel des accommodements, et avec les Seigneuries aussi. Tout ce que désirait le Petit Conseil c'était de ne pas se compromettre par une autorisation officielle, mais il était prêt à fermer les yeux, et à tolérer l'impression secrète, pourvu que les apparences fussent sauvegardées, et que le lieu d'origine inscrit sur le volume fût censé être Amsterdam. La librairie française connaissait aussi et pratiquait ces subterfuges, sous l'ancien régime, pour esquiver la censure royale. Nous voyons sur les *Registres du Conseil* de Genève que d'Aubigné eut les honneurs de la séance du 25 août 1624. Quand je dis les honneurs, c'est-à-dire qu'on s'occupa de lui, mais pour le mettre sur la sellette [1]. Le premier syndic, Fabri, révèle qu'il cherche à recruter des hommes pour une entreprise concertée avec le marquis de Baden, et qui consiste à surprendre et pétarder Brissac ou Constance. Un autre syndic, Savyon, ajoute que « l'*Histoire* du dit sieur d'Aubigné s'imprime secrettement et que M. Goulart y tient la main ». Or, on ne fait demander d'explications à d'Aubigné que sur le premier point; on laisse tomber l'autre, ce qui prouve qu'on ne voulait pas soulever d'affaire à ce sujet.

Bref, le travail se poursuivit sans encombre, mais non sans inquiétude pour d'Aubigné, non pas tant du côté du Petit Conseil, mais par crainte de quelque surprise extérieure, tant que la question de la Valteline ne serait pas réglée. Au début de 1626, il écrivait à son ami le président d'Expilly, du Parlement de Grenoble :

« Monsieur, nous sommes rencontrez de pensée, et cela me donnera meilleure opinion des miennes. Je bandois sur le traict pour vous escrire de mon *Histoire*, et vous rendre un raisonnable conte de ce que j'ai le plus cher. Si nous eussions esté assiégez en cette ville, j'en faisois aprester trois copies, pour en déposer une à un ami secret prez du Roy, l'autre aux Archives des Estats [de Hollande] et la tierçe en vostre sein. …Voilà ce que je voulois et veus faire, si Dieu me donne le temps de l'impression. Je suis à la fin de la correction et augmentation, pour faire dire à mon Imprimeur que son Lecteur verra la différence qu'il y a entre les livres

---

1. Cf. Heyer, *Notice*, p. 33.

revestus en une bonne ville ou qui sont sortis tout deschirez du *Désert*... J'ay à cette dernière façon reçeu force mémoires de plusieurs, que je dois aymer et estimer comme estans amateurs de la bonne renommée [1]. »

La paix se fit (traité de Monçon, 2 mai 1626) et si elle enleva à d'Aubigné d'autres espoirs — guerriers — elle acheva du moins de le rassurer sur le sort de son œuvre ; et c'est dans cette même année que parut, sous la rubrique d'Amsterdam, cette seconde édition augmentée, comme l'annonce le titre, « de notables histoires entières et de plusieurs additions et corrections ».

Les changements, en effet, étaient assez importants et ne portaient pas que sur des détails. La distribution des chapitres a été assez souvent remaniée pour la rendre plus logique et mieux ordonnée ; surtout l'auteur a utilisé les mémoires complémentaires qu'il avait reçus et dont il parle au président d'Expilly. Les familles qui avaient été négligentes pour la première édition, et qui n'avaient pas répondu à ses appels réitérés, avaient tout de même fini par être sensibles à ses remontrances [2], et c'est ainsi qu'il a pu ajouter dans la seconde « plusieurs choses considérables [3] ».

Il fit présenter un exemplaire au Roi de la Grande-Bretagne Charles Ier, qui venait de succéder à son père, avec une épître dédicatoire, en style fleuri d'hyperboles et d'images ampoulées, dont la Reine Élisabeth avait sans doute laissé le goût à la Cour d'Angleterre. Mais quelques formules heureuses, quelques fières prétentions sur la valeur de son œuvre tranchent au milieu de cette rhétorique pompeuse ; ainsi quand il proteste que son livre est « escrit d'une main que les présents n'ont ny corrompüe ny asservie, et qui peut justement escrire sur son frontispice : *Nihil gratiæ datum, nihil offensæ*[4]. »

Voilà une belle devise pour un historien. Il n'a d'ailleurs dépendu que de lui de l'appliquer, puisqu'il ne fut gêné par aucun contrôle, et qu'il conserva sa pleine

1. Cf. éd. Réaume, t. 1, p. 336, la XXXIIe des *Lettres d'Affaires personnelles.*
2. Cf. notamment les reproches qui se trouvent dans l'*Attache aux deux premiers tomes* (éd. Ruble, t. VI, p. 374-377), dans la Préface à la troisième partie (t. VII, p. 1-2), enfin dans l'Appendice final ajouté à la mort d'Henri IV (t. IX, p. 476-477).
3. Le mot est de D. Clément dans sa *Bibliothèque curieuse, historique et critique* au t. II p. 194 en note. (Göttingen chez J. G. Schmidt, 9 vol. in-4° de 1750 à 1760.)
4. Cf. la XXIXe des *Lettres d'Affaires personnelles.* Réaume, t. I, p. 331-333.

indépendance. C'est un avantage qui compensait largement les risques d'une publication non autorisée, et, somme toute, il devait se féliciter et nous devons nous féliciter qu'il n'ait pas réussi plus que la première fois à obtenir une approbation officielle, et qu'il ait ainsi échappé aux servitudes d'un privilège.

La révision et la réédition de ses œuvres anciennes ne suffisait pas, je l'ai dit, à absorber l'activité littéraire de sa vieillesse. Il en méditait d'autres. Et tout d'abord une suite à son *Histoire*. Parmi les mémoires nouveaux qu'on lui envoyait, en effet, il y en avait qui dépassaient le terme où il s'était arrêté. Les capitaines, aussi bien catholiques que protestants, voyant comme il savait traiter les choses militaires en homme de métier, voulaient tous maintenant que leurs actions fussent mises en honneur par lui. En 1624, dans la lettre au secrétaire d'État Loménie, que j'ai déjà citée [1] et où il se justifiait contre les imputations calomnieuses de l'ambassadeur de France en Suisse, il parle en terminant de ces instances flatteuses dont il était l'objet :

« J'ay encor à vous dire que j'ay reçeu de toutes les parts de la France, des deux Professions des principaux Capitaines de l'armée royale, de trez exprez et grands mémoires pour pousser mon *Histoire* jusques au temps présent : je n'y ay pas donné, ny n'y veus donner aucun coup de plume, tant que j'auray de si dangereus interprètes à mes pures et simples narrations [2]. »

Il finit pourtant par céder aux prières plus pressantes de ses coreligionnaires : « Forces amis me condamnent à un quatriesme tome » [3], écrit-il au marquis de Courtaumer en Hollande, en lui demandant des documents sur le « Septentrion », et, s'adressant quelque temps après à un personnage anglais pour le même objet, il n'apparaît plus seulement résigné, mais plein d'ardeur pour ce nouveau labeur :

« Je suis exorté et pressé de Princes et des principaux Capitaines de poursuivre jusques à la saison de leurs actions, lesquelles ils veulent bien estre déduictes par mon gros stile qu'ils apellent ferré. D'autres personnes de piété m'animent à la mesme besogne, pour ce seul esgard que nous puissions faire sçavoir de nos nouvelles à la Postérité par nos mains, à ce que [afin que] nostre justice

1. Ci-dessus, p. 141-142 du même volume III.
2. Ed. Réaume, t. I, p. 309.
3. *Ibid.*, t. I, p. 366.

et vertu [ne] soyent estouffées comme il est advenu aux Albigeois, nos prédécesseurs. J'ai reçeu toutes ces exortations comme le souffre la mèche, et peut estre ay travaillé à la besongne trop avant pour m'en pouvoir desdire[1]. »

C'est surtout après 1626, quand il en eut fini avec la révision de ses trois premiers tomes, qu'il s'attela au quatrième. Il comptait le remplir de cinq livres comme les précédents. Mais, soit fatigue de l'âge, soit dégoût, comme il dit, de l'injustice dont son *Histoire* publiée était l'objet, il n'alla pas jusqu'au bout de la tâche. Dans une lettre écrite vers 1630 il avouait cette défaillance :

« Puisque vous daignez vous enquérir si j'escris, je diray que le mauvais traictement qu'ont reçeu mes labeurs me faict reposer, et jetter dans un cabinet un gros amas de mémoires reçeus depuis dix ans bien souvent par les Mareschaux de camp des deux partis. Je garde cela pour quelque bonne plume qui ne soit pas criminelle par le nom de l'autheur[2]. »

Il n'avait rédigé à peu près complètement que le Ve livre contenant le récit de la guerre civile en France, pendant les années 1621 et 1622, à la suite du rétablissement du catholicisme en Béarn. C'est ce *Supplément à l'Histoire universelle* que M. Plattard vient de publier chez Champion avec une savante introduction et des notes fort utiles. Il a retrouvé la plupart des sources dont d'Aubigné s'est servi pour l'élaboration de ces chapitres, et il fait voir ainsi sur un exemple quelle était sa méthode de composition historique.

Ayant renoncé à traîner davantage « le pezant chariot de l'histoire », comme il dit dans sa langue imagée[3], d'Aubigné s'adonnait avec plaisir à des travaux moins pénibles. Il racontait sa *Vie à ses enfants*, et ce sont ses *Mémoires*, complément indispensable à son *Histoire*, où il ne s'est donné qu'une place discrète, quoi qu'en aient dit ses ennemis qu'elle était « vrayment sienne pour ce qu'elle était de lui principalement[4] », c'est-à-dire sur lui. Il composait toute une série d'œuvres d'inspiration religieuse : *la Création*, poème en douze chants, pour rivaliser avec du Bartas — sans succès il faut le reconnaître, et le recueil des *Petites Œuvres Meslées* qui doit son titre, non à un mélange de genres disparates, mais de prose et

---

1. Ed. Réaume, t. I, p. 492.
2. *Ibid.*, t. I, p. 520, Lettre XXVII des *Lettres diverses*.
3. Cf. *Histoire universelle*, éd. Ruble, t. IX, p. 456 dans le « Corollaire » ajouté après la mort d'Henri IV.
4. Cf. *Avis de l'Imprimeur* au lecteur, *Histoire universelle*, éd. Ruble, t. I, p. 19.

de vers, coulant de la même source chrétienne. Il y rassemblait des pièces antérieures à la période genevoise, et des fruits nouveaux de ses dix années d'exil. En effet, quand il aura terminé cette anthologie, il dira à Mme de Rohan en lui adressant un exemplaire (en 1630) :

« Mon ouvrage servira d'une plus longue lettre et vous contera quelles pensées ont poussé *depuis dix ans* mes soupirs vers l'Ouest et le Sud. La passion de mon escrit mérite plus que sa doctrine ; surtout je vous demande la lecture des Psaumes 73 et 84 comme inspirés par la compassion des immanses fardeaus de vous et des vostres [1]... »

Allusion aux épreuves finales du Parti réformé sous Richelieu.

Les variations sur les psaumes, en vers et en prose, sont la matière principale des *Petites Œuvres Meslées*. Elles comprennent presque toutes ses poésies en vers mesurés, et la plupart sont des paraphrases de psaumes ou de cantiques[2]. Il y a ajouté quelques pièces en métrique ordinaire, mais de même tonalité grave, qu'il a réunies sous un titre commun « l'*Hyver* du s[r] d'Aubigné[3] », enfin quelques poésies funéraires intitulées *Tombeaux*. La partie prose — plus des deux tiers du recueil — est constituée par six *Méditations sur des Pseaumes* (dont cinq avaient

---

1. Ed. Réaume, t. I, p. 521. D'Aubigné avait reçu Mme de Rohan (fille de Sully) en 1627, quand elle passa par Genève pour se rendre à Venise. Cf. HEYER, *Notice*, p. 39, mais ici il s'agit vraisemblablement de la mère et non de la femme du Duc.

2. Il avait commencé à s'y exercer, en 1600, sur les psaumes LXXXVIII et III, pour répondre au défi d'Odet de la Noue : Voir la *Préface aux vers mesurés*, éd. Réaume, t. III, p. 271 et mon chap. xi, ci-sus, § 1, p. 158 et 159 du 2ᵉ volume. Ces adaptations métriques des psaumes étaient à la mode et l'on a vu passer dans une vente, en 1852, un volume qui en contient 27 et qui a appartenu précisément à d'Aubigné. Il a pour titre « Psaumes en vers mesurés mis en musique en 2, 3, 4, 5, 6, 7 et 8 parties par Claude le Jeune, natif de Valenciennes, compositeur de la Chambre du Roy. » Paris, 1606. Par Pierre Rolland, imprimeur de la musique du Roy, in-4° de 36 pages. D'Aubigné a résumé ses impressions sur ce recueil dans ce quatrain écrit de sa main

> Par ces vers mesurez de Claudin il appert
> Que si par un docte art la musique harmonique
> Compasse les accords aux pieds de la métrique
> Il réussit des deux un très parfait accord.

Cf. *Bulletin de la Société de l'Histoire du Protestantisme*, t. I (1852) p. 107.

3. Quelques poésies profanes égayent çà et là cette sévérité hivernale, et sont de simples satires : du vilain sexe, dans l'*Advis d'une fille aux autres* (transposé plus tard et retourné par d'Aubigné contre Diane dans le *Printemps* : cf. Réaume, t. III, p. 111, *Stance* XX) ; — du courtisan dans le sonnet *Du Paon et du Courtisan* (que Réaume a laissé tomber) ; — du Roi de Navarre dans le sonnet sur le chien *Citron* (introduit dans les *Mémoires* : cf. Réaume, t. I, p. 36) ; — enfin du beau sexe dans l'épigramme *Sur l'inconstance de la femme* : Cf. Réaume, t. IV, p. 345.

déjà été traités en vers) et par l'opuscule de l'*Hercule Chrestien*, composé naguère
pour l'instruction de ses enfants[1]. MM. Réaume et de Caussade ont maladroitement dissocié cet ensemble dans leur édition, séparant la prose et la poésie[2], et
par conséquent des morceaux qui ont les mêmes psaumes pour thèmes.

La publication des *Petites Œuvres Meslées* soulève un problème bibliographique, et, quoiqu'elle n'ait eu lieu qu'à la fin de la vie de d'Aubigné, j'en parlerai
dès maintenant, pour n'avoir pas à revenir sur cet ouvrage. Au reste ce problème
intéresse aussi, par voie de conséquence ou de répercussion, la période prépara-
toire du recueil.

On n'en connaissait, jusqu'à M. Read (1872), qu'une édition portant la date de
1630 (MDCXXX) et ce titre : « Petites Œuvres Meslées du sieur d'Aubigné, le contenu desquelles se void ès pages suivantes la Préface. A Genève, chez Pierre
Aubert, Imprimeur ordinaire de la République et Académie. » M. Sayous avait
même émis l'avis[3] que cette publication était posthume et avait été faite par les
exécuteurs testamentaires commis aux livres et manuscrits, le pasteur Tronchin et
Nathan d'Aubigné (le fils naturel). Nous ne nous arrêterons pas à cette assertion
démentie par la correspondance conservée à Bessinges, et que M. Sayous ignorait.
Elle contient, en effet, des lettres d'envoi du volume écrites par d'Aubigné lui-même.
Nous en avons déjà cité une à Mme la douairière de Rohan ; il y en a d'autres :
à Mme des Loges[4] (1630), à Monsieur de Rohan (1629). Dans celle-ci il écrit que ses
Méditations « ne furent achevées d'imprimer que hier au soir. Je ne vous en puis
envoyer qu'une copie ; après ceste sepmaine, une adition que on imprime estant
faite, vous en aurés davantage, car celles du Psaume (?)[5] sont faites pour vous et
pour vostre famille. Les prisonnières m'ont escrit deux fois despuis leur liberté[6]... ».

---

1. Voir mon ch. xi, § 1, p. 167 du 2ᵉ volume.
2. La partie poésie est au t. III, p. 275 à 314 (voir la note de la p. 275), la partie prose au t. II, p. 113 à 231.
3. Dans ses *Etudes sur les Ecrivains français de la Réformation*, Paris, Cherbuliez, 1841, au t. II, p. 136.
4. Cf. Ed. Réaume, t. I, p. 522. C'était un bas-bleu, mais pas ridicule. Elle tenait salon comme
Mme de Rambouillet. Balzac l'a chantée sous le nom d'Uranie. Une note des manuscrits Conrart qui la
concerne dit : « Sa maison était une académie ordinaire. Il n'y a aucun des meilleurs auteurs de ce
temps, des plus polis du siècle, avec qui elle n'ait eu un particulier commerce, et de qui elle n'ait reçu
mille belles lettres. »
5. Le chiffre est omis, sans doute un de ceux signalés à Mme de Rohan, les psaumes LXXIII
ou LXXXIV.
6. Ed. Réaume, t. I, p. 525.

Il s'agit de l'emprisonnement des Dames de Rohan — la mère et la sœur du Duc — à Niort, après la prise de la Rochelle (28 octobre 1628). Elles furent détenues jusqu'au mois de juin de l'année suivante. La lettre est donc écrite dans l'été de 1629, après la paix de grâce d'Alais accordée aux Réformés (28 juin), et entre les deux expéditions de Louis XIII en Italie pour l'affaire de la succession de Mantoue, qui en fait le sujet principal. Ainsi nous voyons que dès ce moment les *Petites Œuvres Meslées* étaient presque achevées d'imprimer. Et, en effet, il y a eu un premier tirage en 1629, avant celui de 1630. C'est M. Read qui l'a révélé[1]. Il en a vu un exemplaire à la bibliothèque de Zurich, avec un titre un peu différent de celui de 1630, et ainsi libellé : *Second Recueil des* PETITES ŒUVRES *du sieur d'Aubigné*. A Genève, chez Pierre Aubert, imprimeur ordinaire de la République et Académie MDCXXIX. Second Recueil (?) Voilà qui est étrange. On ne comprendrait déjà guère cette mention sur le tirage de 1630, qui n'est qu'une réimpression; mais sur le premier tirage ? On s'explique en tout cas désormais un article de l'*Inventaire* des Livres de d'Aubigné[2] après son décès, où figure un *Second Recueil du sieur d'Aubigné*. On s'était demandé ce que cela pouvait bien désigner, puisqu'on ne connaissait qu'un premier et unique recueil d'*Œuvres Meslées*. La découverte de M. Read éclaircit une partie du mystère, mais laisse subsister l'énigme principale. Un second recueil en suppose un premier. D'Aubigné avait donc donné un choix de petites œuvres qui est inconnu, perdu ? Ce n'est pas impossible. Il y a, comme je l'ai dit, dans le recueil de 1629-1630 des pièces anciennes[3]

---

1. Cf. *l'Avant-propos* de son édition des *Tragiques,* dans la réimpression de Flammarion 1er volume, p. XII et XIII.

2. A la 3e partie de l'Inventaire Général.

3. Certainement une bonne partie des vers mesurés, notamment les paraphrases métriques sur les psaumes (cinq sur treize) pour lesquels il a écrit ensuite des Méditations en prose. La formule même qu'il emploie au début de sa *Préface* (cf. Réaume, t. III, p. 271) « *Ayant trouvé* en vers mesurés les Pseaumes qui ont servi de sujet à ces méditations, je ne leur ay pas refusé place en ce recueil... », cette formule semble bien indiquer que ces versions en vers étaient faites depuis assez longtemps. Ajoutons-y dans les poésies : les *Larmes pour Suzanne de Lezai,* « pour attacher à la fin du Pseaume huictante et huictiesme qui est employé ci-dessus en deux façons » (vers et prose), cf. Réaume, t. III, p. 278; *la Prière de l'Autheur prisonnier de guerre et condamné à mort* (après sa capture à l'Ile d'Oléron en 1586). Réaume, t. III, p. 304 ; *l'Adieu à M. de la Ravaudière* « partant pour aller sur mer, et demandant la bénédiction de l'autheur », il allait fonder au Brésil une colonie protestante (en 1612), Réaume, t. III, p. 306. — Dans les Œuvres en prose nous avons vu que l'*Hercule Chrestien* était ancien. Même parmi les *Méditations en prose sur les Pseaumes,* plus récentes en général, il y en a qui, d'après l'argument placé en tête de chacune, étaient composée savant l'arrivée à Genève, notamment celles sur les psaumes 133, 51 et 88 (Cf. Réaume, t. II, p. 117, 174 et 190).

dont il avait déjà pu composer un florilège, enrichi dans la suite. Il me semble même trouver une confirmation de cette hypothèse dans une lettre qu'il adresse au comte de La Suze — celui qu'il fit élire comme généralissime par les Bernois en 1622.

« Monsieur mon Très-Honoré Fils[1].

« Vous pouvez dire avec vérité que les cœurs et les esprits des meilleurs de la France ont tenu prison dans la Bastille autant que les Comtes criminelz de leur vertu, et ont trouvé leur liberté en la vostre : en attendant que celle de la vive voix me soit donnée, *je vous envoye un petit receuil de mes exercices.* Je croy que Mme la Comtesse en a reçeu la premier qui a passé en France ; je ne vous convie pas à le lire pour y apprendre, mais pour ce que vous y trouverez quelque pièce qui sent la compagnie que mon âme vous a tenuë un temps[2]... »

C'est à Lyon que le comte de La Suze avait été embastillé dans l'été de 1622, pour l'empêcher de rejoindre Mansfeld, qui allait tenter une diversion vers Sedan en faveur des Protestants français. Cet emprisonnement tombait mal, juste au moment où Berne, sur la proposition de d'Aubigné, désirait l'avoir pour Général. L'intervention de Lesdiguières hâta sa libération. J'ai parlé de cette affaire à propos du voyage à Berne[3]. Il y a plusieurs lettres de d'Aubigné où il est question de cette captivité du comte de La Suze, et il en est de datées[4]. On ne saurait donc avoir aucun doute ni sur les circonstances ni sur l'époque de celle qui nous occupe. Et elle prouve que, dès 1622, d'Aubigné avait déjà réuni en recueil « ses exercices » pour les envoyer à ses amis. Mais que désigne-t-il par ce terme ? Je serais étonné qu'il ne s'agisse pas d'un premier choix de *Petites Œuvres,* car il emploie la même expression dans une lettre que les allusions aux événements et la durée indiquée de son séjour à Genève (dix ans) datent de 1630 :

« Et cependant je vous donne de mes *exercices* pour emploier quelque heure desrobée à vos affaires[5]... »

<hr>

1. Il emploie souvent avec lui cette appellation affectueuse. Cf. Réaume, t. I, p. 253, 269, 290 et 360.

2. Même t. p. 518-519.

3. Voir ci-dessus même chapitre, § 2, p. 131 et 132.

4. Cf. Réaume, t. I, p. 225 (au gouvernement de Berne, 1622, la XVI° des *Lettres et mémoires d'Eslat*), p. 289 (au comté de la Suze, 1622, Ire des *Lettres d'affaires personnelles*), p. 360 (au même, la IX° des *Lettres familières,* non datée).

5. Ed. Réaume, t. I, p. 520. Lettre XXVII des *Lettres diverses.*

Or, à ce moment-là, de quoi pourrait-il être question, sinon du livret qu'il publiait, de ses *Petites Œuvres Meslées ?*

Quant à la pièce dont le comte de La Suze devra se faire une application particulière, ne serait-ce pas celle que d'Aubigné composa dans une situation analogue à la sienne, la *Prière* qu'il exhala en vers pendant sa captivité à Brouage (1586) quand il était en danger de mort ? Elle figure dans les *Petites Œuvres Meslées*[1]. Elle avait pu déjà faire partie d'une anthologie précédemment imprimée, ou simplement copiée à un petit nombre d'exemplaires.

Je sais bien qu'une fois libéré, d'Aubigné écrivit sur sa délivrance « un épigramme » en latin, qui aurait pu trouver aussi un écho dans le cœur du comte de La Suze[2], et que précisément à Genève c'est un exercice auquel il se complut de ciseler des épigrammes latines, et de compléter la collection qu'il en avait déjà faite. Mais ce n'était guère, ni pour le fond ni pour la forme, un présent à offrir à une femme. Or, la Comtesse avait reçu le même recueil d'*exercices* que son mari. Je suis donc persuadé que c'étaient des œuvres en français.

Quant aux *Épigrammes latins*, il songea aussi à les publier. Il avait toujours aimé ce divertissement érudit, par goût d'humaniste et goût de satirique. Déjà en 1616, lorsque *les Tragiques* parurent anonymes, l'Imprimeur annonçait au public que l'auteur « lui dérobait » encore d'autres œuvres, notamment *deux livres d'Épigrammes françois* [et] *deux de Latins*, que je vous promets, ajoutait-il, à la première commodité[3]. »

D'Aubigné fut sur le point de remplir cette promesse de son imprimeur — du moins pour les pièces latines, — et, le 1er juin 1623, il annonçait ce projet à son ami le président d'Expilly, dans une jolie et alerte missive où il évoque la figure de l'Épigramme sous l'aspect d'un jeune guerrier prêt à lancer son trait :

« Monsieur, j'ay voulu interrompre vos labeurs pour vous rendre compte de mon loisir : c'est que je fais transcrire mes épigrammes latins, desquels le langage sent un peu la mèche et la poudre, mais l'agréable malice de leurs subjects me

---

1. Cf. éd. Réaume, t. III, p. 304.

2. Cf. *Mémoires* (Réaume, t. I, p. 57). Cette épigramme commençant par les mots « Non te caeca latent » est dans le vol. VI des mss. de Bessinges.

3. Cf. Réaume, t. IV, p. 9 dans l'*Avis aux Lecteurs*.

donne courage de les faire voir. J'ay pensé que les élégies et les grandes narrations vouloyent estre parées, comme des mariées, des perles d'une exquise latinité, mais que les épigrammes, pour estre braves, ne vouloyent estre vestus plus délicatement que soldats, comme ils sont, pourveu que leur espée et leur poignard soyent portez comme il fault[1]... »

Ce projet de publication n'eut pas de suite. Ses *Épigrammes latins* sont restés dans les cartons de Bessinges, où ils reposent encore inédits (au vol. VI). D'Aubigné a-t-il craint de choquer par certaines pièces le rigorisme genevois ? Je doute que ç'ait été la vraie raison, puisqu'il ne recula pas, quelques années plus tard, devant le scandale qu'il pouvait prévoir, en donnant le 4ᵉ livre de *Faeneste*. Mais ceci nous mène à la veille de sa mort. Nous en reparlerons.

§ 4. — **Les tristesses et les consolations finales. — Les fautes et la ruine du Parti protestant français (1627-1629). — La dernière trahison de Constant d'Aubigné. — La politique de Richelieu et l'Affaire de la succession de Mantoue (1629-1630). — Le scandale de la publication du 4ᵉ livre de Faeneste et la mort d'Agrippa d'Aubigné (9 mai 1630).**

La fin d'Agrippa d'Aubigné fut attristée par les malheurs de ses coreligionnaires de France. Il assista à la ruine du Parti protestant, et il eut la douleur de se dire que son fils Constant, par une nouvelle trahison, y était peut-être pour quelque chose. En quoi d'ailleurs il s'exagérait la portée et les conséquences de ses actes.

C'est l'Angleterre qui entraîna le Parti à commettre sa dernière faute, qu'il paya cher. Elle ne pardonnait pas au gouvernement français de l'avoir jouée par la paix de Monçon avec l'Espagne (2 mai 1626), quand il lui faisait croire que, si elle s'employait à arrêter la révolte huguenote (de 1625), il unirait ses forces avec

---

1. Ed. Réaume, t. I, p. 367. Le président d'Expilly était amateur de belles et bonnes lettres lui aussi, et même les pratiquait. Il a laissé des *Poèmes* et un *Traité sur l'orthographe française*. L'amitié qui le liait à d'Aubigné s'était formée dans l'estime réciproque de leur esprit et de leur caractère, et elle revêt dans leur correspondance des grâces de coquetterie littéraire. Voir dans le même tome les autres lettres de d'Aubigné au Président, p. 323, 324, 336, 354, 355, 356 et 461. Dans l'*Inventaire* des livres du Cabinet de d'Aubigné, qui fut fait après son décès, on trouve un exemplaire des *Poèmes* du président d'Expilly.

elle pour rétablir le Palatin, beau-frère de Charles Ier, dans ses États. Cet espoir avait été pour quelque chose dans le mariage du Roi Charles avec Henriette de France, sœur de Louis XIII. La déconvenue fut d'autant plus grande, et cette alliance matrimoniale, pour d'autres raisons encore, ne fut pas au début un principe d'union entre les deux couronnes, au contraire. La différence de religion entre les époux, l'ostentation du catholicisme d'Henriette et le zèle indiscret qu'elle déploya à faire du prosélytisme choquèrent infiniment ses nouveaux sujets, et mirent son mari dans une position délicate. D'où des difficultés, non seulement dans le ménage, mais avec la Cour de France, qui s'immisça maladroitement dans ces mésintelligences conjugales. L'Espagne jeta de l'huile sur le feu et profita des circonstances pour accentuer davantage le rapprochement avec la France (traité de Madrid du 20 mars 1627). Dès lors l'Angleterre, ulcérée, jura de se venger d'un lâchage qu'elle considérait comme une trahison. Tout naturellement elle chercha des alliés en France, et engagea des négociations avec les chefs protestants. C'est le moment où Constant aurait joué un très vilain rôle et abusé de la confiance de son père pour entrer dans le secret des affaires, et le révéler au gouvernement de Louis XIII.

En février 1627 il était venu à Genève, et avait essayé de convaincre son père qu'il pouvait rendre des services à la Cause et être un agent de liaison avec les Anglais. Le Petit Conseil, averti de sa présence par un syndic, auquel il avait été demander un sauf-conduit, refusa de l'accorder et invita d'Aubigné à renvoyer son fils au plus tôt[1]. On voit qu'en dépit de sa conversion, et de ses démonstrations affectées de repentance, il n'était pas arrivé à se refaire une réputation honorable dans la cité de Calvin. D'Aubigné jugea peut-être la Seigneurie bien sévère, mais il ne dut pas être autrement surpris, car lui-même se défiait :

« Notés que le père soupçonnoit tellement ce meschant esprit, qu'il ne peut obtenir de luy lettres ny au Roy [d'Angleterre], ni au Duc de Bouckinguam, mais seulement à quelques amis, avec toutes restrictions[2]. »

C'était déjà trop de l'accréditer auprès de particuliers, car, avec son entregent et son bagou, il sut user de ces relations pour se pousser jusqu'à la Cour, et réussit à s'y faire agréer comme le représentant autorisé de son père :

1. Cf. HEYER, *Notice*, p. 36 et note 7.
2. *Mémoires*, éd. Réaume, t. I, p. 112.

« C'estoit au temps que, sur les affaires de la Rochelle, le Roy d'Angleterre, pour résoudre la guerre, n'apela que le Duc de Bouckinguam, quatre Milhords, le sieur de Saint Blanccard, envoyé de Monsieur de Rohan, et ce malheureux comme despesché de son père : cette Assemblée résolut la guerre, et les plus pressantes particularitez. L'une fut d'envoyer quérir Aubigné ; la commission s'en donnoit au Chevallier Vernon, mais le galand la luy osta, comme fils[1]. »

Constant revint donc à Genève pour mettre son père au courant, mais il lui cacha qu'il avait passé par Paris. Celui-ci s'en douta à certaines réticences et obscurités du récit. Cela suffit à lui rendre suspect tout ce que son fils lui rapportait. Aussi prit-il la résolution de ne pas faire le voyage d'Angleterre. Or voici la triste vérité qu'il connut plus tard :

« En venant [à l'aller] il avoit passé à Paris, veu de nuit Monsieur de Schomberg, et au retour luy et le Roy, de nuit aussi, et leur descouvrit les affaires d'Angleterre, en payement d'avoir receu tant d'excès d'honneur. Voilà ce qui a deschiré l'amitié d'entre le père et le fils[2]. »

A quelque temps de là Constant fut arrêté en France et incarcéré à Bordeaux. A premier vue ce fait semble donner un démenti aux accusations de d'Aubigné contre lui. S'il avait été aux gages du gouvernement français, on ne l'aurait sans doute pas payé de cette façon, et si cela avait été simplement pour donner le change, sa détention n'aurait pas duré jusqu'à la mort de Richelieu. Non, on le traita vraiment en criminel d'État. Dans cette même année 1627, Genève envoya deux députés à Paris (l'ancien syndic Sarrasin et Michel Roset fils) pour réclamer l'arriéré de certaines subventions dues à la ville ; le secrétaire d'État Herbaut, qui les reçut, se plaignit que la République tolérât la présence d'un homme comme [d'Aubigné, qui conspirait contre le Roi avec l'aide de son fils. On lit, en effet, dans le rapport qu'ils adressèrent au Petit Conseil[3] :

« Nous fusmes bien estonnez que tout froidement, et parlant fort bas, il nous va faire un reproche et nous dire : Vous autres Messieurs qui professez d'estre

1. *Mémoires*, éd. Réaume, t. I, p. 112.
2. *Ibid.*, p. 113.
3. Cf. HEYER, *Notice*, p. 31 à 33 d'après le *Portefeuille des Pièces historiques*, Dossier n° 2813, août 1627.

tant affectionnez aux intérests du Roy, cependant vous recevez en vostre ville ses ennemis, comme d'Aubigny, qui a tant escrit et ne cesse d'écrire et de faire des menées contre le service du Roy ; vous luy faites honneur. Son fils mesme, qui est maintenant à Bourdeaux, n'est-il pas allé en Angleterre communiquer avec les ennemis du Roy après avoir été en vostre ville avec son père ? »

Ils alléguèrent que, depuis les réclamations déjà anciennes de l'ambassadeur Miron, d'Aubigné n'avait pas fait parler de lui, « qu'il n'estoit point bourgeois, et que depuis s'estre marié avec une dame italienne, il avoit vescu fort particulièrement en la ville et aux champs, sans qu'on se fust apperceu d'aucune chose sinistre contre le Roy ».

Mais dans la suite d'Herbaut revint à la charge et la République crut devoir donner l'assurance que d'Aubigné résidait au Crest, qu'il ne venait pas en ville, et qu'on l'avait averti de s'en abstenir. Satisfaction momentanée évidemment, et apparente, accordée aux représentations du secrétaire d'État, et qui n'implique pas un blâme de la Seigneurie à l'adresse de d'Aubigné.

Il paraît résulter de tout ceci que Constant, poursuivi pour intelligences avec l'ennemi, n'avait pas dû aller en Angleterre avec l'intention préméditée de trahir ses coreligionnaires. Évidemment il y a l'entrevue nocturne avec Schomberg à Paris, avant le départ ? Mais est-elle bien réelle, et de qui d'Aubigné tenait-il ses renseignements ? Il a pu être trompé. Je n'y crois pas. Mais la police politique eut vent de son voyage, l'arrêta au retour, et alors, comme il n'était pas un héros, il « mangea le morceau » pour sauver sa tête, et fit des confidences forcées. Voilà ce qui est probable, et si cette version contredit un peu, pour l'honneur de son nom, le récit de d'Aubigné, elle en reçoit tout de même en quelque façon une confirmation indirecte, puisqu'il semble bien attribuer la conduite et les « puantes actions de son proche » plus à une faiblesse de caractère qu'à une perversité criminelle. Ne nous dit-il pas, en effet, qu'il lui avait formellement défendu de passer par Paris, que « c'estoit la clause plus espresse de la continuation d'amitié jurée par serment du fils au père, qui savoit bien que la cervelle de ce misérable n'estoit plus sienne dans le bourdeau [1] ». Ce qu'il craignait donc pour Constant, ce n'était pas le dessein préconçu de faire le mal et de vendre ses frères, mais les tentations de la vie parisienne

---

1. *Mémoires*, éd. Réaume, t. I, p. 112.

les occasions trop faciles où pourraient sombrer ses bonnes résolutions, et où s'échapperaient ses secrets.

Au reste les révélations qu'il put faire sur les projets de l'Angleterre et sur son plan d'attaque n'étaient sans doute pas tellement précises, puisque le débarquement de Buckingham dans l'île de Ré (10 juillet 1627) fut une surprise pour le gouvernement royal ; et presque autant, disons-le, pour les Rochellois, ce qui prouve que le concert n'était pas encore bien établi entre les partenaires français et anglais. En fait, cette nouvelle guerre civile fut, comme les précédentes, l'œuvre de Rohan et de son frère Soubise. Leur excuse, c'est que Richelieu était réellement résolu à détruire l'organisation politique et militaire du Parti, estimant l'expérience suffisamment faite du mal qu'elle pouvait produire, et persuadé que, tant qu'elle subsisterait, il n'y aurait ni tranquillité ni sécurité pour le royaume. Soubise arrivait d'Angleterre sur la flotte de Buckingham ; il descendit à terre pour provoquer la Rochelle à la rébellion. Mais la bourgeoisie hésitait et résistait. Il fallut deux mois pour que le peuple lui forçât la main. Dans le Midi, Rohan ne put soulever que le Bas-Languedoc (région du Gard) et les Cévennes. Mais le Haut-Languedoc (Milhaud, Castres, Montauban) refusait de faire le jeu des ennemis. L'Angleterre, en effet, se servit du Parti protestant uniquement pour ses desseins particuliers, et, quand elle l'eut bien compromis et mis dans une situation critique, et bientôt désespérée, elle l'abandonna. Buckingham avait été chassé de l'île de Ré (novembre) et était reparti avec ses bateaux. Richelieu eut dès lors tout loisir de bloquer la Rochelle par terre, et du côté de la mer, par la fameuse digue. Les tentatives que firent l'année suivante deux flottes anglaises (en mai et septembre 1628) pour forcer le blocus maritime, et venir au secours de la place, ne furent pas poussées avec vigueur ni insistance. La Rochelle désespérée, épuisée par la famine et par la maladie, capitula (28 octobre 1628). Le Cardinal et le Roi firent leur entrée dans un cimetière ; la ville était pleine de morts. C'était aussi le cimetière des libertés et privilèges de la Cité. Les conditions imposées furent dures : toutes les franchises communales abolies, les remparts rasés, le catholicisme rétabli dans tous ses monuments et dans tous ses droits. Seul Rohan restait armé dans le Midi.

On se représente aisément les angoisses et la peine de d'Aubigné, suivant de loin ce chemin de croix de ses coreligionnaires de France. Cependant il se montre

très réservé à ce moment dans sa correspondance conservée à Bessinges. Peut-êtr
offre-t-elle des lacunes pour cette période ? Dans les lettres à la famille de Rohan
que nous avons déjà citées, il témoigne une profonde sympathie pour les épreuve
du Duc et des siens, mais ne formule pas d'appréciations sur leur conduite. Est-c
parce qu'il avait des doutes sur la légitimité, au moins sur l'opportunité de cett
guerre ? Ce qui put lui en donner, en tout cas, c'est l'action énergique menée e
Italie par Louis XIII et son ministre, aussitôt après la chute de la Rochelle, dan
l'*Affaire de la Succession de Mantoue*, où ils ne craignirent pas d'affronte
l'Espagne et l'Empereur. D'Aubigné dut être satisfait de cette intervention, qu
rappelait celle d'Henri IV dans la succession de Clèves. On le voit s'intéresser, s
passionner même pour les expéditions françaises au delà des monts (en 162
et 1630). Il tient ses correspondants au courant des nouvelles qu'il reçoit. E
février 1629, quand Louis XIII et Monsieur (Gaston d'Orléans) descendent par
Champagne et la Bourgogne, il s'inquiète du rassemblement des troupes espagnol
et impériales dans la Franche-Comté, qui peuvent les menacer de flanc : « Je trouv
grandement critique la démarche du Roy sur l'approche de Tilli. » Il se deman
ce que va faire le Duc de Savoie et s'il essayera de s'opposer au passage de l'arm
royale : « Entre les Capitaines de ce parti-là [savoyard], le bruit est que le Du
n'otroyera point le passage au Roy verbalement, mais oui en effect, laschant le pie
comme forcé [1]. »

Après le forcement du Pas de Suze (6 mars 1629), il pousse un cri de joi
presque de triomphe : « Quoyque ce soit, le Rubicon est passé... Il y en a
Lion qui osent desja loger le Roy à Turin ; c'est assès qu'il ait pas
Suse [2]. »

Tout cela est d'un bon Français qui vibre à l'unisson du sentiment nationa
Mais il reste fidèle aux idées qu'il défendait lors de la campagne de Valteline : s
avis est que les Vénitiens doivent agir de leur côté et ne pas confondre leurs arm
avec les françaises. « Une action séparée de lieu, mais conjointe à l'utilité
voilà ce qui lui paraît préférable dans l'intérêt commun, et c'est le point de v

---

1. Cf. éd. Réaume, t. I, p. 495-496 la XVIe des *Lettres diverses*.
2. Ed. Réaume, t. I, p. 528, la XXXVe des *Lettres diverses*. Voir aussi p. 529 et 539 les lettres XXX
et XXXVII écrites au même moment.

qu'il essaye de faire prévaloir auprès des représentants de Venise en Suisse[1].

Aussi s'applaudira-t-il, au début de l'année suivante (1630), que ce point de vue ait été adopté, quand il verra les Impériaux assiéger Mantoue, et la France tarder ou hésiter à la secourir. Venise, au moins, ayant gardé l'indépendance et la liberté de ses mouvements, pourra suppléer à notre défaillance :

« Les Vénitiens, écrit-il à son gendre, M. de Villette, le 6 janvier 1630, tenant la congtation des François pour désertion, ont, contre l'estime qu'on faisoit d'eux, couché de leur reste, jetté deux régimans dans Mantouë et sont à la guerre tant qu'elle durera. Nous et nos voisins vivons en sécurité : Dieu veuille que ce soit en seureté ! Ce que nous avons d'Allemagne promet beaucoup[2]... »

Genève n'était pas très tranquille au milieu de tout ce remue-ménage d'armées à ses « bordures », comme dit d'Aubigné. Elle craignait toujours que le Duc de Savoie, prétendant à une partie de la succession de Mantoue (le Montferrat), ne finît par s'entendre à ses dépens avec la France. N'avait-il pas proposé à Louis XIII, l'année précédente, de lui laisser le passage libre s'il avait permission d'attaquer sa voisine ? Or la ville n'aurait pas tenu un mois, étant « à sec de blé, de sel et autres nécessités », malgré les remontrances et les avertissements de d'Aubigné. Il n'en était pas moins résolu à partager son sort, quoi qu'il arrivât, et, en cas de siège, à y chercher « une honorable mort », sachant bien que, pour lui, il n'y aurait point de « capitulation[3] ».

Et cependant le Duc de Savoie essaya de le tenter et de le gagner à sa cause en « luy représentant les torts qu'il avoit receus de la France ». Il lui offrait des montagnes d'or, *montes aureos*, s'il voulait se mettre à son service et l'aider de son expérience militaire. Il s'attira du glorieux proscrit cette réponse indignée : « *Que jamais il ne feroit rien contre son roy et prince naturel*, qu'il estoit homme de quatre vingts ans, et partant ne pouvoit plus agir avec les pieds et les bras, que

---

1. Cf. les lettres XXXVI et XXXVII que je viens de citer, et aussi la lettre XXXIe à Rohan (t. I, p. 523-525) écrite pendant l'été de 1629, entre les deux expéditions royales en Italie.

2. La lettre est de la main de Renée Burlamachi, à qui d'Aubigné l'a dictée. Elle n'est pas datée sur la copie que reproduit l'édition Réaume, t. I, p. 578 (la XXIVe des *Lettres de sources diverses*) mais l'original qui porte la date (de Genève, ce 6 de janvier 1630) se trouve à la *Bibliothèque de la Société de l'Histoire du Protestantisme* dans la collection T. A. Labouchère, t. IIe 756/1. D'Aubigné a ajouté quelques mots de sa main en P. S.

3. Cf. *Mémoires*, éd. Réaume, t. I, p. 113.

néanmoins s'il faut qu'il meure les armes en la main, ce sera pour la défense de ces
Estat et République[1]. »

La reprise des hostilités françaises contre la Savoie, au printemps, dissipa les
alarmes des Genevois. La politique de Louis XIII et de Richelieu était décidément
nette et reprenait la tradition d'Henri IV en Italie comme en Allemagne. Car là-bas
aussi nous avons vu, par sa lettre aux Villette, que d'Aubigné se félicitait de ce
qui se passait : « Ce que nous avons d'Allemagne promet beaucoup. » L'opposition à l'Empereur grandissait dans les États protestants à la suite de l'Édit de
restitution (6 mars 1629) qui avait obligé les Luthériens à rendre les biens ecclésiastiques, sécularisés depuis la paix d'Augsbourg (de 1555). Dans le Nord de
l'Allemagne, Gustave-Adolphe entrait en scène. La France cherchait à profiter de
ces circonstances favorables et à prendre la direction du mouvement contre la
Maison d'Autriche. Ainsi les perspectives pour le Protestantisme européen deve-
naient moins sombres. Cela compensa-t-il aux yeux de d'Aubigné le désastre subi
par ses coreligionnaires de France? J'en doute, mais au moins cela put apporter
quelque consolation à son chagrin.

Après la chute de la Rochelle, en effet, le Parti, décapité, avait lutté sans
espoir. Rohan fut jusqu'au bout l'animateur de la résistance dans le Midi. Mais
entre les deux expéditions d'Italie, Louis XIII était venu mâter la révolte et appuyer
la répression, cruellement impitoyable d'ailleurs, de Condé. Rohan avait inutile-
ment adressé des appels de secours au Roi d'Angleterre. Alors, dans un acte
ultime de désespoir et de folie, il s'était mis à la solde du Roi d'Espagne pour
entretenir avec ses subsides la guerre civile en France (9 mai 1629). Les circonstances, heureusement, l'empêchèrent de réaliser cette trahison. La précipitation
de la débâcle rendit caduc ce traité d'alliance monstrueux avec la nation ultra-
catholique. Les Huguenots durent accepter *la paix de grâce d'Alais* (28 juin 1629)
qui ne fut pas discutée, mais dictée, et qui, tout en laissant subsister l'Édit de
Nantes et la liberté religieuse, détruisit la puissance militaire et l'ordre politique
du Parti. Désormais il ne constituerait plus un État dans l'État. Rohan paya sa
faute par l'exil. Il se retira d'abord à Venise. Plus tard il viendra lui aussi

---

1. Propos rapporté au Petit Conseil par le Premier syndic Sarrasin le 10 avril 1630. Cf. Heyer,
Notice, p. 43.

demander l'hospitalité à Genève, mais il n'y retrouvera pas son vénéré et fidèle ami.

D'Aubigné ne vit pas, en effet, *la fin de la guerre de Mantoue*. Il mourut au printemps de 1630, non pas à 80 ans, comme il le dit dans sa fière réplique au Duc de Savoie que nous avons citée, et comme il le répétera dans son testament, mais il en approchait. Il était entré le 8 février dans sa 79ᵉ année. Il avait le corps tout cousu de blessures. Elles le faisaient surtout souffrir aux changements de saison, et il était alors souvent travaillé par un érysipèle à la jambe. Ce fut un des symptômes de sa dernière maladie. Déjà, au commencement de l'hiver, il avait eu une indisposition assez sérieuse, et puis il s'était remis. Dans sa lettre aux Villette du 16 janvier 1630, Renée Burlamachi, qui tenait la plume, écrivait :

« Je vous mandois par ma dernière que Monsieur se trouvoit mal. Vous saurez par ceste-ci sa bonne santé ; par la grasse de Dieu, il est remis à son accoustumée. Il dort fort bien et mange de très bon apétit[1]. »

Mais il eut une rechute en avril. M. Rocheblave pense que la « *bourrasque*[2] » *attirée sur sa tête chenue par la publication du 4ᵉ livre de Faeneste* a pu hâter *sa fin*. Il remarque[3] que l'érysipèle s'est déclaré (14 avril) deux jours après la décision du Petit Conseil (12 avril) de lui adresser des remontrances. Mais il était déjà alité avant, comme nous allons voir.

On ne s'étonne pas que la puritaine Genève ait été scandalisée par la verve licencieuse du *4ᵉ livre de Faeneste*. Ces facéties risquées, où s'égayait encore et se délassait la gravité d'un vieillard qui n'avait pas perdu le goût de rire, firent aux sévères magistrats de la cité de Calvin l'effet d'une sorte d'attentat à la pudeur publique. Ils s'en prirent d'abord à l'imprimeur Pierre Aubert, et puis à l'auteur. L'impression s'était faite sans permission des « scolarques ». Le 29 mars, sur un rapport au Petit Conseil qu'il y avait dans ce livre « plusieurs choses impies et blasphématoires qui scandalisent les gens de bien », l'arrestation de P. Aubert

1. Cf. éd. Réaume, t. I, p. 578.

2. Le mot est de Mme d'Aubigné dans une lettre à M. de Villette datée du 14 avril. Elle y annon-çait la maladie, et en P. S. que l'érysipèle venait de se former. Cf. Lalanne, éd. des *Mémoires* (de 1854), p. 451.

3. Cf. SAMUEL ROCHEBLAVE, *Agrippa d'Aubigné* dans la petite collection des Grands Ecrivains fran-çais chez Hachette, p. 46, et à la même librairie sa *Vie d'un héros*, p. 233.

était ordonnée. Et le 12 avril, il était condamné à cent écus d'amende, avec injonction de détruire toute l'édition, y compris les exemplaires qu'il avait déjà distribués « tant en la ville que dehors » et qu'il devait rechercher. Quant à d'Aubigné, il sera convoqué devant les scolarques et autres membres de la Seigneurie, et on lui remontrera « le tort qu'il se fait à soy mesme et à ce public » en l'invitant à ne plus faire de semblables écrits, « lesquels ne peuvent qu'apporter du mal à cest État[1] »

La morale était vengée, mais d'Aubigné ne subit pas cette mercuriale, un peu humiliante à son âge — il est vrai que ce n'était pas la première admonestation qu'on lui adressait pour une raison ou pour une autre, et il ne s'en était pas plus mal porté — cette fois la maladie lui épargna celle-là ; et j'imagine que le Petit Conseil, en apprenant bientôt la gravité de son état, dut regretter cette manifestation. Aussi lui prodigua-t-on toutes sortes de marques d'amitié.

On possède un rapport très circonstancié sur sa fin ; c'est le récit fait par sa veuve pour la famille restée en France et spécialement pour les Villette. La Beaumelle en avait donné un court fragment, avec des lettres ou passages de lettres de Renée Burlamachi sur la mort de son mari, dans les *Mémoires pour servir à l'histoire de Mme de Maintenon*. Ludovic Lalanne a reproduit tous ces extraits dans son édition des *Mémoires d'Agrippa d'Aubigné*[2]. Mais La Beaumelle est une autorité peu sûre ; il ne se contente pas de tronquer les documents qu'il cite, souvent il les arrange à sa façon. Fort heureusement, M. le baron de Schickler, le regretté président de la Société de l'Histoire du Protestantisme français, a eu la bonne fortune de mettre la main, dans une vente, sur l'*original autographe de la relation de Renée Burlamachi*; et M. N. Weiss l'a publiée dans le *Bulletin du Protestantisme* du 15 janvier 1893 (t. XLII). Je ne puis me dispenser de le reproduire à mon tour. On va en voir l'intérêt.

Notons que Mme d'Aubigné date ici en *vieux style*, à la mode genevoise, car les États protestants n'avaient pas accepté la réforme du calendrier Julien faite par le Pape Grégoire XIII (en 1582) pour le mettre d'accord avec le soleil — l'écart était alors de dix jours, depuis il s'est accentué — et ce n'est qu'au XVIIIe siècle qu'ils

1. Cf. Heyer, *Notice*, p. 42-43. L'éclat fait par cette publication du IVe *Livre de Faeneste* prouve bien qu'il n'avait pas vu le jour avant. La *Préface* de cette édition de 1630 le confirme. L'édition de 1629 signalée par M. Legouez dans sa *Notice bibliographique* (Réaume, t. V, p. 202) est une édition fantôme.
2. Chez Charpentier (1854), p. 450 à 456.

adoptèrent le calendrier Grégorien ; les cantons suisses protestants, en particulier, ne s'y rangèrent qu'en 1701. Aussi toutes les dates tirées par M. Heyer des *Archives de Genève* et données dans sa Notice sont exprimées en vieux style. C'est ce qui me faisait objecter à M. Rocheblave que d'Aubigné était déjà frappé du mal qui devait l'emporter, avant la délibération du Petit Conseil prise contre lui le 12 avril. En effet, il en ressentit les premières atteintes le dimanche 11 avant le jour.

Mme d'Aubigné, dans son récit, dit dimanche 9 ; mais c'est une erreur, une inadvertance. Il n'y eut pas de dimanche 9 au mois d'avril 1630, pas plus dans le calendrier Julien que dans le calendrier Grégorien. C'est 11/21 avril qu'il faut lire. Elle-même, d'ailleurs, corrige l'erreur, en indiquant la correspondance avec le calendrier Grégorien dans la belle lettre qu'elle écrivit à M. de Villette aussitôt après le décès, et que je citerai plus loin : « Mon bon seigneur... tomba malade le dimanche à quatre heures du matin 21 d'avril, selon le stile nouveau ; il rendit l'esprit à six heures le jeudi matin 9 mai, le jour de l'Ascension[1]. »

Elle se trompe encore, dans la relation de la maladie, sur le décompte des jours suivants. Elle parle du jeudi 14 du mois. C'est contredire son point de départ. Si le dimanche initial avait été le 9, le jeudi d'après serait tombé le 13. En fait, ce fut le 15 (ancien style). Je rectifierai et préciserai les dates entre crochets.

Ces remarques préliminaires faites, dont je m'excuse, voici ce précieux document, si émouvant dans sa simplicité, qui nous introduit au chevet de d'Aubigné mourant et nous fait assister, jour par jour, presque heure par heure, à ses derniers moments :

Monsieur Daubigni, de très heureuse mémoire, devint malade le dimanche à 4 heures du matin, le 9e jour [lapsus : 11e jour] du mois d'avril, stil vieus 1630.

Il s'estoit fort bien porté depuis le commancement de l'année jusques à l'heure mesme que le mal le print, après avoir dormi fort doucement toute la nuit. Il s'esveilla avec des espraintes et envie d'aller à ses affaires, mais il ne pouvoit ; ce mal luy augmenta avec une très grande inquiétude, qui le faisoit lever si souvent que, aussitost qu'il estoit dans le lit, il se relevoit pour aller sur la chese percée ; il fust à l'instant secouru par clistères et le jour même il fust purgé, et soulagé par

---

1. Cf. Lalanne, *op. cit.*, p. 452.

le demi bain, et nous croyons, et luy aussi, qu'il seroit guéri par ce remède qui luy apaisoit pour quelque temps la douleur.

Il passa le dimanche et lundi en cet estat; le mardi au matin les espraintes l'avoient laissé, et luy vint une glande à la cuisse, et aussitost l'érisipèle à la jambe, de quoy il se resjouyt, pour ce que c'estoit son mal ordinaire, et n'y avoit aucun mauvais accident. Il eut la fièvre et la jambe rouge, mais la rougeur ne luy dura que trois ou quatre jours, et fust sans fièvre; il avoit le pous très bon et ses forces se maintenoient bonnes jusques au 10ᵉ jour de sa maladie [c'est-à-dire jusqu'au 20/30 avril].

Il mangeoit asses pour un malade, ce nestoit pas avecques apétit, mais il prenoit plaisir à ce qu'il demandoit selon son goust. Il recomansa à se plaindre de ses espraintes, et avoit de grandes douleurs de reins et de vantre, de quoy il estoit soulagé par les remèdes que l'on y aportoit. Il print médecine par deux fois, qui firent aussi bonne opération que l'on eut peu souhaiter; il fut saigné avec les saussues. Cependant le mal continua, et encores que les remèdes fissent l'effet comme on désiroit, c'estoit pour peu de temps, et les espraintes recomancèrent avec maus de cœur et de très grans efforts pour rejetter, en fasson que je crois qu'il s'estoit rompu une veine dans l'estomac, car il crachoit beaucoup de sang.

Il a esté traité par son médecin ordinaire, de qui il s'estoit tousjours bien trouvé; il fut visité par divers médecins ses amis, à qui on a communiqué tout ce que l'on faisoit, autant pour sa nourriture que pour les remèdes. A la fin il se laissa conseiller de prandre un autre médecin, ce qu'il n'avoit voulu permettre, car estant en santé il blasmoit le nombre, et disoit qu'il aimoit mieus un seul et que c'estoit son opinion. M. de la Fosse y a toujours esté[1]. Nous apellàmes donc M. Dauphin, qui nous donna espérance de mieus, et tous ensemble conclurent que s'il se fust nourri, selon l'aparance il se fust bien porté, car quant il avoit pris nouriture il sembloit tout remis, et prenoit plaisir d'entretenir ses amis de ses agréables discours.

Le jeudi 14 du mois [lapsus: jeudi 15 ancien style, 25 nouveau] il soupa encores bien d'un restaurant qu'il trouva bon, et print la nuit son lait d'amande comme il avoit accoustumé; mais le vendredi, le voilà en humeur de ne rien prandre tout à fait. Il demeura 24 heures sans rien mestre dans son cors; ni pour prières ni supplications de ses amis, ni pour mes larmes, on ne peat jamais rien obtenir de luy, tellement que nous ne luy en osions plus parler, car il se mettoit en collère. Il fust en inquiétude tout ce jour, qui luy donna le coup, car n'ayant pris nourriture, il perdit ses forces et comança à s'abaisser. La nuit du samedi il print son lait d'amandes, qui nous donna

---

1. Le fils naturel de d'Aubigné, Nathan, dit La Fosse, avait des aptitudes scientifiques remarquables: il était à la fois mathématicien, ingénieur, chimiste et médecin, ayant été reçu docteur en médecine à Fribourg en Brisgau en 1626. Il put donc soigner son père d'une façon éclairée.

de la joye, mais aussi ce fust le dernier, car il n'en voulut plus prandre, mais il se laissoit persuader de prandre, de fois à autre, quelques cuillerées de restaurant de perdris, de jus de mouton et du sirop de Capandu ; ç'a esté sur la fin sa plus agréable nouriture.

Cependant ses forces estoyent encore bonnes, qui ne nous ostoyent pas du tout l'espérance, car le mercredi au soir qu'il mourut le landemain au matin [c'est-à-dire le le mercredi 28 avril/8 mai] il crachoit encores jusques au milieu de la chambre, et chacun disoit que une personne mourante ne pouvoit avoir ceste force. Il eust très bonne conoissance jusques quelques heures avant qu'il mourut ; le mercredi tout le jour il someillioit et s'esveillioit en riant, et, eslevant les mains et les yeux au ciel, il nous a rendu grand tesmoignage de la joye qu'il sentoit, et quand il faisoit ses dificultés de pouvoir prandre nouriture, il disoit : m'amie, laisse moy aller en pais, je veus aller manger du pain céleste.

Il a esté servi en tout ce qui m'a esté possible de m'imaginer, ma peine n'a esté rien, car si j'eusse peu donner mon sang et ma vie pour luy, je l'eusse fait et de bon cœur. En ses deus dernières nuits, il fust consolé par deus excellens ministres ses amis : enfin et jour et nuit il ne luy a esté manqué ni d'assistance ni de consolation, jusques à son dernier soupir, par tous ses bons amis et des plus excellents hommes de la ville ; ce n'eusse seu estre tant que son mérite en requerroit encores davantage, mais je vous prie de croire que, pour le lieu où nous sommes, on a fait tout ce que l'on a peu.

Il est regretté de touttes les gens de bien, il a achevé ses jours en pais, et deus jours devant sa fin, il me dit d'une face joyeuse, et un esprit paisible et constant : La voici l'heureuse journée — que Dieu a faite à plein désir — par nous soit joye demenée — et prenons en elle plaisir.

Ces vers que d'Aubigné chantonna quand il sentit sa fin approcher, c'était une strophe du Psaume CXVIII, dans la version de Clément Marot, musique (ou au moins adaptation) de Loïs Bourgeois :

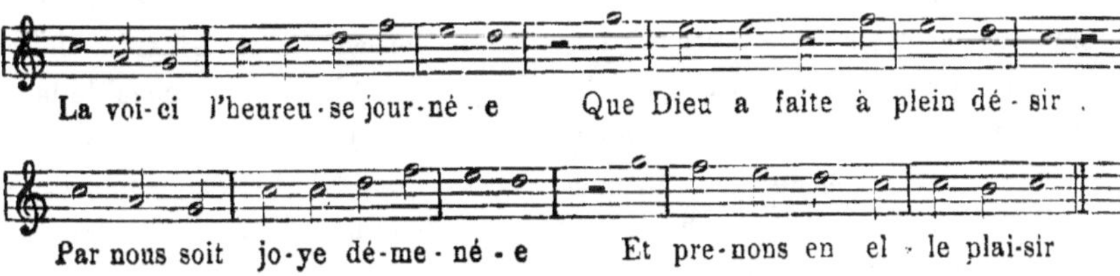

Les Huguenots l'avaient entonné au matin de Coutras, au matin de la Victoire. Maintenant, au terme de sa longue existence, si agitée et si riche en œuvres, il répétait ce verset dans une sorte d'extase, pour rendre grâces à l'Éternel de lui accorder enfin le repos de sa Cité céleste. Sa mort est un dernier acte de foi. Et c'est ainsi qu'il s'endormit dans la réminiscence des luttes soutenues pour la bonne Cause, et l'espérance de la récompense qui l'attendait au sein de Dieu.

Quand sa veuve le vit étendu sur son lit mortuaire, il lui sembla que toute raison de vivre l'abandonnait elle-même, tant elle s'était consacrée entièrement au grand vieillard, dont elle avait eu « l'honneur d'être si chèrement aimée », comme elle le dit à M. de Villette. Il suffirait, pour se rendre compte de l'attachement qui liait les deux époux, de cette relation qu'on vient de lire, et qui ne se présente pourtant que comme une sorte de procès-verbal de la maladie. Le dévouement absolu de Renée pour son mari, sa tendresse inquiète, son respect soumis, apparaissent à toutes les lignes. Mais que dire des lettres intimes qu'elle adressait aux Villette, et où s'épanche sa douleur? Je n'en citerai qu'une, où jaillit le cri du cœur le plus spontané, immédiatement après la mort. C'est celle dont j'ai déjà invoqué un passage — *in fine* — pour fixer les dates, le premier jour du mal et sa terminaison. Elle débutait par l'annonce du malheur survenu :

« Il faut que je vous dise avec une main tremblante et le cœur plein d'angoisses et d'amertume, que Dieu a retiré à soi notre bon seigneur et votre bon et affectionné père, et à moi aussi père et mari si cher et bien aimé, que je m'estime bien heureuse de l'avoir servi, et malheureuse de ne le servir plus. Hélas ! tout d'un coup il m'a été ravi ; et il me semble impossible de croire que ce coup me soit arrivé. Je ne le verrai donc plus ! Je n'aurai donc plus la consolation de vous voir ici avec votre chère moitié, qui eût vu la sainte union de notre famille désolée[1] ! »

Quel témoignage plus favorable pour d'Aubigné auprès de la postérité que les regrets inconsolables de sa veuve? Dans la vie domestique on n'inspire de tels sentiments que quand on les mérite. C'est là que se fait la vraie épreuve de la valeur morale d'un homme. On sait quelle union régnait au premier foyer d'Agrippa, mais on n'a pas la déposition de Suzanne de Lezay. Celle de Renée y supplée. Elle parachève d'un hommage familial, comme d'une couronne d'immortelles arrosées de larmes, la gloire de d'Aubigné.

1. Cf. Lalanne, éd. des *Mémoires* (1854), p. 452.

La Seigneurie de Genève lui rendit des honneurs funèbres qui l'honorent elle-même. Une ordonnance du Recteur convia tous les membres de l'Académie à assister aux obsèques. Ce faire-part officiel était libellé en latin :

« Hesterna die horis matutinis obiit vir illustris et generosus, nec minus litterarum quam armorum splendore insignis, D. Theodorus Agrippa Albineus, Christianissimi Galliae Regis olim a sanctioribus consiliis, Maleaci Guberbator, Castrorum Praefectus, Legionis Tribunus, variis muneribus terra marique functus, etc. Genevoe, pridie Calendas Maii anno M.D.C.X.X.X.[1]. »

Il fut inhumé dans le cloître du temple de Saint-Pierre (ancienne cathédrale), et sur sa tombe l'on mit en épitaphe, suivant sa volonté, la fière inscription qu'il avait rédigée comme une recommandation suprême à ses enfants.

D.O.M.

TESTOR LIBERI

QUAM VOBIS APTUS SUM

SOLO FAVENTE NUMINE

ADVERSIS VENTIS

BONIS ARTIBUS

IRREQUIETUS QUIETEM

EAM COLERE SI DEUM COLITIS

SI PATRISSATIS CONTINGAT

SI SECUS SECUS ACCIDAT,

HAEC PATER ITERUM PATER

PER QUEM NON A QUO VOBIS

VIVERE ET BENE DATUM

STUDIOR. HAEREDIB. MONUMENTO

DEGENERIBUS OPPROBRAMENTO

SCRIPSIT[2].

1. « *Hier matin* est trépassé un homme illustre et noble, aussi remarquable par l'éclat des lettres que des armes, le seigneur Théodore Agrippa d'Aubigné, naguère admis dans les conseils les plus augustes du Roi de France très chrétien, gouverneur de Maillezais, Mestre de camp, Maréchal de camp, ayant rempli des charges variées sur terre et sur mer, etc. Genève la veille des Calendes de mai 1630 ».

Je tire le texte latin des Mss. Clairambault (Bibliothèque Nationale, Mss. de l'Ordre du Saint-Esprit, t. LV, n° 1165).

La veille des calendes de mai, c'est-à-dire le dernier jour d'avril ancien style, qui correspond au 10 mai, nouveau style lendemain de la mort. Dans le vol. XVII du cabinet d'Hozier (Bibliothèque Nationale, Fonds français n° 30.898) où cette ordonnance du Recteur est également rapportée, d'Hozier a ajouté à côté de la date indiquée en latin : c'est le 30 avril.

2. « Je prends à témoin, mes enfants, Dieu très bon et très grand : que ce repos que je vous ai

Lorsque l'emplacement du cloître fut vendu au début du xviiie siècle en (1721) et le cimetière désaffecté, les pierres sépulcrales furent rentrées dans le temple [1]. C'est ainsi que la table de marbre noir, qui portait l'épitaphe de d'Aubigné en lettres d'or surmontées de ses armoiries, se voit aujourd'hui encastrée dans le mur de droite, au bas de l'Église. Du même côté droit, mais dans le transept, se trouve le tombeau de Rohan, le chef valeureux, malheureux, et coupable, des dernières révoltes huguenotes, mortellement blessé en 1638 à la bataille de Rheinfelden, où il servait dans l'armée de Bernard de Saxe-Weimar, et dont le corps fut ramené en grande pompe à Genève. Ce rapprochement, dans la mort et dans l'exil de deux des plus authentiques paladins du Protestantisme français, qui eurent le tort de ne pas savoir reconnaître ni accepter le bienfait de l'Édit de Nantes, ne laisse pas d'offrir un spectacle mélancolique, mais aussi une sévère et haute leçon.

acquis grâce à la seule faveur du Ciel, malgré les vents contraires, par des moyens honnêtes, et au prix de mon propre repos, vous en jouissiez heureusement si vous servez Dieu et suivez les traces de votre père; sinon, qu'il vous en advienne autrement! Voilà ce que votre père, doublement votre père, par qui et non de qui vous avez reçu l'être et le bien-être, a écrit en mémoire perpétuelle pour les héritiers de ses principes de vie, et en opprobre pour ceux qui dégénéreront ». Ces principes, qui devaient guider leur conduite, il les leur rappelle plus explicitement dans son testament, à la suite même du texte de son inscription, qu'il demandait qu'on gravât sur son sépulcre. Cf. Lalanne, éd. des *Mémoires* (1854) p. 423-424.

On ajouta seulement au bas de l'admonition, la date du décès :

THEODORUS AGRIPPA ALBINEUS
OCTOGENARIUS OBIIT ANNO
CD DC XXX APRIL D.XXIX

Voir aussi une autre épitaphe, aussi fière quoique plus courte, en un quatrain français (éd. Réaume, t. III, p. 311).

1. Voir le *Bulletin du Protestantisme français*, t. IV (1855). p. 74; le livre du pasteur Archinard, *les Édifices religieux de la vieille Genève*, à Genève chez Joël Cherbuliez, 1864; et la *Notice* de HEYER, p. 46-47.

APPENDICE BIBLIOGRAPHIQUE

PREMIÈRE SECTION

La famille d'Aubigné-Maintenon
Ses origines, ses titres de noblesse, son ascension.

A. — MANUSCRITS.

Chérin, COLLECTION CHÉRIN, vol. X. (Bibl. Nat., Fonds français, n° 31572). Au dossier 197, notice sur les d'Aubigné.

Clairambault, CABINET CLAIRAMBAULT. (Bibl. Nat., n° 1165, dans les mss. de l'ordre du St-Esprit, t. 55). Dossier relatif à Charles d'Aubigné, le neveu de Mme de Maintenon, pour sa promotion dans l'ordre du St-Esprit, du f° 148 au f° 216.

DOSSIERS BLEUS, vol. 37. (Bibl. Nat., Fonds français, n° 29382). Dossier n° 879, sur les d'Aubigné.

D'Hozier, CABINET D'HOZIER, vol. 17. (Bibl. Nat., Fonds français, n° 30898). Chemise n° 383, relative aux d'Aubigné.

NOUVEAU D'HOZIER, vol. 15. (Bibl. Nat., Fonds français, n° 31.240). Dossier 310, sur les d'Aubigné.

CARRÉS D'HOZIER, vol. 40. (Bibl. Nat., Fonds français, n° 30269). Titres relatifs aux d'Aubigné, du f° 78 au f° 113.

B. — IMPRIMÉS.

CAMILLE BALLU, *De la Noblesse d'Agrippa d'Aubigné et de Mme de Maintenon*. Angers, Germain et Grassin, 1906, in-8°, 39 p. (Extrait de la *Revue d'Anjou*, janv.-fév. 1906).

BEAUCHET-FILLEAU, *Dictionnaire historique et généalogique des Familles du Poitou*, 2e éd. (Poitiers, Imprimerie Oudin). Au t. I. 1891, *Notice sur les d'Aubigné*.

HONORÉ BONHOMME, *Mme de Maintenon et sa famille*. Lettres et documents inédits publiés sur les manuscrits autographes originaux. Paris, Didier, 1863, in-18, 356 p.

A. DE BOISLISLE, *Le Veuvage de Françoise d'Aubigné*. Revue des questions historiques, 1894, t. LVI, p. 48 à 110 (en particulier sur la question de la noblesse, p. 90 à 103).

H. BORDIER, *Le Comte Charles d'Aubigné* (neveu de Mme de Maintenon), dans le *Cabinet historique*, 23e année, 1877, p. 81 à 97.

Du même, *Notice sur les d'Aubigné* dans *la France protestante*, 2ᵉ éd., 1ᵉʳ vol., 1877, col. 460 à 550. (Pour la question de la noblesse voir le début sur le père d'Agrippa, col. 461 à 467, et, à la fin de l'article, les préoccupations nobiliaires de Mme de Maintenon, col. 541 à 547).

Roger Drouault, *L'Origine loudunaise des d'Aubigné-Maintenon*. (Extrait du *Bulletin historique et philologique* du Comité des Travaux historiques et scientifiques, 19 3). Paris, Imprimerie nationale, 1904, in-8°, 7 p.

Ed. Forestié, *Contrat de mariage entre Constant d'Aubigné et Jeanne de Cardaillac*. (Communication insérée dans le *Bulletin historique et philologique* du Comité des Travaux historiques et scientifiques, 1897). Paris, Imprimerie Nationale, mars 1898, in-8°, pièce.

Henri Gelin, *Les Tombes de Mursay*. Bulletin de la Société de l'Histoire du Protestantisme, français, t. XLVII (1898), p. 36 à 43.

Du même, *A propos du décès de Constant d'Aubigné* (1647). Paris, Librairies-Imprimeries réunies (s. d.), in-8°, 8 p., fac-similés. (Extrait du *Bulletin de la Société de l'Histoire du Protestantisme français*, octobre 1899).

Du même, *Françoise d'Aubigné*. Étude critique. Niort, aux bureaux du *Mercure Poitevin*, 1899, in-16.

Du même, *Une Famille poitevine d'écrivains illustres* : Agrippa d'Aubigné, Mme de Maintenon, Mme de Caylus, le comte de Caylus. Niort, G. Clouzot, 1905, in-8°, 60 p. (Extrait des mémoires de la *Société historique et scientifique des Deux-Sèvres*).

Laurent Angliviel de La Beaumelle, *Mémoires pour servir à l'histoire de Mme de Maintenon et à celle du siècle passé*, 6 vol. in-12, suivis des *Lettres de Mme de Maintenon*, 9 vol, in-12. Amsterdam, 1755-1756.

Théophile Lavallée, *La famille d'Aubigné et l'enfance de Mme de Maintenon*, suivi des mémoires inédits de Languet de Gergy, archevêque de Sens, sur Mme de Maintenon et la Cour de Louis XIV. Paris, H. Plon. 1863, in-8°, viii-492 p.

Du même, Édition de la *Correspondance générale de Mme de Maintenon*. Paris, Charpentier, 1865-1866. 4 vol. in-12.

Duc de Noailles, *Histoire de Mme de Maintenon*, Paris, 1849, in-8°.

H. Patry, *Notes inédites sur le père d'Agrippa d'Aubigné*. Bulletin de la Société de l'Histoire du Protestantisme français, t. LIII (1904), p. 493-494. [Mˡ Patry publie deux arrêts du Parlement de Guyenne le concernant, en date du 30 mai et du 24 juillet 1554. Le premier le dessaisit de son office de Bailli de Pons, en faveur d'un certain Odet de Pont].

Saint-Simon, *Mémoires* éditées par A. de Boislisle avec la collaboration de L. Lecestre (à partir du t. XV, 1901) et de J. de Boislisle (depuis 1909, t. XXI). Paris, Hachette, dans la collection des Grands Écrivains de la France, 38 vol. in-8°, de 1879 à 1926, plus les tables.

L. Sandret, *Un chapitre inédit de l'histoire de Mme de Maintenon*, dans la *Revue historique nobiliaire et biographique*, année 1875, t. XII (10ᵉ de la nouvelle série), p. 125 à 136. Librairie de la Société des antiquaires de France, 13, quai des Augustins.

DEUXIÈME SECTION
Les œuvres d'Agrippa d'Aubigné.

La bibliographie des œuvres d'Agrippa d'Aubigné a été esquissée par M. Ch. Legouez au t. V de l'édition Réaume et de Caussade, p. 195 à 212. Surtout, elle a été bien faite par M. Ad. van Bever dans le *Bulletin de la Société de l'Histoire du Protestantisme français*, t. LIV (1905), p. 228 et sq. Ce qui me dispensera d'entrer dans autant de détails, et de décrire ou d'analyser aussi minutieusement qu'il le fait les divers manuscrits ou éditions. En revanche je ferai certaines rectifications ou additions.

A. — Manuscrits

Les manuscrits originaux de d'Aubigné sont conservés depuis sa mort dans la famille Tronchin de Genève. M. Merle d'Aubigné, qui les avait vus vers 1840, chez le colonel Henri Tronchin, dans sa terre de Lavigny au-dessus de Rolle, en a donné une première analyse sommaire (lettre du 27 juillet 1863 au *Bulletin de la Société de l'Histoire du Protestantisme français*, t. XII, p. 340-342). En 1855 les manuscrits furent transportés **au château de Bessinges** (commune de Jussy, près de Genève), où ils sont toujours. M. Ch. Read qui était allé collationner à Bessinges son manuscrit du *Printemps* (*manuscrit Monmerqué*) a complété les renseignements de M. Merle d'Aubigné (même tome du Bulletin, p. 465-468).

Les manuscrits forment dix volumes différents de grosseur et de format, cartonnés teinte grisâtre. En tête du volume III se trouve sur une feuille à part la copie autographe du reçu détaillé remis par le pasteur Théodore Tronchin à la veuve d'Agrippa d'Aubigné, le 27 février 1633, lorsque les manuscrits lui furent délivrés en présence de Nathan, dit Lafosse (le fils naturel de d'Aubigné) conformément aux instructions du testament. On constate, dans cet inventaire, qu'il y avait 17 paquets, avec le contenu desquels ont été constitués les 10 volumes de manuscrits, dont la reliure, semblable aux 50 volumes de la collection Court à la bibliothèque de Genève, paraît être de la même époque : xviiie siècle. C'est donc à ce moment qu'ils auraient été habillés de cette façon

Je renvoie au *Bulletin du Protestantisme* et aux notices de MM. Legouez et Ad. van Bever pour la composition de chacun des 10 volumes. Je dirai seulement en gros que dans le Ier se trouvent des remarques sur l'*Histoire*, et l'ébauche d'un 4e tome (c'est la matière du *Supplément* inédit que M. Plattard vient de publier chez Champion, 1925). Le 2e renferme les différents recueils de *Lettres*, le 4e la *Confession de Sancy*, le 5e les *Mémoires* ou Sa Vie racontée à ses enfants) non autographes, mais avec des corrections de sa main. Dans le 6e deux opuscules politiques, le *Traité sur les guerres civiles*, le traité *Du debvoir mutuel des Roys et des subjects*, et diverses poésies dont l'*Hiver*, et le 1er livre du *Printemps* (l'*Hécatombe à Diane*), plus les poésies latines (*Epigrammata*). Le volume VII contient le manuscrit des *Tragiques* recopié par un secrétaire, mais avec quelques rectifications faites par d'Aubigné lui-même. C'est le manuscrit qui a servi à établir l'édition s. l. ni date (la deuxième) et qui porte la mention « donné à l'Imprimeur le 5 aoust ». Mais en fait il n'a pas été chez l'imprimeur, son état le prouve et cette inscription n'est qu'un memento. Ce qui a été envoyé à l'impression, c'est un exemplaire de l'édition princeps (de 1616) sur lequel avaient été reportées les corrections et additions du manuscrit, ainsi que cela a été démontré dans l'introduction de l'édition du 1er livre des *Tragiques* (*Misères*) faite en 1896, sous la direction de M. Joseph Bédier, par cinq élèves de l'École Normale, H. Bourgin, L. Foulet, etc. (Colin, 1896). — Dans le volume VIII, le *Printemps* est au complet (second exemplaire de l'*Hécatombe*, plus les livres II et III) avec additions et corrections de la main de d'Aubigné. — Le volume IX offre *Le Caducée ou l'Ange de la paix*, et la *Lettre à Madame*, sœur unique du Roi (c'est la *Lettre sur la Douceur des afflictions*), le volume X, *La Création* en 15 chants.

Quant au *manuscrit Monmerqué* que M. Read était allé collationner à Genève en vue de sc
édition du *Printemps* (sans l'*Hécatombe*, 1874) il l'avait acquis en mars 1861 à la vente de
bibliothèque de M. Monmerqué, membre de l'Institut, qui l'avait acheté chez Royer en 182
C'est un manuscrit collectif, un recueil de poésies du xvi° siècle, en belle écriture du temps,
150 ff. environ (384 pages). Et c'est vraisemblablement un manuscrit familial, ayant apparter
à Mme de Maintenon : à côté des pièces de son grand-père Agrippa, on en voit de son père Cor
tant, et d'autres poètes contemporains, comme M. Certon, à qui d'Aubigné adressa un jour u
curieuse lettre sur les vers mesurés (éd. Réaume, t. I, p. 453, la X° des *Lettres de Poincts de Scienc*

A la mort de M. Read le manuscrit Monmerqué a passé à la bibliothèque de la Socié
de l'Histoire du Protestantisme français, où il est catalogué sous le n° 816/12.

Un autre manuscrit, provenant de Madame de Maintenon, contenait les Mémoires, et était co
servé à la *Bibliothèque du Louvre*, coté F. 325. Il a disparu dans l'incendie de 1871, mais c'
d'après lui que Ludovic Lalanne avait établi son édition des *Mémoires* de 1854. (Paris, Charpentie:

Six autres copies des Mémoires subsistent, exécutées pendant les xvii° et xviii° siècles, 3 à
Bibl. Nat., 3 à la Bibliothèque de l'Arsenal ; *tous ont des titres différents :*

Mémoires pour servir à l'histoire de la vie de messire Théodore Agrippa d'Aubigné, chevali
seigneur de Surimeau, Murçay, Les Landes, le Crest..., etc. (Bibl. Nat., Mss. fr. n° 5769), r
du xvii° siècle.

Biographie de Théodore-Agrippa d'Aubigné et d'Antoine de Baissey, bailli de Dijon. Fol.
« Vie de Théodore-Agrippa d'Aubigné par lui-même » avec dédicace à ses enfants. (Bibl. Na
Mss. franç., n° 22223), ms. du xvii° siècle, relié parchemin, Fonds Bouhier.

Histoire secrette de Théodore-Agrippa d'Aubigné dédiée à ses enfants. (Bibl. Nat., Fonds f
n° 7036 ; Recueil de pièces diverses xvii° et xviii° siècles).

La Vie du sieur d'Aubigné, écrite par luy mesme (Bibl. de l'Arsenal, ms. 5422, Recueil
Conrart, t. XIII, pp. 977-1060), ms. du xvii° siècle.

Mémoire secret d'Agrippa d'Aubigné, ayeul de Mme de Maintenon et autheur de l'*Histoi*
Universelle, etc. Imprimé à Amsterdam en 1731. (Bibl. de l'Arsenal, ms. 3850, Recueil). Ms de
fin du xvii° siècle qui contient le testament d'Agrippa d'Aubigné.

Mémoires de Théodore-Agrippa d'Aubigné. (Bibl. de l'Arsenal, ms. 6894), ms. du xvii° siè
incomplet.

A *Londres, au British Museum, il existe un manuscrit des Tragiques* (Fonds Harleia
n° 1216, in-4°) que Renée Burlamachi avait envoyé à son frère, conformément au désir de s
mari. On lit, en effet, cette note d'elle sur la feuille de garde : « Feu monsieur Dobigni, peu
jours devant sa mort, me commanda de faire tenir se livre à son très cher et honoré frère,
quel il a prié de garder en tesmoignage de son affection. » Ce manuscrit a été décrit par M. Re
dans les notes de son édition des *Tragiques* publiée en 1872, p. 186 du t. I. dans la réimpressi
de Flammarion. Le texte est à peu près conforme à celui de Bessinges. Après les *Tragiqu*
viennent : le *Discours par stances avec l'esprit du feu roy Henry quatriesme*, et deux sui
d'*Épigrammes* françaises et latines. Il a été acquis par le comte d'Oxford, vers 1715, et sa
doute à un nommé Backford, qui avait formé de belles collections. On lit au feuillet de gard
« Backford, n° 6 ».

De La Confession de Sancy on connaît 4 copies du xvii° siècle, 3 à la Bibl. Nat. (Mss. fr. 19
13958 et 17460; ce dernier relié aux armes de Seguier ne contient pas que l'œuvre de d'Aubig
et une à l'Arsenal (t. III de la collection Conrart, ms. 5412).

Enfin à cette liste il faut ajouter la *Lettre aux magnifiques et très honorés Seigneurs de Genève*, p. p. Réaume (t. I, p. 583 et sq.) et qui est tirée d'un manuscrit de la Bibliothèque de Leyde (Fonds latin n° 267), vrai mémoire sous forme de lettre : c'est une consultation que d'Aubigné donne à la Seigneurie sur les dangers que court Genève dans la situation présente de l'Europe (en 1621) et les précautions qu'elle doit prendre pour s'en garantir, notamment pour ses fortifications.

MM. Réaume et de Caussade, en dehors des recueils de *Lettres* conservés à Bessinges, en ont extrait quelques autres encore *de diverses collections publiques ou privées* (t. Ier de leur éd., p. 553 et sq. et appendice du t. II). *Deux de ces lettres, la XXIIIe et la XXIVe « de sources diverses »*, adressées à M. de Villette, l'une signée de d'Aubigné, l'autre de Renée, qui lui a servi de secrétaire, et que ces éditeurs donnent (t. I, p. 576-579) d'après H. Bonhomme (Madame de Maintenon et sa famille), se trouvent *en originaux autographes à la Bibliothèque de la Société de l'Histoire du Protestantisme* (collection de P.-A. La Bouchère, t. n° 756/1). On constate que la première même est de la main de Renée, qui ajoute un P.-S. en son nom, de même que d'Aubigné en ajoute un à la seconde signée par sa femme. La première est datée de Genève « ce 1er de juin » (année ?) ,la seconde de Genève « ce 6e de janvier 1630 ».

B. — Imprimés.

Pour l'énumération des éditions de chacune des œuvres qui ont d'abord paru séparément, j'adopte le principe de M. Van Bever, et je rassemblerai toutes les éditions de la même œuvre dans leur succession chronologique, au lieu de constituer, comme M. Legouez, des groupes de publications d'œuvres différentes par siècles — ce qui n'a pas grand intérêt et produit quelque confusion.

En revanche, je me sépare de M. Ad. Van Bever pour la classification des œuvres : il suit l'ordre alphabétique. C'est assez artificiel, et cela ne donne pas une idée de la production de d'Aubigné. Il arrive ainsi que des œuvres de jeunesse sont mentionnées seulement à la fin. Pour la même raison je ne suivrai pas non plus l'ordre de publication, car il y a des œuvres de d'Aubigné qui n'ont pas paru de son vivant. Je les rangerai approximativement dans l'ordre de leur composition.

I. **Vers funèbres** *de Th. A. d'Aubigné, gentilhomme Xantongois sur la mort d'Estienne Jodelle, Parisien, prince des Poètes Tragiques.* A Paris, par Lucas Breyer, libraire tenant sa boutique au second pillier de la grand salle du Palais, 1574. Avec privilège, in-4°, 6 feuillets.

Ces vers funèbres ont été réimprimés à la suite des éditions des œuvres de Jodelle (1574, in 4° Paris, Nicolas Chesneau et Mamert Patisson; 1597, in-12, Lyon, Benoist Rigaud ; — enfin de nos jours, dans l'édition Marty-Laveaux, *Les œuvres et mélanges poétiques d'Estienne de Jodelle, sieur du Lymodin.* Paris, A. Lemerre, 1876, 2 vol. in-8°.

La plaquette de 1574 a, d'autre part, été reproduite dans l'édition des Œuvres complètes de d'Aubigné de Réaume et Caussade, t. III, p. 317 et sq., pour suppléer à l'absence d'un manuscrit de ces vers à Bessinges.

II. **Le Printemps.** — Agrippa d'Aubigné, le Printemps, « poëme de ses amours ». *Stances* et *Odes* publiées pour la première fois d'après un manuscrit de l'auteur ayant appartenu à Mme de Maintenon, avec une notice préliminaire par M. Ch. Read. Paris, Librairie des Bibliophiles (cabinet du Bibliophile, n° XVIII). MDCCCLXXIV, in-12, I à XXX (Notice), plus 147 pages.

C'est l'édition faite d'après le *manuscrit Monmerqué* dont nous avons parlé. L'*Hécatombe* est

absente ; il n'y a donc là que des pièces appartenant aux livres II (*Stances*) et III (*Odes*) du *Pri-*
temps. M. Ch. Bost, dans ses *Notes sur Agrippa d'Aubigné* (*Bulletin de la Société de l'Histoire du Pro-*
testantisme français de septembre-octobre 1910, et en tirage à part), au § 1er consacré au *Prin-*
temps, prétend qu'il y a dans le manuscrit Monmerqué 15 pièces qui ne se retrouvent plus dans
les manuscrits de Bessinges. C'est une erreur. Elle vient de ce qu'il n'est pas toujours facile de
reconnaître la correspondance entre les pièces données par Read et celles que fournit l'édition
Réaume et de Caussade d'après les manuscrits de Bessinges. L'ordre n'est pas le même. D'autre
part, plusieurs des *Stances* de Read figurent parmi les *Odes* dans Réaume. Enfin l'édition
Réaume fusionne parfois deux pièces de Read en une seule, si bien que la seconde passe ina-
perçue si l'on ne regarde que le début. M. Réaume lui-même s'y est trompé, et a reproduit en
appendice, dans son tome IV, comme les tenant de M. Read, 4 pièces qui se trouvaient déjà
dans son tome III (du *Printemps*). Ce sont les nos IV, V, VI et VII des *Pièces de sources diverses*,
à la fin du tome IV (le tome des *Tragiques*), p. 393 à 398.

Pour éclaircir la question des rapports entre les deux recueils, je donne ici un tableau de
leur correspondance :

Dans Read.	Dans Réaume.
Stance I	Stance II
— II	— XI
— III	— III (mais écourtée dans **Read**).
— IV	— XIII

Les stances V et VIII sont fusionnées dans Réaume (stance VIII) et il a reproduit une 2e fois
la stance V à l'appendice du t. IV (p. 394, pièce V).

Stance VI	Stance XII
— VII	— VII
— IX	— IV
— X	— XV
— XI	— XVII
— XII	— V
— XIII	— VI
— XIV	— XIX
— XV	— I

La stance XVI est donnée par Réaume à l'appendice du tome IV (p. 400-401) d'après le
manuscrit Monmerqué. Celle-là manquait vraiment au tome III.

Stance XVII	Ode XXXVIII
— XVIII	— XXVIII
— XIX	— XXXVII

— XX : Stance X, mais cette stance commence par
l'ode IX de Read, d'ailleurs tronquée de plusieurs strophes dans Read : la première, par
exemple, manque, si bien que Réaume n'a
plus reconnu son enfant et a reproduit l'ode
de Read une 2e fois (t. IV, p. 393, pièce IV).
Il a redonné également la stance XX de Read,
t. IV, p. 397, pièce VI).

Dans Read.

Stance XXI

—   XXII

—   XXIII

Stance XXIV

—   XXV

—   XXVI

Livre des Odes dans Read.

Ode I

—   II

—   III

—   IV

—   V

—   VI

—   VII

Ode VIII

Ode IX

Ode X

—   XI

—   XII

Ode XIII

—   XIV

—   XV

—   XVI

—   XVII

Dans Réaume.

Ode XXXII

Stance XVIII avec 4 vers de dédicace en plus.

Ode VII, mais à la suite se trouve l'ode XII de Read, les deux pièces fusionnées en une seule ; c'est pourquoi Réaume ne s'est pas aperçu qu'il avait déjà donné l'ode XII de Read (t. III, p. 132) et il l'a répétée au t. IV (p. 397, pièce VII).

Ode   X

—   XV

—   XVI

Dans Réaume.

Ode   II

—   VI

—   XVII

—   XXXIX

Portée par Réaume dans les *Poésies diverses* (t. III, p. 259). Il la tire d'ailleurs d'un Recueil publié à Rouen, 1626, in-12, *Le Séjour des muses ou la Chresme des bons vers*.

Reproduite par Réaume à l'appendice du tome IV, p. 398 (la pièce VIII) d'après le manuscrit Monmerqué. Elle manquait à son tome III.

Ode XXIX

Donnée par Réaume à l'appendice du t. IV, p. 391 (la 2e des *Pièces de sources diverses*), elle est dans les manuscrits de Bessinges, mais elle avait été omise au tome III.

Stance X qui fusionne, comme je l'ai dit, l'ode IX de Read et sa stance XX.

Ode XIII

Ode XIX

Ode VII, qui fusionne, comme je l'ai dit, la stance XXIII de Read avec son ode XII.

Ode   VIII

—   V

—   XXVII

—   XXX

—   I

<table>
<tr><td colspan="2">Dans Read.</td><td colspan="2">Dans Réaume.</td></tr>
<tr><td>Ode XVIII</td><td></td><td>Ode</td><td>III</td></tr>
<tr><td>— XIX</td><td></td><td>—</td><td>IV</td></tr>
<tr><td>— XX</td><td></td><td>—</td><td>XXXI</td></tr>
<tr><td>— XXI</td><td></td><td>—</td><td>XXXVI</td></tr>
<tr><td>— XXII</td><td></td><td>—</td><td>XIV</td></tr>
</table>

En résumé, il n'y a de nouveau dans Read que la stance XVI et l'ode VI. En revanche
lui manque les stances IX, XIV, XVI et XX de Réaume, plus la Consolation à Mlle de Saint-G
main (Réaume, t. III, p. 112) et la pièce à Madame de B. (Réaume, t. III, p. 115). Les o
absentes sont encore plus nombreuses : IX, XI, XVIII, XX, XXI, XXII, XXIII, XXIV, XXV, XX
XXXIII, XXXIV, XXXV, XL (Vision funèbre de Suzanne), XLI et XLII de Réaume.

III. **Le Ballet de Circé.** — BALET COMIQUE DE LA ROYNE faict aux nopces de Monsieur le
de Joyeuse et de Madamoyselle de Vaudemont, sa sœur, par Baltasar de Beaujoyeulx, vale
chambre du Roy et de la Royne sa mère. A Paris par Adrian le Roy, Rob. Ballard et Man
Patisson imprimeurs du Roy M. D. LXXXII. Avec Privilège, in-4 de 8 feuillets prél. ; 75 feuil
chiffrés et 1 feuillet pour l'extrait du Privilège.

Musique notée et figures gravées à l'eau-forte par Jacques Patin, peintre ordinaire du R
Ouvrage rarissime. Un exemplaire à la Bibliothèque de l'École Nationale des Beaux-Arts, C
57. (*Collection Lesoufaché*).

On remarque qu'il n'est pas question de d'Aubigné dans le titre, et d'après le texte narrati
prose qui sert de liaison aux couplets du poème, les vers sont de l'abbé de la Chesnaye, au
nier du Roi, et la musique du Sr de Beaulieu et de Pierre Salmon. Mais dans son *Hist*
(éd. Ruble, t. VII, p. 118) et dans ses *Mémoires* (éd. Réaume, t. I, p. 23) d'Aubigné revendique
nellement la paternité de *Circé*. Il aurait composé ce ballet lors de la venue des ambassade
polonais qui apportaient la couronne au duc d'Anjou (Henri III, cf. mon ch.IV, § 1, p. 144-
du 1er vol.) et peu s'en fallut qu'il ne fût représenté à la fête des Tuileries du 12 septembre 1
Catherine recula devant la dépense. Henri III n'eut pas les mêmes scrupules, et le monta à gra
frais (400.000 écus) pour le mariage de son favori (d'Arques qui devenait duc de Joyeuse) ave
sœur de la Reine (24 septembre 1581. Les fêtes durèrent jusqu'en octobre). Il avait envoyé ch
cher le livret en Gascogne. Le Sr de Beaujoyeux (un Italien, Baltazarini « le premier vio
de la Chrestienté » d'après Brantôme) n'aurait donc été qu'un prête-nom, mais rien ne pro
que l'œuvre de d'Aubigné n'ait pas été retouchée à Paris. (Voir sur le ballet de Circé un app
dice intéressant au tome VII, de l'*Histoire* de d'Aubigné, éd. Ruble, p. 402-409).

Il a été réimprimé avec quelques suppressions dans le *Recueil de plusieurs excellens ba*
de ce temps, Paris, Toussaint du Bray, 1612, in-8, et, intégralement, dans *Ballets et Mascar*
de cour, de Henri III à Louis XIV (1581-1652) recueillis et publiés d'après les éditions origina
par M. Paul Lacroix, Genève, Gay et fils, 1868-1870, t. I, pp. 1-85, in-12.

IV. **Les Tragiques.** — L'édition princeps est anonyme : (1616) LES TRAGIQUES DONNEZ
PUBLIC PAR LE LARCIN DE PROMÉTHÉE. Au Dézert par L. B. D. D. MDCXVI, petit in-4, 391 pa
(ou plutôt 298, la pagination sautant par erreur de 244 à 343), plus 30 pages liminaires
chiffrées et 5 pages non chiffrées à la fin du volume.

Caractères italiques. Édition imprimée à Maillé comme l'*Histoire universelle* (cf. m
chap. XIII, § 4, p. 75-76 du 3e vol.).

La seconde édition (s. l. n. d.) porte le nom de l'auteur. Elle a été faite pendant le séjour Genève et probablement imprimée à Genève même, peut-être en 1623 (cf. mon chap. xiv, § 3, 153 à 155 du 3ᵉ vol.) En voici le titre :

LES TRAGIQUES CI DEVANT DONNEZ AU PUBLIC PAR LE LARCIN DE PROMÉTHÉE, et depuis avouez et arichis par le sieur d'Aubigné [sans lieu ni date], petit in-8, 327 pages plus 32 pages non hiffrées au début, et 7 à la fin. Édition très rare, un exemplaire à l'Arsenal coté 6-720 B. L.

Le manuscrit de Bessinges, dont nous avons parlé, et qui a sa réplique au British useum, a servi à la préparation de cette édition. Mais c'est elle qui représente le dernier état e la pensée de d'Aubigné.

Éditions modernes :

LES TRAGIQUES, par Théodore-Agrippa d'Aubigné, nouvelle édition, revue et annotée par udovic Lalanne. A Paris, chez P. Jannet, libraire, MDCCCLVII, in-16. xvxvii-351 p. La notice les notes sont intéressantes. Cette édition est faite d'après l'édition princeps de 1616 et l'édi- on s. l. n. d. dont les additions sont données entre crochets.

AGRIPPA D'AUBIGNÉ. *Les Tragiques*, édition nouvelle publiée d'après le manuscrit conservé armi les papiers de l'auteur par Charles Read. Paris, Jouaust, Librairie des Bibliophiles, DCCCLXXII. in-8, xlvii-360 pages. (Il y a à la suite de l'Avant-propos, un sommaire des 7 livres es *Tragiques*).

La même, Paris, Librairie des Bibliophiles, E. Flammarion, s. d. (1896), 2 volumes in-16 . I. l-200 p. plus 6 pages non chiffrées pour titre et table ; t. II, 230 pages plus 6 pages non hiffrées de même. Les notes sont à la fin de chaque volume). C'est à cette édition en 2 volumes- ue je renvoie quand je cite Read.

Read a donc reproduit le manuscrit de Bessinges, mais d'Aubigné y a fait parfois des modi- cations au dernier moment pour son édition s. l. n. d.

L'édition Réaume et de Caussade (*Œuvres complètes*, voir ci-après) donne également *les Tra- iques*, au tome IV, d'après le manuscrit de Bessinges :

LES TRAGIQUES donnez au public par le larcin de Prométhée. Donné à l'imprimeur le aoust. Publiés d'après le manuscrit original de la collection Tronchin. Manuscrits d'Aubigné, VII.

AGRIPPA D'AUBIGNÉ. LES TRAGIQUES. Livre premier : *Misères*. Texte établi et publié avec une itroduction, des variantes et des notes par H. Bourgin, L. Foulet, A. Garnier, Cl.-E. Maître et . Vacher. Paris, Armand Colin et Cie, 1896, in-12, 132 pages.

AGRIPPA D'AUBIGNÉ. LES TRAGIQUES. Livre premier : *Misères*, avec introduction et commen- aire par Georges Meunier, Paris, Delalain frères, s. d. (1896), in-18. Cette édition porte sur le itre : programme de la licence ès lettres.

AGRIPPA D'AUBIGNÉ. LES TRAGIQUES avec une introduction par Robert Schuhmann, Paris, nprimerie de l'art, 1914, grand 8° de 255 pages. [Portrait. Introduction. Notice biographique. Édi- ion de vulgarisation, qui ne donne que des extraits des divers chants, avec un bref argument nalytique en tête de chacun d'eux, et quelques lignes de raccord aux coupures].

Enfin dans le recueil d'Ad. van Bever : THÉODORE-AGRIPPA D'AUBIGNÉ, ŒUVRES POÉTIQUES HOISIES, publiées sur les éditions originales et les manuscrits, avec une notice biographique- es notes historiques et critiques et des variantes (Paris, E. Sansot et Cie, 1905, in-18, xlv, 31 pages) il y a des extraits des *Tragiques* d'après l'édition s. l. n. d. avec les variantes des manuscrits.

V. **La Confession catholique du sieur de Sancy** n'a paru qu'après la mort de d'Aub
dans divers recueils du xviiᵉ et du xviiiᵉ siècles, relatifs au règne de Henri III.

1660. Recueil de diverses pièces servant a l'Histoire de Henri III, roy de France e
Pologne, dont les titres se trouvent en la page suivante. A Cologne, chez Pierre du Marteau,
in-12. Ce volume contient : *Le Divorce satyrique* avec les amours de la Reyne Marguerite de V.
sous le nom de D. R. H. Q. M. ; *La Confession de Mr de Sancy* par L. S. D. A. auteur du *B
de Faeneste*. (La confession commence à la page 309).

Nombreuses réimpressions du même : Cologne, 1660, 1662, 1663 et 1666.

Le même, avec les remarques de Jacob Le Duchat, Cologne, 1693, 2 volumes in-12.

Le même, avec les remarques de Jacob Le Duchat, nouvelle édition, 1699, 2 volumes i
Notes meilleures.

1720. Journal des choses mémorables advenues durant le règne de Henri III, roy de Fr
et de Pologne. Édition nouvelle augmentée de plusieurs pièces curieuses, et enrichie de fig
et de notes pour éclaircir les endroits les plus difficiles. A Cologne, chez les héritiers de P
Marteau. MDCCXX, 2 volumes in-12.

Contient : *Le Divorce satyrique*, etc., *La Confession catholique du sieur de Sancy*, etc. N
de Le Duchat et additions de Denis Godefroy à la fin du volume.

1744. Journal de Henri III, roy de France et de Pologne, ou mémoires pour servir à l
toire de France, par M. Pierre de l'Estoile. Nouvelle édition accompagnée de remarques h
riques et de pièces manuscrites les plus curieuses de ce règne. A la Haye, et se trouve à
chez la veuve de Pierre Gandouin, quay des Augustins, à la Belle Image. MDCCXLIV, t. V,
L'avis au lecteur se trouve au tome IV avec les variantes d'un manuscrit du temps.

1746. Journal des choses mémorables advenues durant le règne de Henry III roy de Fr
et de Pologne. Nouvelle édition, augmentée de plusieurs pièces curieuses qui n'ont jamai
imprimées, et enrichie de figures et de notes historiques. A Cologne, chez les héritiers de P
Marteau. MDCCXLVI, t. III, in-8.

Dans l'édition Réaume et de Caussade la Confession de Sancy se trouve *au t. II* (1877) :
fession catholique du sieur de Sancy publiée pour la première fois d'après le manuscrit
collection Tronchin. (Manuscrits d'Aubigné, t. IV, 2ᵉ partie, fᵒ 1).

VI. **La Lettre sur la Douceur des Afflictions** fut publiée dans le *Bulletin de la Société du
testantisme français* (t. IV, 1855, p. 561 et sq.), par F. L. Frédéric Chavannes, d'après un opus
imprimé (*feuille in-12 sans nom d'auteur, s. l. n. d.*) qui était depuis longtemps en sa possess
et qui appartient aujourd'hui à M. Paul de Félice.

Tirage à part en 1856 à 150 exemplaires sous le titre :

De la douceur des afflictions, opuscule inconnu de Th. Agrippa d'Aubigné, adress
l'an 1600 à Madame, sœur de Henri IV, auquel on a ajouté le morceau intitulé l'*Hercule chres
tiré de ses *Petites œuvres meslées*, publié par F.-L. Fréd. Chavannes et Ch. Read, Paris, Au
1856, in-8, 32 pages.

Les inductions de M. Frédéric Chavannes pour l'attribution à d'Aubigné furent confirm
par l'exploration des manuscrits de Bessinges que firent MM. Réaume et de Caussade pour
édition, où ils donnent la Lettre (t. I, p. 531 et sq.) d'après le manuscrit, volume IX, où
se trouve sous le titre « Lettre à Madame, sœur unique du Roy ».

En 1875, au tome XXIV du *Bulletin du Protestantisme*, M. Read a révélé l'existence
autre exemplaire imprimé (exemplaire original) qui celui-là est *daté*, de 1601, avec la menti

nouvellement imprimé (in-8 de 88 pages et 8 feuillets non paginés), et qui offre de nombreuses différences (orthographe, variantes de texte) avec l'opuscule de M. Chavannes. En fait c'est une autre édition. Cet exemplaire appartenait au duc d'Aumale (Bibliothèque d'Orléans-House, à Twickenham) qui avait noté toutes les différences sur un des tirages à part de M. Chavannes, et l'avait renvoyé ainsi corrigé au Bulletin le 29 mars 1863. M. Read, dans cette communication, s'excuse de ne pas avoir publié le texte de Twickenham. « Le vent a soufflé ailleurs » dit-il. C'est regrettable. L'opuscule de 1601 contient un petit *avant-propos* de l'imprimeur au lecteur, qui représente cette publication comme faite en dehors de l'auteur (c'est un premier « larcin de Prométhée ») et qui se termine par une *paraphrase du Psaume 88* en vers mesurés, dédiée par d'Aubigné à Madame pour son réconfort. M. Read pensait avoir retrouvé (dans le vol. III des manuscrits de Bessinges) *la réponse de Madame* à la Lettre sur la Douceur des Afflictions et la donnait dans ce même numéro du *Bulletin du Protestantisme*. Je ne crois pas que ce soit la première réponse. La Lettre de Madame publiée par Read me paraît s'appliquer à des circonstances un peu postérieures et un peu modifiées (cf. mon chap. XII, § 1, p. 295 et sq. du 2ᵉ volume).

VII. **L'Histoire Universelle** a eu deux éditions du vivant de d'Aubigné, la première faite en France, la seconde en Suisse.

Edition princeps en trois tomes ; le premier fut imprimé de 1616 à 1618 :

L'Histoire Universelle du sieur d'Aubigné. Première partie qui s'estend de la paix entre tous les princes chrestiens et de l'an 1550 jusques à la pacification des troisiesmes guerres en l'an 1570. Dédiée à la postérité. A Maillé, par Jean Moussat, imprimeur ordinaire dudit sieur, MDCXVI, in-folio, 365 pages, plus 14 feuillets non chiffrés pour les tables (achevé d'imprimer le dernier jour de mars MDCXVIII : mention portée à la fin des tables).

La seconde partie est de 1618 :

Les Histoires du sieur d'Aubigné. Tome second. (Comme le premier tome a eu pour thèse générale la naissance d'un parti qui a esté formé grand et fort, par foibles et petits commencemens, ce second vous fera voir le mesme comme esteint, et quant et quant ressucité par merveilles, tant plus estranges à qui plus considérera ; c'est ce que nous poursuivons aux cinq livres suivants, pour changer de tome à l'accord des Princes liguez avec le Roi [en juillet 1585], et au déploiement de toutes les forces de France, desquelles la division fera place à la victoire entière d'Henri le Grand et à la paix de l'Estat. A Maillé, par Jean Moussat, imprimeur ordinaire dudit sieur, MDCVIII, in-folio, 489 pages [y compris l'appendice ou *Attache aux deux premiers tomes*] plus 7 feuillets non chiffrés pour les tables.

Ces deux premiers tomes ont paru ensemble, mais seulement dans le second semestre de 1619 et sans privilège. Ils furent condamnés au feu par sentence du Châtelet de Paris le 2 janvier 1620 : arrêt conservé dans les *manuscrits Dupuy* de la Bibliothèque Nationale, vol. 658 (Lettres et mémoires depuis le roi François Iᵉʳ jusques au roi Louis XIII), fᵒ 240, année 1620 : je le reproduis dans mon chapitre XIII, § 4 (t. III, p. 84).

Le troisième volume a paru en 1620, malgré cette condamnation des deux premiers, et le décret de prise de corps rendu contre d'Aubigné et son imprimeur, J. Moussat de Maillé :

L'Histoire universelle du sieur d'Aubigné. Tome troisième qui de la desroute d'Angers desduit les affaires de France et les estrangères connues jusques à la fin du siècle belliqueux. Et puis par un appendix séparé descrit la desplorable mort d'Henri Le Grand. A Maillé, par Jean Moussat, imprimeur ordinaire dudit sieur. MDCXX, in-folio, 549 pages plus 7 feuillets non chiffrés pour tables.

Il y eut en outre *un tirage à part de la Préface* (au tome I, pour l'ensemble de l'œuvre, car il y a une préface particulière au tome III) sous le titre :

Lettre du sieur d'Aubigne dédiée a la Postérité [sur quelques Histoires de France et sur la sienne]. Imprimé à Maillé, jouxte la coppie [c'est-à-dire conforme à la copie de l'original]. MDCXX, petit in-8, 46 pages. (Un exemplaire à la Bibl. du Palais de Fontainebleau, et un à la Bibl. Nat. coté La 21/29).

La seconde édition (1626) fut faite à Genève, sous la rubrique d'Amsterdam, pour ménager les susceptibilités ou plutôt les appréhensions du Petit Conseil, qui avait d'abord accordé un privilège (4 septembre 1622), puis le retira par crainte des représentations de la Cour de France. D'Aubigné y gagna au moins de n'être soumis à aucun contrôle, et de pouvoir faire toutes les modifications et augmentations qu'il voulut. Titre :

Histoire Universelle du sieur d'Aubigné comprise en trois tomes. Seconde édition, augmentée de notables histoires entières et de plusieurs additions et corrections faites par le mesme auteur. Dédiée à la Postérité [s. l.] MDCXXVI (et ensuite sous la marque suivante : A Amsterdam, pour les héritiers de Hier. Comelin, MDCXXVI) in-fol. à deux colonnes. — Voir dans Ad. Van Bever le décompte des colonnes et des pages par tome.

Les accroissements provenaient des mémoires nouveaux que d'Aubigné avait reçus des deux partis (protestant et catholique) depuis la 1re édition. Ces mémoires dépassaient souvent le terme chronologique de son *Histoire*, d'où le projet d'une suite, *la préparation d'un 4e tome*, qui devait être de cinq livres comme les précédents. Il ne rédigea à peu près complètement que le Ve qui fait l'objet et la matière de la publication récente de M. J. Plattard, chez Champion, mentionnée ci-après.

L'attention s'est reportée, en effet, à la fin du XIXe siècle, sur l'*Histoire* de d'Aubigné. En 1884, un fragment était réédité, le récit de l'Escalade (tentative manquée du duc de Savoie pour surprendre Genève dans la nuit du 11 au 12 décembre 1602) que d'Aubigné avait ajouté au dernier moment (lors de la 1re édition) à son 3e tome, pour faire plaisir aux Genevois :

Agrippa d'Aubigné. L'Escalade, récit tiré de l'*Histoire Universelle* et accompagné de documents nouveaux, par L. Dufour-Vernes et Eugène Ritter, Genève, H. Georg, 1884, in-8, plaq. 30 pages plus 1 plan.

Puis vint la réédition de l'Ensemble (de la 2e édition de 1626) pour la Société d'Histoire de France :

Histoire Universelle par Agrippa d'Aubigné, publiée pour la Société de l'Histoire de France, par le baron Alphonse de Ruble. Paris, librairie Renouard (H. Laurens, successeur), 9 vol. in-8° de 1886 à 1897. Le 10e volume, contenant la table des matières, a été « préparé » par M. P. de Vaissière et n'a paru qu'en 1909, avec une courte introduction de M. G. Baguenault de Puchesse, fort sévère, et, disons-le, très injuste à l'égard de d'Aubigné historien.

C'est comme complément à cette édition que M. Plattard a donné une partie du 4e tome sous ce titre :

Supplément a l'Histoire Universelle d'Agrippa d'Aubigné, publié pour la première fois pour la Société de l'Histoire de France, par J. Plattard, Paris, Librairie ancienne Edouard Champion, MCMXXV, 1 vol. in-8.

VIII. **Les Aventures du Baron de Fæneste.** — Les deux premiers livres furent donnés ensemble dans les cinq éditions connues de 1617, mais avec un titre qui laisse supposer que le premier avait déjà paru seul :

Les Avantures du Baron de Fæneste, *première partie, reveüe et corrigée, et augmentée par l'autheur. Plus a esté adjousté la seconde partie ou le Cadet de Gascogne.* A Maillé MDCXVII, petit in-8 de 72 pages (Bibl. Nat., Réserve, Lᵇ 36, 1111 : en fait, exemplaire incomplet où la 2ᵉ partie u'est représentée que par le titre).

Même titre, avec une disposition des lignes un peu différente, petit in-8, 72 pages (Bibi. Nat., Réserve, Lᵇ 36, 1111 B).

Même titre, petit in-8 de 72 pages (Bibl. Nat., Réserve, Lᵇ 36, 1111 A).

Le titre est complété dans les deux suivantes par l'annonce du 3ᵉ livre : «... *Plus a esté adjousté la seconde partie avec promesse de la troisiesme* ». L'une s. l. MDCXVII, petit in-8 de 72 pages (Bibl. Nat., Lᵇ 36, 1111 C), l'autre à Maillé, par J. M. (Jean Moussat), imprimeur et libraire MDCXVII in-8 de 175 pages. Celle-là est sans doute la dernière de la série ; elle présente quelques passages qui ne sont pas dans les quatre autres et qu'on retrouve dans celle de 1619. Elle est imprimée avec les mêmes caractères que l'*Histoire Universelle*.

Le dernier livre avait-il réellement paru seul avant ces éditions? C'est très probable, car dans toutes l'en-tête du 2ᵉ livre est ainsi libellé : *Les Avantures du Baron de Fæneste. Livre second, où l'auteur, en s'acquittant de promesse faicte au premier, nous donne espérance du troisiesme.*

Et, après cet en-tête, vient un *Avis aux lecteurs*, qui ne permet guère de douter que le premier était déjà connu : « Messieurs, vous avez faict si bonne chere au Baron de Fæneste, qu'il a nettoyé sa robbe, s'est adimanché pour retourner à vous, et vous mène avec soy le cadet, aussi folastre que luy, hors mis qu'il luy est eschappé quelque traict de Théologie moderne. Ne laissez pas de le voir : il n'enfonce point et s'arreste guères sur ces mattieres, car il ne prend rien à cœur. Ce que vous en pouvés attendre, c'est qu'il est du siècle et qu'aux traicts de son village [visage?] vous vous ressouviendrés de quelques-uns de vostre cognoissance. »

Cette édition séparée du 1ᵉʳ livre n'a pas été retrouvée. Elle a dû paraitre dans le premier trimestre de 1617, le cadre historique de ce livre ne permettant pas de supposer une date plus ancienne (cf. mon chapitre XIII, § 2, p. 43-48 du t. III).

Le 3ᵉ livre a vu le jour en 1619 :

Isolément, avec 2 tirages différents, l'un s. l. 8° de 56 pages (Bibl. Nat., Réserve, Lᵇ 36, 1112 A), l'autre à Maillé, 8°, 56 pages (Bibl. Nat., Réserve, Lᵇ 36, 1112), réédité en 1620 (Bibl. Nat., Réserve, Lᵇ 36, 1112 B) et en 1622 (Bibl. nat., Réserve, Lᵇ 36, 1112 C), puis *groupé* avec les 2 autres : Les Avantures du Baron de Fæneste. Troisiesme partie. Ensemble les première et seconde revues, corrigées et augmentées par l'autheur de plusieurs contes. A Maillé, par J. M., imprimeur ordinaire de l'autheur. MDCXIX, in-8 de 172 pages.

Réédition en 1620, même titre, mais 276 pages (Bibliothèque Mazarine 22388).

Enfin à Genève, d'Aubigné donna une suite et une fin à son Baron de Fæneste, *le 4ᵉ livre*, qui s'ajouta au 3 autres dans l'édition de 1630 : Les Avantures du Baron de Fæneste, comprises en quatre parties. Les trois premières reveües, augmentées et distinguées par chapitres. Ensemble la quatriesme partie nouvellement mise en lumière, le tout par le mesme autheur. Au Dézert. Imprimé aux despens de l'autheur. MDCXXX, petit in-8, 308 pages, plus six feuillets (préface et table). (Bibl. Nat., Réserve, Lᵇ 36, 1113). Sur le scandale provoqué à Genève par cette publication, voir mon chap. XIV, § 4, p. 175-176 du 3ᵉ vol.).

Des bibliophiles (Legouez, notamment) signalent une édition antérieure, de 1629, qui serait moins bonne. Je doute fort de son existence, car dans le rapport fait au Petit Conseil de Genève le 29 mars 1630, il est dit que Pierre Aubert « a imprimé *ces jours passés* un livre intitulé : *le Baron de Fæneste*, sans permission de la Seigneurie ni des Seigneurs scholarques, dans

lequel il y a plusieurs choses impies et blasphématoires qui scandalisent les gens de bien... »,
etc. (Cf. HEYER, *D'Aubigné à Genève*, p. 42-43).

L'édition de 1630 est la seule réellement complète : c'est celle qui a servi à Mérimée pour
sa réimpression de 1855.

Il y eut en 1640 une réplique de l'édition de 1630 (*même titre*), mais c'en est plutôt une
contrefaçon (2 exemplaires à la Bibliothèque de la Société de l'Histoire du Protestantisme français, n°⁵ 3141 et 11914. Un ex. à la Nationale, Lᵇ 36, 1113 C).

Au xvıııᵉ siècle, *les Aventures du Baron de Fæneste* furent accompagnées des *notes de Le
Duchat* en 1729 et 1731 :

LES AVANTURES DU BARON DE FÆNESTE, par Théodore Agrippa d'Aubigné, édition nouvelle,
augmentées de plusieurs Remarques historiques, de l'Histoire secrète de l'auteur écrite par
lui-même, et de la bibliothèque de Mᵉ Guillaume, enrichie de Notes par M. X. [Le Duchat].
(Tome premier contenant la Vie de d'Aubigné et les deux premiers livres de Fæneste ; tome
second contenant les deux derniers livres de Fæneste et plusieurs pièces curieuses, les 2 tomes
en 1 vol. 8°). A Cologne, chez les héritiers de Pierre Marteau, MDCCXXIX. Frontispice,
26 feuillets non chiffrés pour titres, préfaces, table, etc., et 470 pages.

Le travail de Le Duchat a été gâté par l'imprimeur, qui a mal disposé les notes au fur et à
mesure qu'elles arrivaient.

Aussi cette édition a-t-elle été reprise et corrigée en 1731, *même titre*, A Amsterdam,
MDCCXXXI, 2 vol. in-12. : T.1 Figure en frontispice, 12 feuillets non chiffrés pour Avertissement
et Préfaces ; CXCIX p. : (Histoire du sieur d'Aubigné) ; 6 feuillets pour table du même
ouvrage ; 134 pages pour les *Aventures de Faeneste*, 1ʳᵉ partie. — T. II : 3 feuillets non chiffrés,
384 pages pour la suite *du Faeneste*, etc. (Un exemplaire à la Bibliothèque Nationale.)

LA MÊME sans frontispice et sans Avertissement. A Amsterdam, MDCCXXXI, 2 vol. in-12
(Bibl. de l'Arsenal, 6148 *bis*, in-12, Histoire).

Au xıxᵉ siècle l'édition de Mérimée, et celle de Réaume :

LES AVENTURES DU BARON DE FÆNESTE, par Théodore Agrippa d'Aubigné. Nouvelle édition,
revue et annotée par M. Prosper Mérimée, de l'Académie française. A Paris, chez P. Jannet,
libraire (Bibliothèque elzévirienne), MDCCCLV, in-16, xx-348 pages.

Excellente édition publiée sur le texte de 1630 et augmentée d'une Préface et de notes
intéressantes.

C'est également l'édition de 1630 qui a été réimprimée par MM. Réaume et de Caussade
dans leurs *Œuvres complètes d'Agrippa d'Aubigné*, au tome II (1877), p. 375 et sq.

Quant à l'édition de Gaston de Raimes, chez Flammarion, s. d. (1896), in-12, xxxvıı-256 p. elle
est volontairement tronquée. (Éd. soi-disant populaire dans la nouvelle collection Jannet-Picard.)

IX. **La Lettre au Roy Louys XIII**, la XXIIᵉ des *Lettres diverses* dans l'édition Réaume et de
Caussade (t. I, p. 501 et sq.) où ces recueils de lettres sont publiés d'après les mss. de Bessinges, n'était pas inédite : elle avait paru en *plaquette* au moment où elle fut composée (1621),
petit in-8 de 19 pages in-12 s. l. n. d. La Bibliothèque de l'Histoire du Protestantisme en possède un *exemplaire rarissime* remis à M. N. Weiss, par M. A.-L. Herminjard (l'éditeur de la
Correspondance des Réformateurs dans les pays de langue française) et il a été reproduit dans
le Bulletin t. 46 (1897), p. 530 à 542. Le texte n'est pas tout à fait le même que celui du ms. de
Bessinges : il y a des retouches et d'assez nombreuses additions. Le titre est : LETTRE AU ROI
PAR TROIS GENTILSHOMMES VIEILLIS AU SERVICE DU ROY HENRI LE GRAND.

La XXIII° des *Lettres diverses* donnée à la suite dans Réaume (t. I, p. 511 et sq.) *à Messeigneurs les Princes et Grands du Royaume* a été écrite au même moment et dans le même esprit (voir mon chap. xiv, § 1, p. 96 à 100 du 3° vol.). Peut-être avait-elle aussi été imprimée? On n'en a pas retrouvé d'exemplaire.

X. Les **Petites Œuvres meslées** ont dû avoir plusieurs éditions du vivant de d'Aubigné. L'une est bien connue :

Petites Œuvres meslées du sieur d'Aubigné. Le contenu desquelles se void ès pages suivantes la préface. A Genève, chez Pierre Aubert, imprimeur ordinaire de la République et Académie, MDCXXX, avec permission et privilège. Petit in-8, 175 pages, plus 8 feuillets non chiffrés pour la Préface et la table (un exemplaire à la Bibliothèque Mazarine, n° 22793, et deux à la Nationale, D² 4145 et Z 19927).

Mais il y avait eu un premier tirage en 1629 signalé, dans l'Avant-propos de son édition des *Tragiques* (1872), par M. Read qui en avait vu un exemplaire à la Bibliothèque de Zurich, avec ce titre : « *Second Recueil* des Petites Œuvres du s^r d'Aubigné : A Genève chez Pierre Aubert, imprimeur ordinaire de la République et Académie, MDCXXIX. »

L'existence de ce premier tirage est confirmée par une lettre de d'Aubigné à Rohan écrite dans l'été de 1629, et où il annonce que l'impression est presque terminée (cf. éd. Réaume, t. I, p. 525 à la fin de la XXXI° des *Lettres diverses*).

D'autre part, le titre *Second Recueil* reçoit également une confirmation d'un article de l'Inventaire des livres de d'Aubigné fait après son décès (3° partie de l'*Inventaire*) où l'on voit figurer un *Second Recueil du sieur d'Aubigné*. Mais un second recueil en suppose un premier, et je crois avoir établi, en effet (cf. mon chap. xiv, § 3, p. 163 à 166 du 3° vol.) que ce *Premier Recueil des Petites Œuvres* n'est pas une fiction, et que d'Aubigné en avait fait l'envoi, entre autres personnes, au comte de la Suze dans l'été de 1622. (Voir la XXVI° des *Lettres diverses* au t. I, p. 518 de l'édition Réaume et de Caussade.)

Pour nous en tenir à l'édition connue, j'en indiquerai sommairement la composition, MM. Réaume et de Caussade ayant maladroitement dissocié, comme je l'ai marqué (chap xiv, même paragraphe, p. 163), cet ensemble bien assorti de prose et de vers, d'une même inspiration religieuse ou morale — sauf de rares dissonances profanes — et d'autant plus inséparable que les *Méditations* en prose sur les psaumes sont des reprises de thèmes déjà traités en vers mesurés. Voici donc la constitution du recueil, avec la référence aux tomes de Réaume, où l'on retrouvera ces morceaux — du moins presque tous :

La Préface aux *Méditations sur les Pseaumes*, non paginée (cf. Réaume, t. II, p. 113).

Un quatrain *Aux critiques*, transporté par Réaume au t. III, p. 270, en tête des *Poésies religieuses et vers mesurés*.

Puis la *table* des œuvres en prose, sous le titre *Indice des Méditations du s^r d'Aubigné* :

P. 2, Méditation sur le Pseaume 133. — (Cf. Réaume, t. II, p. 117).

P. 22, Méditation sur le Pseaume huictante quatre. — (Réaume, t. II, p. 135).

P. 43, Méditation sur le Pseaume septante trois. — (Réaume, t. II, p. 153).

P. 65, Méditation sur le Pseaume cinquante un. — (*Ibid.*, p. 174).

P. 83, Méditation sur le Pseaume huictante huict. — (*Ibid.*, p. 190).

P. 97, Méditation sur le Pseaume seziesme. — (*Ibid.*, p. 204).

P. 119, L'Hercule Chrestien. — (*Ibid.*, p. 226)

Vient ensuite la partie poésie, sous trois rubriques :

1° *Vers mesurés.*

P. 126, La Préface. — (Cf. Réaume, t. III, p. 271).

P. 129, Prière avant le repas. — (*Ibid.*, p. 275).

Même page, Prière après le repas. — (*Ibid.*, p. 276).

P. 130, Pseaume huictante huict. — (Réaume, t. III, p. 276).

P. 132, Paraphrase sur le Pseaume cent et seize. — (*Ibid.*, p. 280).

P. 134, Pseaume cinquante quatre. — (*Ibid.*, p. 281).

Même page. Pseaume troisiesme. — (*Ibid.*, p. 282).

P. 135, Pseaume cent vingt et un. — (*Ibid.*, p. 283).

P. 136, Pseaume cent dixiesme. — (*Ibid.*, p. 283).

P. 137, Pseaume cent vingt et huict. — (*Ibid.*, p. 284).

P. 138, Prière pour le matin tirée du Pseaume cent quarante trois. — (*Ibid.*, p. 285).

P. 139, Pseaume cent huictante quatre (omis par Réaume).

P. 140, Pseaume septante trois. — (Cf. Réaume, t. III, p. 286).

P. 142, Pseaume cinquante un. — (*Ibid.*, p. 288).

P. 144, Pseaume cent trente trois. — (*Ibid.*, p. 289).

P. 145, Cantique de Saint Augustin. — (*Ibid.*, p. 290).

P. 146. Cantique de Siméon. — (*Ibid.*, p. 292).

P. 147, Pseaume seiziesme. — (*Ibid.*, p. 292).

2° *L'Hyver du sieur d'Aubigné.*

P. 148. Allusion des Irondelles, qui changent de demeure pour l'hyver, aux désirs lassifs qui s'esloignent pour la vieillesse. — (Cf. Réaume, t. III, p. 297).

P. 149, Prière du matin. — (*Ibid.*, p. 298).

P. 150, Prière du soir. — (*Ibid.*, p. 299).

P. 151, Méditation et prière pour communiquer à la Cène du Seigneur. — (*Ibid.*, p. 300).

P. 152, Prière et confession. — (*Ibid.*, p. 301).

P. 154. Prière de l'autheur, prisonnier de guerre et condamné à mort. — (*Ibid.*, p. 304).

P. 155, Réveil. — (*Ibid.*, p. 305).

P. 157, Advis d'une fille aux autres (satire du sexe fort, transformée et écourtée dans le *Printemps* pour la retourner contre Diane, cf. Réaume, t. III, p. 111, *Stance XX*).

P. 158, Extase. — (Cf. Réaume, t. III, p. 257).

P. 159, Sonnet au Roy Charles IX sur l'imitation de *Dicitur Ægyptus*. — (Cf. Réaume, t. IV, p. 336, le XIV° des *Sonnets épigrammatiques*, reproduit également dans l'Avis de l'Imprimeur au lecteur de l'*Histoire Universelle*, éd. Ruble, t. I, p. 24).

P. 160, Larmes pour Suzanne de Lezay, espouse de l'auteur. — (Cf. Réaume, t. III, p. 278).

P. 161, Imitation d'un Italien. [Code moral en 74 vers qui avaient déjà été introduits dans le second chant des *Tragiques* lors de la réédition — s. l. n. d., en fait 1623 — et mis dans la bouche de la Vertu faisant la leçon au jeune Provincial débarqué à Paris, pour le disputer à la Fortune ; cf. Réaume, t. IV, p. 111 :

> Sois continent, mon fils, et circoncis pour l'estre
> Tout superflu de toy..., etc.

jusqu'au haut de la page 113 :

> De ces traicts généraux maintenant je m'explique
> Et à ton estre à part ma doctrine j'applique].

P. 164, Vers latins que Jules Cæsar Scaliger, le soir dont il mourut dicta à son fils Sylvius, traduits par le s^r d'Aubigné en autant de vers françois. — (Cf. Réaume, t. III, p. 256).

P. 165, Quatrains sur le Comète qui parut entre le massacre et la mort du Roi Charles, traduit de Monsieur de Bèze. — (Le XXI° des *Sonnets épigrammatiques* dans Réaume, t. IV, p. 340).

P. 166, Du Paon et du Courtisan (sonnet que Réaume a laissé tomber).

Même page. Quatrains sur un fort beau chien nommé Citron que l'auteur trouva passant par Agen, qui avait accoustumé de coucher avec sa Majesté, lesquels il lui fit coudre sur le col, en forme de placet, et le chien ne faillit pas dès le soir à s'aller présenter au Roi. — (Ces quatrains forment en réalité un sonnet qui a été inséré dans les *Mémoires*, cf. Réaume, t. I, p. 36.)

P. 167, Estreines au Roy de Navarre. — (C'est le 1er des *Sonnets épigrammatiques* dans Réaume, t. IV, p. 329, reproduit également dans l'*Histoire Universelle*, éd. Ruble, t. I, p. 22, à la fin de l'Avis de l'imprimeur au lecteur),

P. 168, Sur l'Adieu de Monsieur de la Ravaudière partant pour aller sur mer, et demandant la bénédiction de l'autheur [en 1612]. — (Cf. Réaume, t. III, p. 307).

Même page, De la paix. — (Cf. Réaume, t. III, p. 307).

P. 169, Sur l'Inconstance de la femme. — (Cf. Réaume, t. IV, p. 345).

Même page, Vers chantez en un grand concert de musique, la Princesse de Portugal avec six filles estant retirée à Genève et traittée par l'autheur [en 1626. C'était la Princesse Émilie de Nassau, veuve de Dom Emmanuel de Portugal]. — (Cf. Réaume, t. III, p. 307).

P. 171, Hymne sur la merveilleuse délivrance de Genève [la nuit de l'Escalade, 11 au 12 décembre 1602]. — (Cf. Réaume, t. III, p. 309).

3° *Tombeaux*.

P. 173, Préparatif à la mort en allégorie maritime. — (Cf. Réaume, t. III, p. 312).

P. 174, Pour mettre à la porte du tombeau basti dans un espron, à la défense duquel il vouloit obliger ses enfants. — (Cf. Réaume, t. III, p. 313).

Même page, Au tombeau de Jodèle. — (*Ibid.*, p. 324).

Même page, Pour une belle fille morte au berceau. — (Cf. Réaume, t. III, p. 313).

P. 174, Tombeau de M. de la Caze, trouvé en sa pochette quand il fut tué, traduit du latin. — (Cf. Réaume, t. III, p. 313).

P. 175, Éloge de Simon Goulart, senlisien. — (*Ibid.*, p. 314).

XI. Les Mémoires d'Agrippa d'Aubigné n'ont paru qu'au xviiie siècle, d'abord sous le titre d'*Histoire secrète* dans les deux éditions des *Aventures de Fæneste* (1729 et 1731), par Le Duchat, que nous avons signalées ; mais l'éditeur a pris de singulières libertés avec le texte et avec le récit, qu'il a souvent tronqué ou allongé.

Le titre de *Mémoires* apparaît en 1731.

MÉMOIRES DE LA VIE DE THÉODORE AGRIPPA D'AUBIGNÉ, AYEUL DE MAD. DE MAINTENON, ÉCRITS PAR LUI-MÊME (revus et corrigés par J. Du Mont), avec les Mémoires de Frédéric-Maurice de la Tour, Prince de Sedan (rédigés par Aubertin, son domestique), une Relation de la Cour de France en 1700, par M. Priolo, ambassadeur de Venise, et l'Histoire de Madame de Mucy, par Mlle D. [Valdory]. A Amsterdam, chez Jean-Frédéric Bernard, 1731, 2 vol. in-12. T. I : 6 feuillets préliminaires non chiffrés, 222 pages, T. II : 255 pages. (Bibl. de l'Arsenal, 6182, H, in-12).

Au xixe siècle on a d'abord une réimpression du texte défectueux de Le Duchat (1734) sous le titre :

Mémoires de Théodore Agrippa d'Aubigné, choix de chroniques et mémoires de l'Histoire de France avec notices biographiques, par J.-A.-C. Buchon, Paris, Desrez, MDCCXXXVI, et sous un autre titre : Paris, librairie Ch. Delagrave, MDCCCLXXXIV, in-8.

Puis, enfin, la 1re édition sérieuse, celle de Lalanne, en 1854 :

Mémoires de la vie de Théodore-Agrippa d'Aubigné, publiés pour la première fois d'après le manuscrit de la Bibliothèque du Louvre, suivis de fragments de l'*Histoire Universelle* de d'Aubigné, qui se réfèrent à ses *Mémoires* et les complètent, et accompagnés de pièces inédites, par M. Ludovic Lalanne. Paris, Charpentier, 1854, in-12, xii-468 pages.

Parmi les documents inédits : le *Testament d'Agrippa d'Aubigné*, celui de Jacqueline Chayer, mère de Nathan, l'énumération des biens que possédait Agrippa, des généalogies en vers de sa famille, etc. Courte notice biographique, notes assez nombreuses. Tout cela forme un ensemble intéressant. Malheureusement le manuscrit du Louvre, sur lequel est faite cette édition (le ms. coté F. 325 qui a été brûlé dans l'incendie de 1871, et qui aurait appartenu à Mme de Maintenon, voir ci-dessus même section, A, p. 186), n'était encore qu'une transcription incomplète et parfois altérée du manuscrit original.

L'édition Lalanne a été réimprimée en 1889 :

Mémoires d'Agrippa d'Aubigné, publiés avec Préface, notes et tables, par Ludovic Lalanne, MDCCCLXXXIX, in-16, xviii-252 pages, titre et tables non paginés.

MM. Réaume et de Caussade ont donné le titre exact des *Mémoires* au t. I (1873) de leurs Œuvres complètes d'Agrippa d'Aubigné :

« Sa vie a ses enfants publiée pour la première fois d'après le manuscrit original de la collection Tronchin. Manuscrits d'Aubigné, t. V. »

L'heure est venue précisément, après avoir passé en revue les éditions des Œuvres publiées séparément, de présenter en bloc les 6 tomes de cette édition Réaume.

XII. Œuvres dites complètes et Œuvres choisies :

1873-1892. Œuvres complètes de Théodore-Agrippa d'Aubigné publiées pour la première fois d'après les manuscrits originaux par MM. Eugène Réaume et de Caussade. Accompagnées de Notices biographique, littéraire et bibliographique, de notes et variantes, d'une table des noms propres et d'un glossaire par A. Legouez. Paris, Alphonse Lemerre MDCCCLXIII-MDCCCXCII, 6 vol. in-8°.

Tome I : Introduction. *Sa Vie à ses enfants*. Son testament. Ses lettres.

Tome II : Traité sur les Guerres civiles. Du Debvoir mutuel des Roys et des subjects. Le Caducée ou l'Ange de la Paix. Méditations sur les Psaumes. *Confession catholique du sieur de Sancy. Les Aventures du Baron de Fæneste*. Le Divorce satyrique (non d'après les manuscrits de Bessinges, où il ne se trouve pas, mais d'après les éditions du xviie et xviiie siècles où il accompagne le Sancy, 1660, 1693, 1699 et 1720). Lettres diverses provenant de la collection Clairambault à la Bibliothèque Nationale, ms. n° 1166.

Tome III : *Le Printemps* (Hécatombe à Diane, Stances, Odes). Poésies diverses. Poésies religieuses et vers mesurés. Tombeaux et vers funèbres. Vers funèbres sur la mort d'Étienne Jodelle d'après l'édition de 1574, La Création.

Tome IV : *Les Tragiques*. Discours par stances avec l'esprit du feu Roy Henry quatriesme. Sonnets et pièces épigrammatiques. Tombeaux du style de Sainct-Innocent. Appendice : Pièces de sources diverses.

Tome V : Notice biographique et littéraire. Notice bibliographique. Notes et variantes.

Tome VI : Table des noms de personnes. Glossaire. 2 fac-similes des manuscrits de Bessinges,

On voit que l'*Histoire Universelle* a été laissée de côté. L'édition du baron de Ruble, pour la Société de l'Histoire de France, avait, en effet, été entreprise au cours de la publication de MM. Réaume et de Caussade. C'est à leur édition que je me réfère pour toutes les citations, à moins de raisons particulières.

En 1905, M. Ad. Van Bever a donné un choix de poésies de d'Aubigné chez Sansot :

THÉODORE-AGRIPPA D'AUBIGNÉ. ŒUVRES POÉTIQUES CHOISIES, publiées sur les éditions originales et les manuscrits. Avec une notice biographique, des notes historiques et critiques et des variantes par Ad. Van Bever. Portrait d'Agrippa d'Aubigné d'après le tableau du Musée de Bâle. Fac-simile d'un manuscrit provenant de Mme de Maintenon, etc. (*Le Printemps*, *Les Tragiques*, *Discours par stances avec l'esprit du feu Roy Henry quatriesme*, *Meslanges*, *Pièces inédites*, etc.). Paris, librairie E. Sansot et Cie, 1905, in-18, XLV-231 pages.

XIII. Œuvres attribuées à d'Aubigné. — LE DIVORCE SATYRIQUE OU LES AMOURS DE LA REYNE MARGUERITE, que MM. Réaume et de Caussade ont accueilli, nous venons de le voir, dans leur édition, mais en faisant les plus expresses réserves sur son authenticité. Il a été joint, nous l'avons dit, au Sancy dans les éditions de 1660, 1693, 1699 et 1720.

L'ENFER. Satire *dans le goût de Sancy* publiée pour la première fois d'après le manuscrit du Recueil de Conrart [tome IV du Recueil in-4° des manuscrits Conrart, conservés à la Bibliothèque de l'Arsenal] avec une notice préliminaire, des éclaircissements et des corrections, par M. Charles Read. Paris, Librairie des Bibliophiles, 1873, in-16 (Tirage : 320 exemplaires sur papier vergé, 15 exemplaires papier de Chine, 15 papier Whatman).

LIBRE DISCOURS SUR L'ESTAT PRÉSENT DES ÉGLISES RÉFORMÉES EN FRANCE, auquel est premièrement traicté en général des remèdes propres à composer les différens en la Religion à leur naissance, puis en suitte de ceux qui sont propres pour esteindre le schisme qui est aujourd'huy entre les François, tant en ce qui concerne la Religion que la Police (s. l.) 1619, in-18, 315 pages.

(Bibl. Nat. : Lb [36] 1264 ; Bibl. de l'Histoire du Protestantisme français, n° 5729). Ce discours est attribué à d'Aubigné dans le *Syllabus aliquot Synodorum*, etc., 1628, in-8°, 37 pages et dans une traduction hollandaise de La Haye, 1632, in-4°. Il n'est certainement pas de lui ; c'est l'œuvre d'un modéré, qui n'a ni ses idées, ni son style — tant s'en faut !

XIV. Je renvoie à M. Ad. Van Bever (n° du Bulletin cité, mai-juin 1905, p. 250 du tome LIV) pour l'énumération des *Recueils collectifs* ou ouvrages dans lesquels sont citées des pièces d'Agrippa d'Aubigné, surtout à la Bibliographie qui vient de paraître de A. Tchemerzinc. (Voir post-scriptum à la fin de cet Appendice) :

TROISIÈME SECTION

Documents et Études sur la Vie et l'Œuvre d'Agrippa d'Aubigné.

Je ne mentionne ici que ce qui ne fait pas double emploi avec des renseignements qui ont trouvé leur place naturelle dans d'autres parties de cette bibliographie.

A. — MANUSCRITS.

I. LE LIVRE DE RAISON DE MATTHIEU BEROALD (précepteur de d'Aubigné). Bibl. Nat., vol. 630 de la collection Dupuy, f°s 170 à 182.

II. Récit autographe de sa dernière maladie et de sa mort, fait par sa veuve Renée Burlamachi pour les Villette. — Lalanne en avait rapporté un court extrait dans son édition des *Mémoires* (1854, chez Charpentier) d'après La Beaumelle (*Mémoires pour servir à l'Histoire de Madame de Maintenon* et à celle du siècle passé). C'est le début et la fin, et encore tronqués et altérés (reproduits dans la *France Protestante*, 2ᵉ édition t. I, p. 49). M. le baron de Schickler, le regretté président de la Société de l'Histoire du Protestantisme français a eu la bonne fortune de mettre la main dans une vente sur l'original autographe, et M. N. Weiss l'a publié dans le *Bulletin du Protestantisme* du 15 janvier 1893 (t. 42, p. 32-35). Je l'ai reproduit dans mon chapitre xiv, § 4, p. 177 à 179 du 3ᵉ vol. La publication de cette curieuse pièce a donné lieu à deux commentaires ultérieurs de MM. H. Monod et N. W, cf. même tome du Bulletin, p. 111-112.

III. L'ordonnance du Recteur (en latin) conviant tous les membres de l'Académie à assister aux obsèques, que je donne aussi (*Ibidem*), est tirée des *Manuscrits Clairambault* (Bibl. Nat. Manuscrits de l'Ordre du Saint-Esprit, t. 55, nᵒ 1165). Elle se trouve également dans le volume 17 du *Cabinet d'Hozier* (Fonds français, nᵒ 30.898).

IV et V. L'Épitaphe qu'on inscrivit sur la pierre tombale (cf. mon chap. xiv, § 4, p. 181 du 3ᵉ vol.) avait été rédigée par d'Aubigné lui-même et insérée dans son testament. La première édition des *Mémoires* de 1729 (à la suite des *Aventures de Fæneste*) avait rapporté très inexactement cette épitaphe. Quant au Testament, La Beaumelle en avait donné quelques extraits « et encore tronqués et dénaturés », dit Lalanne (édition des *Mémoires* de 1854 p. 422) dans ses *Mémoires pour servir à l'Histoire de Mme de Maintenon*. Lalanne a eu une copie exacte du testament provenant de la collection Benjamin Fillon et l'a publiée (édition citée des *Mémoires*, p. 421-434). Mais il déclare (dans une note de la page 422) que *l'original* se trouve encore à Genève. C'est une erreur. Le testament figure bien dans les papiers inventoriés après le décès (cf. l'article suivant) sous le nᵒ 62 de la 1ʳᵉ partie de l'Inventaire : « Le testament et codicile dudit seigneur défunt, le dit testament fait par forme de testament secret et solennel, en date du 24 avril 1630, et le dit codicile reçus et signés par François Dunant, notaire juré de Genève » ; mais Heyer nous apprend dans sa *Notice sur d'Aubigné à Genève* (cf. ci-dessous B. imprimés), p. 48 et 51, que le testament (pas plus que le contrat de mariage avec Renée Burlamachi en date du 8 avril 1623, ni que l'acte de donation du Crest en faveur de Marie d'Aubigné, daté du 2 septembre 1622, qui sont portés aussi sur l'Inventaire des papiers. nᵒˢ 59 et 26) ne se retrouvent aux Archives de Genève, les volumes des notaires qui devaient les contenir étant égarés depuis longtemps. Seulement on avait évidemment adressé des expéditions aux héritiers en France ; d'où l'existence de copies, comme celle dont a disposé Lalanne. Le testament est transcrit dans les manuscrits Clairambault de la Bibl. Nat. (Ordre du St Esprit nᵒ 1165, du folio 119 au folio 122). C'est là que j'ai pris le texte de l'Épitaphe.

VI. L'Inventaire fait après le décès de d'Aubigné à son domicile en ville est conservé à Genève, Archives du Conseil, Hôtel de Ville, dossier 1630-1631, nᵒ 254 :

« *Inventaire des biens mobiliers*, or, argent, vaisselle d'argent, titres, droits et autres effets délaissés par le trépas du défunt haut et puissant seigneur messire Théodore Agrippa d'Aubigné, vivant gouverneur pour sa Majesté de France des Îles de Maillezais, Seigneur des Landes, du Crest, résidant à Genève... »

Fait à Genève le 29 mai 1630.

J'en ai pris une copie. Il comprend *4 parties :*

1° *Les titres, droits, contrats et autres papiers trouvés dans le cabinet du défunt.* Il y avait là un paquet de 54 lettres à lui adressées, des papiers concernant le règlement d'affaires d'intérêt avec les Rohans, des attestations du curé et des paroissiens de Maillezais et de Maillé prouvant qu'il était en bons termes avec eux à son départ, les titres de propriété du Crest et d'autres acquisitions foncières, les 3 actes dont j'ai déjà parlé : donation, contrat de mariage, testament, etc., etc. Citons encore la *commission* que lui avait remise le Roi de Navarre pour aller demander réparation à Henri III de l'affront fait en Cour à la Reine Marguerite (1583, cf. mon chap. vi, § 4, p 305 à 309 du 1er vol. et surtout mes trois articles parus dans *la Revue du xvi° siècle* en 1913 sous le titre: *Un Scandale princier au* xvi° *siècle*). Le dernier numéro mérite une mention spéciale :

« Item et finalement l'inventaire contenant *16 articles* de divers papiers et *mémoires manuscritz* trouvez dans le cabinet dudit défunt, le dit inventaire prins par Messieurs les Scholarques de ceste cité de Genève.... lesquels papiers et mémoires... ont esté remis dans une liette layette)... la clef de laquelle a esté remise au mesme instant entre les mains de M. le premier Syndic Sarasin, l'un desdits Seigneurs scholarques. »

16 articles, cela ressemble beaucoup aux *17 paquets de manuscrits* que Mme d'Aubigné remit à Théodore Tronchin le 27 février 1633 et dont il donna récépissé détaillé (reproduit par C. Read dans le *Bulletin de la Société de l'Histoire du Protestantisme*, t. XII, 1863, p. 465 et sq., cf. ci-dessus, 2° section A. Manuscrits ; début : sur les manuscrits de Bessinges à la p. 165).

2° *Meubles, or, argent monnayé, vaisselle d'argent et autres effets.*

3° *Inventaire des livres trouvés dans le cabinet dudit seigneur d'Aubigné, après le décès.* C'est le catalogue de sa bibliothèque, pièce très précieuse, parfois difficile à déchiffrer. On y voit de nombreux ouvrages de controverse religieuse et politique, des livres d'histoire contemporaine de Thou, du Haillan, l'*Histoire Générale des Troubles* sous Henri III, Henri IV et Louis XIII — sans doute celle de Pierre Matthieu — les *Mémoires d'Estat*, vraisemblablement de Villeroy, es *Mémoires de Guyenne*, de 1621-1622, l'*Histoire de Montauban*, même période, le *Massacre de la Valteline*), mais d'autres aussi qui témoignent de ses goûts d'humaniste (Démosthène Plaute, César, Tite-Live, Tacite, Valère-Maxime, la Divine comédie). Trois œuvres de lui : *Histoire du sieur d'Aubigné*, *Second Recueil du sieur d'Aubigné*, *Douceur des affligés* (la Lettre à Madame).

4° *Les biens de communauté.*

« Suit l'inventaire des meubles et effets que ladite dame veuve Burlamachi a déclaré ensuite du serment par elle presté... estre de la communion dudit seigneur défunt et d'elle. » Ce n'est guère que du linge de maison.

Il y eut aussi un inventaire fait au Crest, sur l'ordre de la Seigneurie, et auquel assistèrent le Procureur général, et le seigneur châtelain de Jussy. Copie de cet inventaire se trouve dans les *Archives du château du Crest*, où je l'ai pris :

« Inventaire de tous les biens *meubles et immeubles* délaissés par le décès et trépas de noble seigneur Théodore Agrippa d'Aubigné, seigneur du Crest, lesdits meubles trouvés en son chasteau du Crest, et lesdits immeubles existant (emmi ?) le village de Jussy.

... 1er juin 1630.

Du moins pour les meubles, l'inventaire des immeubles (biens fonciers) est daté du lendemain, 2 juin.

La Bibliothèque de l'Histoire du Protestantisme possède une des pièces du règlement de la

succession d'Agrippa d'Aubigné : « *Partage des meubles de M. d'Aubigné et des pierreries.*, etc. »
11 février 1631, signée de Renée Burlamachi et de Nathan (d'Aubigné, le fils naturel).

B. — IMPRIMÉS.

E. AUTRAN, *Notice sur Maillezais* dans l'*Histoire des villes de France*, p. p. A. Guilbert et un
société de savants (1845) au tome IV, p. 402-403.

HIPPOLYTE BABOU, *Notice sur Agrippa d'Aubigné*. Cf. *Les Poètes français*, récueil des chefs
d'œuvre de la poésie française depuis les origines jusqu'à nos jours, etc., publié sous la direction de M. Eugène Crepet. Paris, Gide, 1861, II, in-8.

JOHANN WILHELM BAUM, *Der Huguenott von altem Schrot und Korn, Denkwürdigkeiten Theodo
Agrippa d'Aubigné's*, etc. Leipzig, Weidmannsche Buchhandlung, 1854, in-12 (Portrai
d'Agrippa d'Aubigné, d'après le tableau du musée de Genève. Lithogr. de J. Hébert).

PIERRE BAYLE, *Dictionnaire historique et critique*, quatrième édition revue, corrigée et aug
mentée avec la vie de l'auteur, par M. des Maizeaux. Amsterdam, MDCCXXX, 2 vol. in-f°. A
tome I, p. 380, notice sur d'Aubigné.

JOSEPH BÉDIER, *Études critiques*. (Cf. : Le texte des *Tragiques* d'Agrippa d'Aubigné). Paris
A. Colin, 1903, in-18.

H. BORDIER, *Notice sur Agrippa d'Aubigné et sa descendance* dans *la France Protestante* d
MM. Eugène et Émile Haag, 2ᵉ édition publiée sous les auspices de la Société de l'Histoire d
Protestantisme français, et sous la direction de M. Henri Bordier. Paris, Librairie Sandoz e
Fischbacher, t. I, 1877, in-8, col. 460 à 550. (Voir à la Bibliothèque de la Société du Protestan
tisme un exemplaire de *la France Protestante* annoté par M. Bernus).

DU MÊME, *Notice sur Agrippa d'Aubigné*. Cf. *Encyclopédie des sciences religieuses* publiée sou
la direction de F. Lichtenberger. Paris, Librairie Sandoz et Fischbacher, t. I, 1877, in-8°, p. 707 à 714

CH. BOST, *Notes sur Agrippa d'Aubigné*. Extrait du *Bulletin de la Société de l'Histoire du Protes
tantisme français* (septembre-octobre 1910). Paris, Agence générale de la Société, 54, rue de
Saints-Pères, 1910. (§ 1 : *Le Printemps*, composition du recueil primitif, date de la Préface. § 2
Les Tragiques et l'*Histoire Universelle*, § 3 : La Vision d'où sont sortis *les Tragiques*).

JACQUES-CHARLES BRUNET, *Manuel du libraire et de l'amateur de livres*. Paris, Librairie Firmi
Didot, 1860, in-8°, t. I, col. 544-547.

PAUL CHABOT, *D'Aubigné, officier de Saint-Michel*, d'après les notices manuscrites de Jean
François-Louis d'Hozier, conservées au Cabinet des Titres de la Bibliothèque Nationale (*Revu
de l'Ouest*, 1892).

MAURICE CHEVRIER, *Éloge d'Agrippa d'Aubigné*. Paris, Jouaust et Sigaux, 1885, petit in-8°.

DAVID CLÉMENT, *Bibliothèque curieuse historique et critique*, ou *Catalogue raisonné des livr
difficiles à trouver*. Göttingen, 1750-1760, 9 vol. in-4. Voir au tome II, p. 188 à 198 le catalog
des livres et éditions de d'Aubigné (*Histoire Universelle*, *Petites Œuvres meslées*, *Tragiques*), ave
des notes intéressantes.

H. CLOUZOT, *Notes pour servir à l'Histoire de l'Imprimerie à Niort et dans les Deux-Sèvre
Niort, L. Clouzot, 1891, in-8, III-163 p. Marques de librairie et fac-similés. (Extrait des *Mémoir
de la Société de statistique, sciences, lettres et arts des Deux-Sèvres*).

DU MÊME, *Notes de Benjamin Fillon pour servir à l'Histoire de l'Imprimerie en Bas-Poito
Niort, L. Clouzot, éditeur 1895, plaquette in-8, de 66 pages, plus la table. A la page 53 (de 5
à 54), *L'Imprimerie à Maillé* (l'imprimerie de d'Aubigné).

Du même, *Notes sur Constant d'Aubigné et sa première femme Anne Marchant*, dans le *Bulletin de la Soc. de l'Hist. du Protest. franç.*, t. LIII (1904), p, 495 à 497.

Gaston Deschamps, *La Jeunesse d'Agrippa d'Aubigné, Grande Revue*, 1902, t. II, p. 1 à 24.

L. B. Desfrancs, *Études sur Agrippa d'Aubigné* (xvie siècle), conférence donnée à Tarbes, le 29 mai 1868. Tarbes, Th. Telmon, 1868, in-8°.

E. Despois, *Agrippa d'Aubigné et ses nouveaux éditeurs, MM. Lalanne, Mérimée, Read*, dans la *Revue politique et littéraire*, 2 août 1873.

L. Desrousseaux, *Communication sur le texte des Tragiques*, dans le *Bulletin de la Société des Humanistes français*, 23 mai 1896.

Jules Doinel, *Documents du xvie siècle, tirés des Archives orléannaises*. Orléans, H. Herluison, 1876, in-8, plaq.

Marc Dufraisse, *La Vie et les écrits d'Agrippa d'Aubigné*. Bruxelles, Imprimerie, E. Guyot, 1860, in-8. (Extrait de la *Libre Recherche*, revue universelle).

Auguste Exbrayat, *Agrippa d'Aubigné patriote*. (Thèse publiquement soutenue devant la faculté de théologie protestante de Montauban en juillet 1888). Montauban. Imprim. administr. et commerciale, J. Granié, 1888, in-8.

Ch. Eynard, *Lucques et les Burlamachi*, Souvenirs de la Réforme en Italie. Paris, A. Cherbuliez, 1848, in-12.

Gustave Fabre, *Discours sur la vie et les œuvres d'Agrippa d'Aubigné*. Paris, Fischbacher, 1885. in-8 (Extrait de la *Vie chrétienne*).

Émile Faguet, *Le Seizième siècle, études littéraires*. Paris, Lecène et Oudin, 1894, in-18.

Léon Feugère, *Etude historique. Agrippa d'Aubigné*. Paris, aux bureaux de la *Revue contemporaine*, 1854. in-8. (Extrait de la *Revue contemp.*, 30 nov. 1854). — *Etude sur les Œuvres d'Agrippa d'Aubigné*. Paris, aux bureaux de la *Revue contemporaine*, 1855, in-8 (Extrait de la *Revue contemp.*, 30 déc. 1854 et 15 janv. 1855). Ces articles ont été reproduits dans l'ouvrage : *Caractères et portraits du xvie siècle*. Paris, Didier, 1859, t. II, in-12.

Benjamin Fillon, *Documents pour servir à l'Histoire du Bas-Poitou et de la Révolution en Vendée*, t, I, Fontenay-le-Comte chez Robuchon, 1847, in-8. (J'en ai tiré les actes de cession des places de d'Aubigné à Rohan, cf. mon chap. xiii, § 3, p. 64 à 67 du t. III.)

Fleuret et Perceau, *Les Satires françaises du xvie siècle*. Paris, Garnier, 1922, 2 vol. in-8 (anthologie).

Vicomte de Gaillon, *Notice historique et littéraire sur Théodore-Agrippa d'Aubigné*, dans le *Bulletin du Bibliophile*, janv.-février 1854. à propos des *Tragiques*.

Gérusez, *Etudes historiques et littéraires, Théodore-Agrippa d'Aubigné* (Extrait de la *Revue française*, juillet 1838, in-8. (Réimprimé dans les *Essais de littérature française*. Paris, Garnier 1838, in-12).

Goujet, *Bibliothèque française ou Histoire de la Littérature française*, etc. Paris, Hippolyte Guérin et P.-G. Le Mercier, 1752, XV, p. 235-244, in-12.

E.-S.-A. Gout, *Agrippa d'Aubigné théologien*. (Thèse publiquement soutenue devant la Faculté de Théologie protestante de Montauban en juillet 1883). Montauban, Typographie Macabiau, 1883. in-8°.

Georges Guibal, *Agrippa d'Aubigné*. Une des trois conférences strasbourgeoises faites au profit des victimes de la guerre de France. Strasbourg, Treuttel 1872, in-16, 106 pages. (Les deux autres sont sur : Guillaume le Taciturne, par A. Sabatier, et Abraham Lincoln, par Rod. Reuss).

E. et E. HAAG, *Notice sur Agrippa d'Aubigné* dans la 1re édition de *La France protestante*, t. [
p. 157-190.

Prof. A. HEUSLER, Etude sur les fortifications de Bâle (*Die Fortifikations arbeiter*) à l'époqu[
de la guerre de Trente ans, où le rôle de d'Aubigné, comme ingénieur-conseil de la ville, e[
rappelé, et exposé. (C'est la 4e partie d'une étude d'ensemble sur Bâle à cette époque, fait[
d'après les registres du conseil, et parue dans les *Beiträge zur Vaterländischen Geschichte*, Base[
1866, 8e vol., p. 219 et sq.).

THÉOPHILE HEYER, *Théodore Agrippa d'Aubigné à Genève*. Notice biographique avec pièces [
lettres inédites. Genève, Imprim. Ramboz et Cie, 1870, in-8. (Extrait des *Mémoires de la So[
d'histoire et d'archéologie de Genève*, t. XVII).

Dr HOEFER, *Nouvelle biographie générale*, depuis les temps les plus reculés jusqu'à nos jour[
publiée par MM. Firmin Didot frères, in-8. Au tome III (1861), col. 576 à 578, se trouve une notic[
non signée sur d'Aubigné, remplie d'erreurs.

INTERMÉDIAIRE DES CHERCHEURS ET CURIEUX: *A propos d'Agrippa d'Aubigné*, t. VII, p. 646 ; XV[
p. 577 et 634. — *Aventures de Faeneste* (Note de Le Duchat à rectifier), XI, p. 611, 665 et 69[
XIII, p. 163. — *D'Aubigné et Mézeray*, VIII, p. 521. — *Agrippa d'Aubigné était-il républicain?* VII[
p. 520 et 594. — *Un portrait inconnu d'Agrippa d'Aubigné découvert à Bâle*, VII, p. 709. — *Rela[
tions de d'Aubigné avec Jeanne d'Albret*, VI, p. 4 et 90. — *Sur un passage incomplet d'une lettre [
d'Aubigné*, VII, p. 47 et 98. — *Acte de décès inédit concernant un fils d'Agrippa d'Aubigné*, V[
p. 718 : VIII, p. 619 et 651. — *Une descendante d'Agrippa d'Aubigné*, IX, p. 31.

FRÉDÉRIC LACHÈVRE, *Bibliographie des Recueils collectifs de poésies*, publiés de 1597 à 170[
Paris, Libr. Henri Leclerc, 1901, t. II, in-4.

L. F. D. D., *les Advis de Charlot à Colin sur le temps présent*, mis en lumière par L. D. [
D. D., plaq. in-12, publiée s. l. n. d., 8 pages. (Pasquil en vers publié pendant la Régence d[
Marie de Médicis, où se trouve nettement signalée l'attitude politique d'Agrippa d'Aubigné[

C. LENIENT, *La Satire en France ou la Littérature militante au xvie siècle*. Nouvelle édition (3[
revue et corrigée. Paris, Hachette 1866, 2 vol. in-16. Au tome II, p. 35-45, *Les Tragiques* ; p. 1[
à 174, *La Confession de Sancy*: p. 174-175, *Le Divorce satirique* ; p. 175-179, *Fæneste*.

ALPHONSE LEVRAY, *Coligny, Agrippa d'Aubigné*. Paris, Bonhoure, 1877, in-12.

H. C. MACDOWALL, *Henry of Guise and other portraits* (*Agrippa d'Aubigné, Catherine of N[
varre*). London, Macmillan, 1898, in-8.

PROSPER MARCHAND, *Dictionnaire historique*, ou Mémoires critiques et littéraires, concernar[
la vie et les ouvrages de divers personnages distingués particulièrement dans la République de[
Lettres, t. I, p. 67 à 77. A la Haye, chez Pierre de Hondt, MDCCLVIII, in-fol.

PAUL MARCHEGAY, *Notes sur une lettre de d'Aubigné*. Les Roches Baritaud (Vendée), 1876, in-[
(Extrait de l'*Annuaire de la Société d'Emulation de la Vendée* pour 1876 : ces notes avaient ét[
lues à la séance générale de la Société, le 9 août 1875) et *Bulletin de la Société de l'Histoire d[
protestantisme français*, 1877, t. XXVI, p. 133 à 149. — Il s'agit de la lettre à M. C. (le sieur d[
Constant, gouverneur de Marans) qui se trouve au t. I, p. 478 à 481 de l'édition Réaume et d[
Caussade.

MERCURE DE FRANCE, septembre 1688, p. 301 à 316 ; avril 1698, p. 216 à 230 ; mai 170[
p. 339; janvier 1705, p. 232; février 1705, p. 206; janvier 1706, p. 272 ; juin 1706, p. 336 ; avr[
1710, p. 279 ; mai 1721, p. 160 ; août 1728, p. 1894 ; novembre 1739, p. 2742 ; février 1752, p. 21[
janvier 1763 (2e vol.), p. 204 ; juillet 1770 (2e vol.), p. 213.

MICHAUD, *Biographie Universelle ancienne et moderne* (par une Société de gens de lettres et de savants). Nouvelle édition revue, corrigée et considérablement augmentée. Paris, chez Mme C. Desplaces, 1854 à 1865, grand in-8. Au t. II, 1854, p. 384 et 385, *notice sur d'Aubigné* (de Weiss). Beaucoup d'erreurs.

MARC MONNIER, *Genève et ses poètes du XVIe siècle à nos jours.* Paris, 1874, p. 125 à 140, in-8.

DU MÊME, *Agrippa d'Aubigné. Bibliothèque Universelle* et *Revue suisse,* t. LIII, mai 1875, p. 68 à 103.

HENRI CH. MONOD, *La Jeunesse d'Agrippa d'Aubigné.* Caen, Imprimerie de F. Le Blanc-Hardel, 1884, in-8. (Extrait des Mémoires de l'Académie nationale des Sciences, Arts et Belles-Lettres de Caen.)

DU MÊME, *La Jeunesse d'Agrippa d'Aubigné a-t-elle été débauchée? Bulletin de la Société de l'Hist. du Protest. franç.,* 1892, t, XLI, p. 488 à 496.

HENRI MONOD, *Quelques pages d'Agrippa d'Aubigné.* Lectures faites à l'Assemblée générale de la Société de l'Histoire du Protestantisme français le 28 avril 1910. Paris, Agence générale de la Société, 1910. in-8, 16 pages. (Extrait du *Bulletin de la Société de l'Hist. du Protest. franç.,* mai-juin 1910, t. LIX, p. 210 à 223).

L. MORERI, *Grand Dictionnaire historique.* Paris, Libraires associés, 1759, t. I, in-fol., p. 483, col. 1 et 2. De grossières erreurs.

HEINRICH MORF, *Geschichte der neuern französichen Litteratur* (XVI-XIX Jahrhundert). Strassburg, J. Trübner, 1898, in-8, p. 119-120, 173-174.

PAUL MORILLOT, *Discours sur la vie et les œuvres d'Agrippa d'Aubigné.* (Prix d'éloquence décerné par l'Académie française le 20 mars 1884). Paris, Hachette, 1884, in-8.

K. ED. MULLER, *Ueber accentuirend-metrische Verse in der französichen Sprache* des XVI-XIX Jahrhunderts, Bonn, P. Neusser, 1892, in-8. (Quelques passages sur les vers mesurés de d'Aubigné).

N. W. [*N. Weiss*], *Chronique littéraire,* dans le *Bulletin de la Société de l'Hist. du Protest. franç.,* 1894, t. XLIII, p. 108-109 (A propos d'une étude de MM. Émile Faguet et Trial sur Agrippa d'Aubigné).

NICERON, *Mémoires pour servir à l'histoire des hommes illustres.* Paris, Briasson, 1734, t. XXVIII, in-12, p. 203 à 228.

ALPHONSE PAGÈS, *Les Grands poètes français. Portraits authentiques. Autographes, fac-simile des éditions originales. Notices et extraits.* Paris, Librairie de l'Écho de la Sorbonne, 1874, in-8. (Portrait d'Agrippa d'Aubigné, gravé par Hébert d'après le tableau de la Bibliothèque de Genève. Fac-simile d'un manuscrit ayant appartenu à Mme de Maintenon).

VALFRIED PALMGREN, *Observations sur l'infinitif dans Agrippa d'Aubigné.* (Thèse pour le doctorat). Stockholm, Kungl. Boktryckeriet, P. A. Norstedt et Söner, 1905, in-8.

LÉONCE PERSON, *Henri IV et ses deux amis. Agrippa d'Aubigné et Sully.* Versailles, 1886, in-8, pièce. Conférence faite à l'Association philotechnique de Neuilly le 25 juin 1886.

PERGAMENI, *La Satire au XVIe siècle et les Tragiques d'Agrippa d'Aubigné.* Bruxelles, 1882, in-8.

J. PLATTARD, *Une Lettre inédite d'Agrippa d'Aubigné à Marie de Médicis* [en 1610, après la mort d'Henri IV]. *Revue du XVIe siècle,* t. XI, p. 79 à 90.

POIRSON, *Histoire du règne de Henri IV.* Paris, Colas, 1856, t. II (pp. 518, 563, 574 et 612), in-8.

A. POSTANSQUE, *Théodore Agrippa d'Aubigné, sa vie, ses œuvres, et son parti.* (Thèse pour le doctorat). Montpellier, Imprimerie Jean Martel aîné, 1854, in-8.

Ernest PraroND, *Les Poètes historiens, Ronsard et d'Aubigné, sous Henri III*. Paris, Thori
1873, in-8.

Franck Puaux, *Agrippa d'Aubigné*, notice dans la *Grande Encyclopédie*. Paris, Lamirau
sans date, t. IV, in-8.

Ch. Read, *Lettre inédite d'un inconnu à Théodore-Agrippa d'Aubigné*, 1623, publiée dans
Bulletin de la Société de l'Histoire du Protest. franç., 1875, t. XXIV, p. 323 à 326. [C'est u
charmante lettre d'un jeune homme qui venait de passer l'hiver auprès de d'Aubigné — l'h
ver précédant le remariage avec Renée Burlamachi — datée du 28 mai 1623 : il y exprir
d'une façon ingénue une admiration tendre pour le glorieux vieillard. En P. S. un quatra
sur l'exécution en effigie de d'Aubigné à Paris. Voir mon chap. xiv, § 3, p. 145 (et note 1)
3º vol. Cette lettre a été retrouvée dans le vol. III des manuscrits de Bessinges.]

Eugène Réaume, *Etude historique et littéraire sur Agrippa d'Aubigné*. Paris, Belin, 188
in-8. [Cette étude a été en partie reproduite au t. V de l'édition des *OEuvres complètes* de Thé
dore-Agrippa d'Aubigné. Paris, Alp. Lemerre, 1891].

Du même, *Les Prosateurs français du XVIᵉ siècle*. Paris, Didier, 1869, in-18, p. 384 à 400.

F. Robiou, *Essai sur l'histoire de la littérature et des mœurs pendant la première moitié
XVIIᵉ siècle*. Paris, Douniol, 1858, in-8, t. 1ᵉʳ, *La France de la paix de Vervins à l'avènement
Richelieu*. Au chap. ii, § 6 : d'Aubigné, poète, p. 213 à 218 ; chap. iii, § 9 : Les Mémoires
l'Histoire (sur d'Aubigné, historien, p. 480 à 484). Même chapitre, § 17, Pamphlets et roma
(sur le *Fæneste*, p. 598 à 603).

Ch. de Roche, *Une source des Tragiques* (J. Crespin, *Histoire des Martyrs*). Festschrift zur
Versammlung deutschen Philologen in Basel im Jahre 1907.

Samuel Rocheblave, *Agrippa d'Aubigné* dans la petite collection des Grands Écrivains fra
çais, chez Hachette, 1910, in-16, 203 pages, portrait.

Du même, *La Vie d'un héros, Agrippa d'Aubigné*. Paris, Hachette, 1912, in-16, vi-253 p.

Lazare Sainéan, *les Termes patois chez d'Aubigné*. *Revue du XVIᵉ siècle*, t. II, 1914, p. 33
340.

Sainte-Beuve, *Tableau historique et critique de la poésie française et du théâtre franç
au XVIᵉ siècle*. Paris, Sautelet, 1828, in-8. Nouvelle éd., Paris, Charpentier, s. d. (1841), 1 v
in-12. (Cf. les p. 140 à 145).

Du même, *Agrippa d'Aubigné*. *Causeries du Lundi*, t. X (articles du 17 et du 24 juillet 185
Paris, Garnier frères, 1855, in-18.

Paul de Saint-Victor, *Hommes et Dieux*. Paris, 1867, in-18.

Arnold von Salis, *Agrippa d'Aubigné eine Huguenottengestalt*. Heidelberg, Carl Wint
1885, in-8 ; 2ᵉ éd., *ibid.*, 1892, in-16, xii-128 pages. — Biographie en 5 chapitres. 1 : Ex ung
leonem ! 1551-1568. II : Die ersten sporen, 1568-1573. III : Der stallmeister des Königs v
Navarra, 1573-1596. IV : Der Gouverneur von Maillezais, 1596-1620. V : Der exilirte, 1620-16
Notes abondantes à la fin (Anmerkungen). En tête le portrait du musée de Bâle. A la derni
page, un tableau généalogique de la descendance de d'Aubigné, légitime et illégitime ; gén
logie d'ailleurs incomplète.

B. Sayous, *Etudes littéraires sur les écrivains français de la Réformation*. Paris, Cherbuli
1841, t. XII, in-12.

Heinrich Schütz, *Studien zur Sprache d'Aubigne's* Altona, Peter Meyer, 1883, in-8.

Dʳ Karl Schwerd, *Vergleich, Metapher und Allegorie in den « Tragiques » des Agrippa d'A *bigné.* Leipzig, A. Deichert, 1909, in-8, xvii-124 pages. (Münchener Beiträge zur romanischen und englischen Philologie, 44),

[Scott], *The life of Theodore Agrippa d'Aubigné*, containing a succinct account of the most remarkable occurences during the civil wars of France in the reigns of Charles IX, Henri III, Henri IV and in the minority of Lewis XIII. London, printed for Edward and Charles Dilly, in the Poultry, 1872, in-8.

Léon Stapfer, *Notice sur le Château de Talcy* dans le *Bulletin du Protestantisme*, t. XXIII (1874), p. 276 à 278.

Edm. Stapfer, *Le Château de Talcy* (Loir-et-Cher). Paris, Librairie Fischbacher [achevé d'imprimer le 3 décembre 1887], in-18.

A. Storelli, Notice historique et chronologique sur le château de Talcy. Paris, Baschet, 1883, in-8. [Cf. l'article de Henri Longon sur *Cassandre Salviati* que chanta Ronsard, dans la *Revue des questions historiques* de janvier 1902. C'était la tante paternelle de Diane de Talcy, qui inspira à d'Aubigné les poésies du *Printemps*].

Stürler (Moritz von), Conférence sur les anciennes fortifications de Berne. Compte rendu dans les *Archiv des historischen Vereins des Kantons Bern*, t. VIII, 1875, p. 374 à 380.

J. Trenel, *L'Élément biblique dans l'œuvre poétique d'Agrippa d'Aubigné*. Thèse présentée à la Faculté des Lettres de l'Université de Paris. Paris, Lib. Léopold Cerf, 1904, in-18, vi-124 pages.

Du même, *Le Psaume CX chez Marot et d'Aubigné*, dans les *Mélanges Brunot*, 1904, p. 323 à 329.

L. Trial, *Agrippa d'Aubigné* dans la *Revue de Bordeaux*, 1893. Tirage à part s. l. n.d., in-8.

P. Villey, *La Confession de Sancy.* Revue d'Histoire littéraire de la France, 22ᵉ année, nᵒˢ 1-2 (janvier à juin 1915), p. 160 à 216.

Du même, *A propos du Caducée d'Agrippa d'Aubigné*, dans les Mélanges Lanson. Paris, 1922, in-8°, p. 154 à 161.

Viollet Le Duc, *Catalogue des livres composant la bibliothèque poétique de M. Viollet Le Duc*, avec des notes bibliographiques, biographiques et littéraires sur chacun des ouvrages catalogués, pour servir à l'histoire de la poésie en France. Paris, Hachette, 1843, in-8.

Henri-Louis Vivien, *Agrippa d'Aubigné, sa vie et son rôle dans l'histoire du protestantisme français*. Strasbourg, Imprimerie Jean-Henri-Ed. Heitz, 1870, in-8.

Wilhem Winker, *A. d'Aubigné, der Dichter*. Leipzig, 1906, in-8, i à x et 96 pages.

QUATRIÈME SECTION

Documentation historique.
Le Temps de d'Aubigné. — La Lutte des Partis.

Je n'ai pas la prétention, bien entendu, d'indiquer ici toutes les sources d'information possible, ce qui irait à l'infini, mais les sources limitées de mon information personnelle.

A. — Manuscrits.

Actes (ou procès-verbaux) des assemblées générales politiques des Réformés, qui, déposés autrefois dans le Trésor des Chartes de la ville de la Rochelle, sont conservées aujourd'hui en *copies* à la Bibliothèque nationale, et à la Mazarine.

A *la Nationale* ces registres in-folios font partie du Fonds Brienne (n°ˢ 220 à 226, classés d'autre part sous les n°ˢ 7491 à 7197 des nouvelles acquisitions). Le titre est : *Assemblées générales politiques de ceux de la Religion P. R. tenues en France* (1572-1625).

Tome	I (220)	années 1572-1597	423 feuillets.
—	II (221)	— 1596-1599	337 —
—	III (222)	— 1601-1611	313 —
—	IV (223)	— 1615-1616	302 —
—	V (224)	· 1619-1620	440 —
—	VI (225)	· 1620-1621	373 —
—	VII (226)	— 1620-1625	206 —

Je me suis servi des copies de la *Mazarine* dont l'écriture est plus lisible. Ces volumes proviennent de la Bibliothèque de Saint-Sulpice et avaient appartenu antérieurement à Dominique-Barnabé Turgot, évêque de Séez (1716). Ce sont les :

Ms. 2604. Assemblées générales politiques des Réformés de 1572 à 1597 (Milhau 1572 et 1574, Montauban 1581, Saint-Jean-d'Angély 1582, la Rochelle 1588, Mantes 1593). Nota : l'Assemblée générale de la Rochelle de 1588 se trouve aussi à part dans le manuscrit 2096 avec pièces annexes.

Ms. 2605. Il contient, avec le tome suivant, les *Actes de la Grande Assemblée permanente* (en 4 stations : Loudun, Vendôme, Saumur, Châtellerault) d'où allait sortir l'Édit de Nantes. Ce tome va du 1ᵉʳ avril 1596 (à Loudun) au 2 février 1598 (en cours de l'Assemblée de la Rochelle).

Ms. 2606. Suite et fin de l'Assemblée de Châtellerault (du 3 février au 11 juin 1598). A la suite la *nouvelle* Assemblée de Saumur (24 novembre 1599 au 31 mai 1601).

Ms. 2607. C'est un pot-pourri. Retour en arrière. Procès-verbal de l'Assemblée de Saumur de 1595 (avant la Grande Assemblée permanente). Puis *pièces annexes et documents relatifs à la Grande Assemblée* (Correspondance, Instructions aux commissaires de part et d'autre : commissaires royaux, délégués de l'Assemblée ; réponses aux communications dont ils étaient porteurs, etc.).

Ms. 2608. Continuation des procès-verbaux des Assemblées : de Sainte-Foy (1601), de Châtellerault (1605), de Jargeau (1608), de Saumur (1611).

Ms. 2609. Assemblée de Loudun (1619-1620).

Ms. 2611. Lettres, mémoires et autres pièces concernant l'Assemblée générale de la Rochelle (1620 à 1622). Ce volume de pièces annexes et de documents à l'appui devrait être classé après les deux suivants qui contiennent le procès-verbal officiel des délibérations de l'Assemblée :

Ms. 2612. Années 1620-1621.

Ms. 2613. Suite et fin de l'Assemblée de la Rochelle.

On a aussi, non les procès-verbaux complets, mais des ANALYSES DES DÉLIBÉRATIONS DES SYNODES pendant la même période :

A la *Nationale*, Fonds Brienne, n° 716 (7487 des nouvelles acquisitions) : *Vingt-quatre synodes tenus par ceux de la R. P. R. de France depuis l'an 1559 jusques en l'an 1623*, 631 feuillets.

A ce tome répond le ms. 2616 de la *Bibl. Mazarine : « Analyse des délibérationc des Synodes. Le début manque ».* Et pour ce qui subsiste, l'ordre est renversé, la première partie se trouvant en queue. Le volume est, en effet, ainsi constitué :

a) Synode de Montpellier (1598), de Jargeau (1601), de Gap (1603), la Rochelle (1ᵉʳ mars 1607), Saint-Maixent (1609) ;

b) La *discipline* des Églises réformées de France, texte arrêté au Synode de Charenton en 1623 ;

c) *Corps des Synodes nationaux des Églises de ce Royaume.* Analyse des délibérations des Synodes de Paris (1559), Poitiers (1560), Orléans (1562), Lyon (1563), Paris (1565), Angoumois-la Rochelle (1571), Nîmes (1572), Sainte-Foy (1578), Figeac (1579), Vitré (1583), Montauban (1594), Saumur (1596).

[Au sujet de la *discipline des Églises*, dont il est question dans la 2ᵉ partie du volume, notons encore les mss. 2617 et 2618 de la Bibl. *Mazarine* (le 1ᵉʳ datant environ de 1600, le 2ᵉ de 1620). Le premier se retrouve à la *Nationale* (Fonds Brienne, nº 218, ou 7189 des nouvelles acquisitions) sous le titre : « La discipline ecclésiastique des Églises réformées de France... corrigée et augmentée de toute la coppie envoyée de Paris en l'an 1597, et selon les articles des Synodes de Montauban, Saumur, Montpellier et Jargeau. » 71 feuillets.]

B. AUBERY, SEIGNEUR DU MAURIER, MÉMOIRES INÉDITS. Bibliothèque de la ville de Poitiers, ms. nº 250 (cf. mon chap. IX, § 1ᵉʳ, t. II, p. 39 et sq., où j'en ai fait état à propos du séjour du Roi de la Ligue, Charles X, à Maillezais). M. Ouvré a publié un excellent ouvrage sur les Mémoires inédits de Aubery du Maurier, Paris, 1853, 8°.

MSS. DE DOM FONTENEAU à la Bibliothèque de Poitiers. Au tome 73, relation de la Conférence de Fontenay-le-Comte (février 1626), préliminaire au Congrès de Loudun, pour mettre fin à la guerre civile.

B. — IMPRIMÉS.

Ernest ALBY, *Catherine de Navarre, Histoire de la Réforme, 1520-1604,* 2 vol. 8°, Paris, 1850 (avec 38 lettres de Catherine à la fin du tome II).

ANGOULÊME (*Mémoires très particuliers du duc d'*) pour *servir à l'histoire des règnes de Henri III et Henri IV,* édités par Jacques Bineau, Paris, 1667, in-8°. Je le cite d'après la réédition de la collection Michaud et Poujoulat (t. XI de la 1ʳᵉ série). C'était le fils naturel de Charles IX et de Marie Touchet. Ses mémoires ne contiennent que le récit de deux événements seulement, l'assassinat de Henri III et la bataille d'Arques.

Léonce ANQUEZ, *Histoire des Assemblées politiques des Réformés de France* (1573-1622). Paris, A. Durand, 1859, 8°.

ARCÈRE, *Histoire de la Rochelle,* 2 vol. in-4°. La Rochelle et Paris, 1756-1757.

ARCHIVES HISTORIQUES DE LA GIRONDE, t. XIII (1871-1872) : nombreux documents sur les troubles et guerres de religion dans l'Ouest et le Sud-Ouest, à partir de 1560. Notamment : nº CIII, *Journal* (1568 à 1585) *de François de Syrueilh, chanoine de Saint-André de Bordeaux, archidiacre de Blaye,* p. 244 à 357 (Jarnac, p. 256-261 ; Moncontour, p. 265-266 ; massacres du Périgord par l'armée de Coligny en retraite, p. 267-268; la Saint-Barthélemy et les instructions successives envoyées par Charles IX en province, p. 278-295 ; siège de la Rochelle de 1572-1573, p. 307 et sq. *passim ;* négociation et exécution de la paix de Fleix de 1580, et, à cette occasion, visite de la Reine Marguerite et de François de Valois à Bordeaux en janvier et mars 1581, p. 328 et sq. *passim ;* remplacement du maréchal de Biron par le maréchal de Matignon comme gouverneur de Guyenne, p. 338 et sq. *passim,* etc., etc.); — nº CXLI, arrêt du Parlement de Bordeaux du 6 avril 1569 condamnant à mort 579 protestants, p. 399-420 ; — nº CXLII, arrêt du Parlement de Bordeaux du 5 mai 1569 déclarant contumaces 29 protestants de Blaye, p. 420-422 ; —

n° CXLIII, arrêt du Parlement de Bordeaux du 17 janvier 1570 condamnant à mort 75 protestants de Bordeaux, p. 422-427 ; — n° CXLIV, arrêt du Parlement de Bordeaux du 1ᵉʳ février 1570 adjugeant à divers particuliers plusieurs biens confisqués sur les protestants, p. 427-429 ; — n° CXLV arrêt du Parlement de Bordeaux du 6 mars 1570 condamnant à mort 563 protestants, p. 429-446 ; — n° CLXVI, 8 juillet 1580, p. 468-469, lettre du maire et des jurats de Blaye au roi Henri III (même jour lettre à la Reine-mère) pour les informer que leur ville a failli être surprise, mais qu'ils se tiennent sur leurs gardes, et ils demandent la confirmation de leurs privilèges (c'est la tentative manquée de d'Aubigné : cf. mon chapitre v, § 3, p. 261-262 du 1ᵉʳ vol.).

ARCHIVES HISTORIQUES DE LA GIRONDE, t. XIV, Correspondance du maréchal de Biron et du maréchal de Matignon, gouverneurs successifs de la Guyenne, avec la Cour (1560 à 1597).

ARCHIVES HISTORIQUES DU POITOU (Poitiers, Oudin), t. XII (1882) et XIV (1884), *Lettres adressées à Jean et Guy de Daillon, comtes du Lude, gouverneurs du Poitou de 1543 à 1557, et de 1557 à 1585*, publiées par BÉLISAIRE LEDAIN. (Au tome XII, introduction à la publication, p. VI à XLVI ; lettres adressées à Jean de Daillon, du 27 avril 1543 au 7 juin 1557, p. 1 à 91 ; lettres adressées à Guy de Daillon, du 30 août 1557 au 7 août 1574, p. 92 à 396 ; au tome XIII, suite de la publication, lettres à Guy, de 1575 à 1585, p. 1 à 188.)

L. AUDIAT, *Bernard Palissy*, Paris, Didier, 1868, in-12. [A la suite de cette publication, polémique entre M. Audiat et le pasteur Ath. Coquerel fils à propos de l'entrevue de Henri III et de Bernard Palissy à la Bastille, peu avant les Barricades, M. Audiat ayant contesté la véracité du récit qu'en fait d'Aubigné : cf. *Bulletin de la Société de l'Hist. du Protest. franç.* de 1868, t. XVII, p. 434 à 444, p. 495 à 505, p. 614 à 615, et au tome XVIII, p. 40 à 60.]

COMTE BAGUENAULT DE PUCHESSE, *Une prétendue lettre de Henri III* [au Roi de Navarre, en 1580, pour lui dénoncer l'inconduite de sa femme, cf. mon chap. v, § 3, p. 245-246 du 1ᵉʳ volume]. *Revue des questions historiques*, 1ᵉʳ juillet 1898, t. 64, p. 194 à 214.

DU MÊME, *Les Quarante-Cinq* [la garde d'Henri III]. *Revue du XVIᵉ siècle*, t. IV, p. 16 à 21.

A. BARBIER, *Un épisode de la Ligue en Châtelleraudais, le Combat de Lisle* (6 février 1592). *Mémoires de la Société des Antiquaires de l'Ouest*, 2ᵉ série, t. XVIII, 1895. (Cf. mon chap. IX, § 3, p. 73 du 2ᵉ vol.)

BINET-VALMER, *Un grand Français, Coligny*. Lagny, Impr. E. Grévin, et Paris, Flammarion, 1927, in-12, 259 pages.

F. BONCENNE. *Notes sur la mort et la sépulture du Cardinal de Bourbon. Revue de l'Ouest*, 3ᵉ année (oct. 1854 à oct. 1856).

JULES BONNET, *Les Réfugiés de Montargis et l'exode de 1569*. Étude historique dans le *Bulletin de la Société de l'Hist. du Prot. franç.*, t. XXXVIII (1889), p. 169 à 185.

H. BORDIER (Henri-Léonard), *Peinture de la Saint-Barthélemy par un artiste contemporain*, comparée avec les documents historiques. (*Extrait des Mémoires de la Société d'histoire et d'archéologie de Genève*). Genève, Librairie J. Jullien, Libr. H. Georg. ; et Paris, G. Firschbacher, 1878, in-4ᵉ, 36 pages. [C'est l'étude d'un tableau, représentant la Saint-Barthélemy parisienne, qui se trouve au musée Arland à Lausanne. Peinture sur grand panneau de bois. Œuvre d'un artiste français, Dubois dit Sylvius, originaire d'Amiens, mort à Genève en 1584. M. Bordier s'attache à en montrer l'exactitude relative, au point de vue documentaire, par une comparaison avec le récit de de Thou, qui n'a paru qu'en 1607, longtemps donc après la mort de Sylvius, qui n'a pu s'en inspirer. La concordance est d'autant plus remarquable et rend ce tableau précieux, car la plupart des gravures de la Saint-Barthélemy sont des compositions de fantaisie.]

Du même, *La Saint-Barthélemy et la critique moderne*. Genève, H. Georg, 1879, in-fol., 116 pages, figures, plans, planches en noir et en couleur.

Bouillon (Henri de la Tour d'Auvergne, duc de), *Mémoires* (connus sous le nom de *Mémoires de Turenne*, de 1565 à 1586), édités pour la Société d'Histoire de France par le comte Baguenault de Puchesse, 1901.

E. Bourloton, *Le Roi de la Ligue à Maillezais. Revue du Bas-Poitou*, t. IX (1896), p. 113 à 130.

Brantome (Pierre de Bourdeilles, abbé et seigneur de), Œuvres (*Vies des hommes illustres et grands capitaines étrangers, Vies des dames illustres, Vies des dames galantes, Anecdotes touchant les duels, Rodomontades espagnoles*). Éd. Lalanne, 1864 à 1882 pour la Société d'Histoire de France, 12 vol. in-8 (Librairie Renouard).

Vicomte de Brémond d'Ars (propriétaire du château de Saint-Brice), *Les Conférences de Saint-Brice* (en 1586, cf. mon chap. vii, § 2, p. 263 à 265 du 1er volume). *Revue des Questions historiques*, t. XXVI, p. 496 et sq. (1er oct. 1884).

J. du Breul (Bénédictin de l'Abbaye de Saint-Germain-des-Prés), *La Vie de Mgr le Cardinal de Bourbon* (le roi de la Ligue). Paris, Chevalier, 1612, in-4º pièce.

Catherine de Bourbon, *Correspondance avec Théodore de Bèze. Bulletin de la Société de l'Hist. du Prot. franç.*, t. II (1853), p. 140 à 155. [Cette correspondance avait commencé le 26 janvier 1598 par l'envoi que lui avait fait Catherine de poésies religieuses]. — Cf. au tome V du *Bulletin*, p. 148 et sq. *Extraits des actes consistoriaux et chroniques de l'Eglise réformée tenue chez Madame*, provenant de la Bibliothèque de Metz [ils vont du 31 mars 1597 à février 1604, mois de la mort de Madame]; même tome, p. 283 et sq. Extraits d'une chronique protestante messine, provenant de la Bibliothèque de Metz (*Chronique de Jean de Morey*, 1552 à 1609) : tout ce qui concerne Madame.

Catherine de Médicis, *Lettres* publiées par le comte de La Ferrière (vol. I à V), et par le comte Baguenault de Puchesse (vol. VI à X) dans la *collection des Documents inédits sur l'Histoire de France*, in-4º.

P. Cayet (Pierre-Victor de la Palme, dit Palma Cayet), *Chronologie novenaire* (1589 à 1598) et *septenaire* (1598 à 1604) dans la collection Michaud et Poujoulat (t. XII de la 1re série).

Pasteur Ath. Coquerel fils, *Précis de l'Histoire de l'Eglise réformée de Paris sous l'Édit de Nantes* (inachevée, s'arrête à 1621), en six chapitres publiés dans le *Bulletin de la Société de l'Histoire du Protest. franc.*, les quatre premiers au tome XV (1866) : 1er, l'Eglise recueillie chez Madame ; 2e, l'Édit de Nantes ; 3e, l'Église à Grigny (1599-1600) ; 4e, l'Église à Ablon (1599-1605) ; la suite au tome XVI (1867) : chap. v, Charenton sous Henri IV ; et vi, Charenton depuis la mort de Henri IV jusqu'à l'incendie du temple. [C'est au chap. v que sont donnés des renseignements sur les projets de rapprochement des deux Églises, dans lesquels intervint Aubigné pour les faire échouer : cf. mon chap. xii, § 4, p. 337 et sq. du 2e vol. M. Coquerel ne voit dans ces tentatives qu'un piège tendu aux Huguenots pour les compromettre. Il n'admet pas, en particulier, la bonne foi d'Henri IV.]

Jean Crespin, *Le Martyrologe protestant*. (Le titre varie suivant les éditions : ou *Le Livre des martyrs*... ou *Actes des martyrs*, ou *Histoire des vrays tesmoins*.) La 1re édition est de 1554 in-8 (sans nom d'auteur, mais avec le nom de Crespin comme imprimeur : il s'était, en effet, établi à Genève en cette qualité.) Le recueil s'accrut d'édition en édition. La dernière imprimée du vivant de l'auteur est de 1570 in-fº. Les suivantes chez son gendre Eust. Vignon : 1582, in-fº en 10 livres, dont 2 dus à Simon Goulart ; 1597, in-fº en 12 livres ; 1608, in-fº. Enfin, l'édition de 1619, chez P. Aubert, à Genève, in-fº de 1760 pages. (Voir Hauser, *Les Sources de l'Histoire de France*, xvie siècle, t. II, art. 776.)

H. Dannreuther, *Quelques jugements sur l'Edit de Nantes. Bulletin de la Société de l'Histoire du Protest. franç.*, t. XLVII (1898), p. 372 à 386. [Ce sont des opinions de Catholiques et de Protestants depuis le lendemain de l'Édit jusqu'aux temps contemporains. Les plus intéressantes sont celles de Saint-Simon, dans son *Parallèle des trois Rois*, Henri IV, Louis XIII et Louis XIV, Paris, Hachette, 1880, p. 121-123 ; de Poirson, dans son *Histoire du règne de Henri IV*, et de Desclozaux, dans son ouvrage sur *Gabrielle d'Estrées*, ci-dessous, où il retrace, en un raccourci très substantiel, toute la genèse historique de l'Édit, en remontant à l'origine des guerres de religion.]

David de Licques, *Histoire de Messire Philippe de Mornay*, seigneur de Plessis-Marly, Leyde, B. et A. Elzévir, 1647, in-4°. [Rédigée d'après un manuscrit de Mme Mornay jusqu'à 1605 inclus, et, pour les dix-sept dernières années, d'après les renseignements fournis par Jean Daillé, Jules de Meslay et René Chalopin, secrétaires de Duplessis-Mornay.]

Comte Jules Delaborde, *Les Protestants à la Cour de Saint-Germain lors du Colloque de Poissy*. Paris, Sandoz et Fischbacher, 1874, in-8°, 35 pages.

Du même, *Gaspard de Coligny, amiral de France*, Paris, Sandoz et Fischbacher, 1879-1882, 3 vol. in-8°.

Du même, *François de Chastillon, comte de Coligny* [le fils de l'Amiral]. Paris, Fischbacher, 1886 in-8°, 501 pages et fac-similé.

Desclozaux, *Gabrielle d'Estrées, marquise de Monceaux, duchesse de Beaufort*. Paris, Champion, 1889, in-8°, viii-447 pages.

Du même, *Observations critiques sur les OEconomies royales* [de Sully]. *Revue historique*, t. LI (janvier-avril 1893), p. 275 à 285 ; et t. LII (mai-août, p. 43 à 52, et p. 316 à 322).

Discours véritable du massacre plus qu'inhumainement exercé le treiziesme jour d'août 1595 sur l'Église réformée de la Chastaigneraie en Poitou... Imprimé nouvellement 1595, petit in-8°. (Cf. B. Fillon, Recherches sur Fontenay, 1846, p. 231-232, et mon chap. x, § 1, p. 110-114 du 2° vol.).

Duplessis-Mornay, *Mémoires et Correspondance*, publiés par La Fontenelle de Vaudoré et Auguis, en 12 volumes in-8°, Paris, 1824 (chez Treutel et Würtz). Le tome I contient les *Mémoires de Madame de Mornay* (Charlotte Arbaleste) sur la vie de son mari. Les *Mémoires* (ou papiers) de Duplessis-Mornay subsistent en manuscrits (copies faites sous ses yeux par ses secrétaires, avec des annotations de sa main) en 11 volumes in-f° à la Bibliothèque de la Sorbonne (manquent les tomes I, II, IV, et tout ce qui est au-dessus de XIV = 1616).

Ernest Dupuy, *Bernard Palissy, l'homme, l'artiste, le savant, l'écrivain*. Paris, Lecène-Oudin et Cie, 1894, in-18, 334 pages ; 2° édition en 1902.

Faurin (chaussetier), *Journal sur les guerres de Castres* (de 1530 à 1631). Ed. Ch. Pradel 1878. [Cf. *Bulletin de la Société de l'Histoire du Protest. franç.*, t. III (1854), p. 623 à 638 : ce journal a été transcrit presque en entier par *Jean de Bouffard, sieur de Madiane*, avocat en la chambre de l'Édit à Castres, puis capitaine de cent hommes d'armes au service de Rohan, et consul de Castres en 1622, chargé de plusieurs missions honorables et délicates. Très renseigné sur les faits et gestes de Rohan pendant cette période critique pour le Parti, de 1621 à 1629, qu'embrassent ses *Mémoires* personnels.]

Chanoine Pierre Féret, *Le Cardinal du Perron, orateur, controversiste, écrivain* ; étude historique et critique. Paris, Didier, 1877, in-8°, xvi-452 pages.

Benjamin Fillon, *Recherches historiques et archéologiques sur Fontenay*. Fontenay, Nairière, Fontaine, 1846, in-8°.

Du même, *Documents pour servir à l'Histoire du Bas-Poitou et de la Révolution en Vendée*. Fontenay-le-Comte, chez Robuchon, 1847, in-8°.

B. Fillon et O. de Rochebrune, *Poitou et Vendée. Études historiques et artistiques* publiées par livraisons, avec de nombreuses illustrations. Fontenay-le-Comte, Robuchon, et Niort, Vve Clouzot, de 1861 à 1865, pour les dix premières livraisons. Les XI° et XII° en 1887. Le tout formant 2 vol. in-4° où chaque étude est paginée à part.

Forneron, *Les Ducs de Guise et leur époque*. Paris, Plon, 1877, 2 vol. in-18 (2 vol. in-16 dans l'édition de 1893).

Alfred Franklin, *Les Grandes scènes historiques du XVI° siècle*. Reproduction fac-similé des gravures exécutées au cours des événements par Tortorel et Périssin. Paris, Fischbacher, 1886, in-f°. Édition faite sous la direction de A. Franklin, qui a rédigé une partie des notices (sur le supplice d'Anne du Bourg, l'entreprise d'Amboise, l'armement au xvi° s., etc.). Les autres dues à des collaborateurs : E. Bonnafé (le mobilier au xvi° s.), J. Bonnet, F. Baudry, E. Lechevallier-Chevignard (le costume en France, d'après les gravures de T. et P.), M. Colas, J. Cousin, C. et R. Dareste, Delaborde, G. Ducoudray, Th. Dufour, P. Lacombe (la tactique au xvi° s.), L. Lalanne, A. Laugel, E. Lavisse (Vassy), Ch. Lenient (pamphlets politiques), Aug. et Ch. Molinier, M. Nicolas, A. Pagès (poètes à la Cour des Valois), A. Rambaud, A. Réville, C. Ruellens (l'assassinat de François de Guise en février 1563), L. Tanon (bataille de Jarnac, 13 mars 1569), J. Tessier, Ch. Waddington (bataille de Saint-Denis, 10 nov. 1567). [Ces planches avaient paru isolément à Genève en 1569-1570, mais étaient numérotées et destinées à former un recueil sous le titre : *Le premier volume contenant quarante tableaux... touchant les guerres, masssacres et troubles advenus en France en ces derniers années*, c'est-à-dire de 1559 à 1570. Ce sont des illustrations polémiques, mais d'une inappréciable valeur. Cf. Hauser, *Les Sources de l'Histoire de France*, xvi° siècle, t. III, art. 1473].

Jacques Gaches, consul de Castres en 1596 et 1601. *Mémoires*, de 1535 (en réalité 1560) à 1610, publiés par Ch. Pradel. Paris, 1879, in-8. [Récit huguenot assez modéré, très vivant. Cf. mon chap. vii, § 1, p. 317 du 1ᵉʳ vol., la Ligue de 1585, la lettre d'alerte envoyée par Henri III au Roi de Navarre.] Il y a *une suite* aux Mémoires de Gaches, de 1611 à 1620, peut-être faite par son fils (cf. *Bulletin de la Société de l'Histoire du Protest. franç.*, t. III, 1854, p. 633).

Jehan de Gaufreteau (cy-devant conseiller au Parlement de Bordeaux, et commissaire aux requestes du Palais) : *Chronique bourdelaise*, publiée par Delpit, Bordeaux (Société des Bibliophiles de Guyenne) 1876-1878, 2 vol. in-8, t. I : 1240 à 1599, t. II : 1600 à 1638. [Il écrit en 1632. Notes éparses, sans ordre ni chronologie. Catholique sans fanatisme.]

H. Gelin, *Le Synode provincial du haut et bas Poitou tenu à Saint-Maixent le 28 avril 1593* [où d'Aubigné prétend avoir redressé le Parti : cf. mon chap. x, § 1, p. 95 à 99 du 2° vol.]. Article du *Bulletin de la Société de l'Histoire du Protest. franç* janv.-fév. 1911, t. LX, p. 43 à 60.

S.-C. Gigon (Stéphane-Claude, sous-intendant militaire), *La Bataille de Jarnac et la Campagne de 1569 en Angoumois*. Angoulême, Imprimerie de G. Chasseignac, 1895, in-8, 155 pages et carte. [Extrait du *Bulletin de la Société histor. et archéol. de la Charente*, 1895. — Compte rendu et discussion dans le *Bulletin de la Société de l'Histoire du Protest. franç.*, t. II, 1903, p. 143 à 160, par H. Patry, *La Bataille de Jarnac, la Campagne de 1569 et le rôle de Coligny, d'après des travaux récents*].

Du même, *La Troisième guerre de religion. Jarnac, Moncontour (1562-1569)*. Paris, H.-Charles Lavauzelle, 1911, in-8, 409 pages, figures, plans et cartes.

Guillaume Girard, *Histoire de la vie du duc d'Epernon.* Paris, 1563, 3 vol. in-12.

Anth. de Guynant, *Discours de la maladie et de la mort de Charles, cardinal de Bourbon* [Charles X, le roi de la Ligue] avec le rapport des médecins et chirurgiens. Paris, Rolin-Thierry, 1594, in-8.

Gabriel Hanotaux, *La Crise européenne de 1621.* I, Le Problème protestant en Europe, les affaires de la Valteline. *Revue des Deux Mondes,* 1er janvier 1902, p. 5 à 44. II, Luynes et le Parti protestant. *Revue des Deux Mondes,* 1er fév. 1902, p. 431 à 507. Articles reproduits avec quelques additions et variantes au tome II (2e partie) de son *Histoire du cardinal de Richelieu.* (Paris, Firmin-Didot, 1893-1903, in-8), p. 357 à 405 et 407 à 443.

H. Hauser, *François de La Noue (1531-1591).* Paris, Hachette, 1892, in-8, 337 pages.

Du même, *Les Sources de l'Histoire de France.* xvie siècle, t. II, III et IV : II, François Ier et Henri II (1515-1559) ; III, Les Guerres de religion (1559-1589) ; IV, Henri IV (1589-1610). Paris, A. Picard, 1909, 1912 et 1916, in-8.

Henri Hello, *Catholiques et Protestants au XVIe siècle. La Saint-Barthélemy.* Paris, Bloud et Barral, 1899, in-16.

Henri IV, *Recueil de Lettres missives* publié par *Berger de Xivrey,* dans la *collection des Documents inédits sur l'Histoire de France,* in-4. Les sept premiers tomes ont paru de 1843 à 1858 ; les tomes VIII et IX (suppléments et notice par *Guadet, Henri IV et sa correspondance,* table générale des matières) en 1872 et 1876.

Hotman, *Vie de Coligny.* Traduction de la version latine (s. l. 1875) en français, Leyde, 1643, chez B. et A. Elzévir, petit in-12.

Pasteur H. Jolly, *Histoire particulière des plus mémorables choses qui se sont passées à Montauban* (siège de 1621). Leyde, 1623.

L.-H. Labande, *Correspondance de Montaigne avec le maréchal de Matignon (1582-1588).* Nouvelles lettres inédites. *Revue du XVIe siècle,* t. IV (1916), p. 1 à 15.

Ch. Labitte, édition de *la Satyre Ménippée.* Paris, 1840, in-18 ; réimprimée en 1880.

H. de La Ferrière, *Trois amoureuses au XVIe siècle* (Françoise de Rohan, Isabelle de Limeuil, la reine Margot). Paris, Calmann-Lévy, 1885, in-12.

Du même, *La Saint-Barthélemy,* la veille, le jour, le lendemain. Paris, 1892, in-8.

La Force (Jacques Nompar de Caumont, duc de), *Mémoires authentiques...* publiés par le marquis de La Grange, Paris, 1843, 4 vol. in-8. Le tome I va de 1572 à 1610, et contient en appendice (à partir de la page 233) les correspondances et documents de la même période. [Voir sur la façon dont a été constituée cette édition mon chap. vii, § 1, t. I, p. 328-329 à propos de la conférence de Guitres, fin mai 1585, à laquelle la Force assista avec d'Aubigné. — Les *Mémoires* de la Force sont une source précieuse surtout pour le règne de Henri IV sur deux points : sur les affaires du Béarn, dont il était gouverneur, et sur le procès de Biron, son beau-frère, qu'il essaya vainement de sauver].

B. de Lagrèze, *Henri IV, Vie Privée.* Paris, Didot, 1885.

J.-A. Lalot, *Essai historique sur la Conférence tenue à Fontainebleau, entre Duplessis-Mornay et Duperron, le 4 mai 1600.* Paris, Fischbacher, 1889, in-8º.

François de la Noue (dit Bras de Fer), *Discours politiques et militaires,* on pourrait ajouter « moraux » car les préoccupations du moraliste et du croyant (huguenot) ne sont jamais absentes. Vingt-six discours publiés à Bâle en 1587 par du Fresne-Canay e (à Genève, même date. Rééditions : Bâle, 1588; la Rochelle, 1590 ; Lyon 1595 ; s. l. 1612). Seul le XXVIe est un récit à peu près suivi d'Histoire (de l'Édit de janvier 1562, à la paix de 1570). Aussi est-ce le seul qui ait été réédité dans les collections de Mémoires historiques (Buchon, t. XII ; Michaud et Poujoulat, t. IX ; Petitot, t. XXIII et XXIV). Mais le 1er et le 2e fournissent aussi des matériaux à l'Histoire en décrivant — comme introduction aux réformes proposées — l'état présent de la France. Les Discours sur la Noblesse (plusieurs) et l'armée (toute une série) sont des documents précieux sur les mœurs du temps.

La Popelinière (Lancelot Voisin de), *Histoire de France depuis l'an 1550*. La Rochelle 1581, 1 vol. in-f°. Protestant, il faisait profession d'impartialité, aussi eut-il des difficultés avec les églises : le Synode National de la Rochelle condamna son Histoire, le 9 juillet 1581. D'Aubigné l'accuse formellement de prévarication, tout en rendant hommage à ses mérites (cf. *Préface de l'Histoire Universelle*, éd. Ruble, t. I, p. 3 à 5, et au même tome, p. 371 à 376, un appendice de Ruble sur la condamnation de la Popelinière). Je le cite d'après l'édition de 1582 (s. l.) 3 tomes en 4 volumes.

Ph. Lauzun, *Le Château de Nérac*. Agen, 1896.

Du même, *Itinéraire de Marguerite de Valois en Gascogne (1578-1586)*. Picard, 1902, 8°.

Ledain, *Étude sur les maires de Poitiers de 1200 à 1608. Mémoires de la Société des Antiquaires de l'Ouest*, 2e série, t. XX (1897), p. 215 à 770. La période qui nous intéresse commence à la page 554.

Legrain, *Décades contenant la vie et les gestes de Henry le Grand*, 1559-1610. Paris, 1614, in-f°.

Le Riche (Guillaume et Michel, père et fils, avocats du Roi à Saint-Maixent), *Journal*, p. p. La Fontenelle de Vaudoré, Saint-Maixent. Reversé, 1846, in-8. [Le Journal de Guillaume va du 7 avril 1534 au 13 février 1547. Celui de Michel, le seul que j'utilise, de mars 1559 à décembre 1586. A la suite un appendice fait par un fils de Michel, qui avait repris la plume le 14 mai 1610, après l'assassinat d'Henri IV, mais ne persévéra pas et s'arrêta le 25 octobre 1611].

Pierre de l'Estoile, *Mémoires-Journaux*, édition pour la première fois complète et entièrement conforme aux manuscrits originaux, p. p. MM. G. Brunet, A. Champollion, E. Halphen, Paul Lacroix, Charles Read, Tamizey de Larroque et Ed. Tricotel. Paris, Librairie des Bibliophiles, en 11 volumes, 8°, de 1875 à 1883. (Vol. I, II, III : *Journal de Henri IV*. Vol. IV : *Les Belles Figures de la Ligue*. Vol. V à XI : *Journal de Henri IV*). Un 12e volume contenant une notice sur Pierre de l'Estoile, la table générale alphabétique (il y a une table analytique à la fin de chaque volume) et des appendices, a paru chez A. Lemerre en 1896.

J. Loiseleur, *La Mort du second Prince de Condé* [le fils du héros de Jarnac, le grand-père du Grand Condé, mort le 5 mars 1588, et que sa veuve Charlotte-Catherine de la Trémoïlle fut accusée d'avoir empoisonné avec la complicité d'un page Belcastel, qui serait le père de l'enfant posthume né le 1er septembre 1588. La question de la légitimité de la descendance des Condés se trouve donc impliquée dans ce procès, judiciaire d'abord, puis historique.] *Revue historique*, t. I (1876), p. 410 à 437.

Du même, *Nouvelles controverses sur la Saint-Barthélemy*. *Revue historique*, t. XV (1881), p. 83 à 109.

Du même, *Trois énigmes historiques*, la Saint-Barthélemy, l'Affaire des poisons et Mme de Montespan, le Masque de fer, devant la critique moderne. Paris, 1882, in-18.

P. Marchegay, *Documents historiques sur les Provinces de l'Ouest* : 1er vol., 1857, 2e vol., 1872, intitulé : *Notices et pièces historiques sur l'Anjou, l'Aunis et la Saintonge, la Bretagne et le Poitou*. [Parmi les notices un article — qui avait déjà paru dans deux publications antérieures — sur le démantèlement des fortifications de la ville et du château de Montaigu, en 1581 — la place d'Aubigné], 3ᵉ vol., 1876.

Marguerite de Valois [*la Reine Margot*, première femme d'Henri IV] : *Mémoires*, éd. Gues sard pour la Société d'Histoire de France, 1 vol. 8°, 1842.

J.-H. Mariéjol, *Tome VI en 2 volumes de l'Histoire de France*, depuis les origines jusqu'à la Révolution, publiée sous la direction d'Ernest Lavisse. (Vol. I : La Réforme et la Ligue, l'Édit de Nantes, 1559 à 1598. Vol. II: Henri IV et Louis XIII, 1598 à 1643.) Paris, Hachette, in-4.

Pierre Matthieu [historiographe de France, catholique bourbonien], *Histoire de France sous les règnes de François Iᵉʳ,... Henri IV et Louis XIII*, publiée par son fils J. B. Matthieu, Paris, 1631, 2 vol in-f° (le tome I s'arrête à 1589).

Mémoires de l'Estat de France sous Charles le neufviesme, publiés par Simon Goulart, le pasteur Genevois (connu aussi sous le pseudonyme de Samuel du Lys). Collection de documents choisis, classés et au besoin découpés de façon tendancieuce. Je renvoie à la seconde édition, Meidelbourg, Heinrich Wolf 1578. 3 vol. in-8°.

Mémoires de la Ligue *contenant les évènements les plus remarquables depuis 1576 jusqu'à la paix accordée entre le Roi de France et le Roi d'Espagne en 1598*. Collection de documents empruntés à tous les partis, faite également par Simon Goulart. Je renvoie à l'édition d'Amsterdam, 1758, 6 vol. in-4°. [Notamment au tome II, pour l'entreprise d'Angers, cf. mon chap. vii, § 1, vol. I, p. 336 et sq. ; pour les conférences de Sainte-Brice en décembre 1586, cf. mon chap. vii, § 2, même vol. p. 363 et sq. ; pour Coutras, cf. mon chap. vii, §3; pour l'assaut donné par les Ligueurs à d'Epernon dans son château d'Angoulême en août 1583, cf. mon chap. vii, § 4, 1ᵉʳ vol., p. 392 ; pour le siège de Beauvoir-sur-Mer. en octobre, cf. ibidem p. 394 et sq. ; — au tome III pour les manifestes des deux Rois sur la trève de Plessis-les-Tours, en avril 1589, cf. mon chap. viii, § 1, p. 7 et 8 du 2ᵉ vol. ; — au tome IV, pour les combats d'Arques de septembre 1589, cf. mon chap. ix, § 1, 2ᵉ vol., p. 38; pour la campagne d'hiver qui suit, et la bataille d'Ivry, 14 mars 1590, cf. ibidem, p. 48 à 50 ; pour le siège de Paris de 1590, cf. ibidem, p. 51 et sq.].

Ch. Merki, La Reine Margot et la fin des Valois. Paris, Plon, 1905, in-8°.

Du même, *L'Amiral de Coligny, la Maison de Châtillon et la révolte protestante, 1519-1572*, Paris, Plon-Nourrit et Cie, 1909, in-8°, xii-487 pages, portrait. [Hostile à Coligny, cf. compte rendu et discussion par Rod. Reuss dans le *Bulletin de la Société de l'Histoire du Protestantisme français*, janvier-février 1910, t. LIX, p. 76 à 87.]

H. Mosso, *Un document sur la Saint-Barthélemy*, Revue de Paris, 15 août 1908, t. IV, p. 770 à 794; et *La Version du duc d'Anjou* [le futur Henri III] *sur la Saint-Barthélemy*, Revue historique, juillet-août 1909, t. CI, p. 316 à 326.

Nevers (Louis de Gonzagues, duc de), *Mémoires*. Ed. de 1665, 2 tomes in-f°. Compilation de pièces rassemblées au xviiᵉ siècle par de Gomberville, et qui sont d'inégale valeur et authenticité.

Edward W. B. Nicholson, *Ordine della solennissima processione fatta dal sommo Pontifice nell'alma citta di Roma, per la felicissima nova della destruttione della setta ugonotana*. Photolitograph of this most rare pamphlet printed at Rome in 1572 from the copy in the Bodleian library Oxford, issued with an introductory note. London, 1891, in-8° pièce.

Comtesse d'Armaillé, *Catherine de Bourbon*, Paris, Didier, 1872.

Henri Ouvré, *Essai sur l'histoire de la Ligue à Poitiers. Mémoires de la Société des antiquaires de l'Ouest*, 1ʳᵉ série, t. XXI (1854), p. 85 à 243.

J. Pannier, *L'Église réformée de Paris, sous Henri IV*. Paris, Champion, 1911, in-8° de 688 pages.

Du même, *L'Église réformée de Paris sous Louis XIII*. Paris, Champion, 1922, in-8° de 754 pages.

G. Pélissier, *La Vie et les Œuvres de Du Bartas*. Paris, 1883, in-8°.

Ch. Pfister, *Les Œconomies royales de Sully et le Grand Dessein de Henri IV*. Revue Historique, année 1894, t. LIV (janvier-avril), p. 300 à 324 ; t. LV (mai-août), p. 67 à 82 et 289 à 302 ; t. LVI (septembre-décembre), p. 39 à 48 et 304 à 339.

Poirson, *Histoire du règne de Henri IV*. Paris, Colas, 1856, 2 tomes en 3 vol. in-8° (le 2e tome comprenant 2 vol.).

Ch. Read, *Daniel Chamier*. Paris, Agence centrale de la Société de l'Histoire du Protestantisme français, 1858, in-8° de 475 pages, plus les tables. [Daniel Chamier est le pasteur de Montélimar, qui se rencontra avec d'Aubigné à Paris, en décembre 1607 et janvier 1608, au moment où s'agitaient des projets de rapprochement des deux religions, catholique et protestante. Cf. mon chap. xii, § 4, p. 334 et sq. du 2e vol. M. Read avait déjà publié son *Journal de voyage* dans le *Bulletin de la Société de l'Histoire du Protestantisme français*, t. II, 1853, p. 292 à 320 et 430 à 446. Il le réédite dans ce volume, qui contient en outre une *Biographie anglaise* de Chamier par le pasteur John Quick, texte et traduction, et de nombreux appendices.]

F. Robiou, *Essai sur l'Histoire de la littérature et des mœurs pendant la première moitié du xvii° siècle* [volume déjà cité, 3e section, B, ci-dessus, p. 208. Au chapitre iii, § 12, Les Protestants sous la régence de Marie de Médicis ; § 18, L'affaire de Béarn et la guerre qui s'ensuivit].

O. de Rochebrune, *Les gentilhommières en Bas-Poitou aux xve xvie et xvii° siècles*. Revue du Bas-Poitou, t. IV, 1891, p. 5 à 11 et p. 247 à 258 avec la réimpression du poème de Nicolas Rapin : *Les plaisirs du gentilhomme champêtre*. [M. de Rochebrune habitait à Terre-Neuve, la propriété de Nicolas Rapin, près de Fontenay-le-Comte.]

Duc de Rohan, *Mémoires*. Collection Michaud et Poujoulat, t. V de la 2e série.

Lucien Romier, *La Saint-Barthélemy, les événements de Rome et la préméditation du massacre*. Revue du xvi° siècle, t. I (1913), p. 529 à 560.

Du même, *Les Origines politiques des guerres de religion*. Paris, Perrin, 1913-1914, 2 volumes in-8° raisin.

Du même, *Le Royaume de Catherine de Médicis, la France à la veille des guerres de religion*. Paris, Perrin, 1922, 2 vol. in-8° écu.

Du même, *La Conjuration d'Amboise, l'aurore sanglante de la liberté de conscience, le règne et la mort de François II*. Paris, Perrin, 1 vol. in-8° écu.

Du même, *Catholiques et Huguenots à la Cour de Charles IX*. Paris, Perrin, 1924, 1 vol. in-8° écu.

Comte Léo de Saint-Poncy, *Histoire de Marguerite de Valois*. Paris, Gaume, 1887, 2 vol. in-18.

Samazeuilh, *Nérac et Pau*. Agen, 1854.

Ch. Sanzé, *Les Conférences de la Mothe-Sainte-Héraye entre Henri de Navarre et Catherine de Médicis (1582)*, Paris, Librairie historique des Provinces, édité par F. Le Chevalier, 1895, 43 pages in-f°.

Baron de Schickler (président de la Société de l'Histoire du Protestantisme français), *Pages relatives à Madame (Catherine de Bourbon)* dans le rapport présenté à la 53e assemblée générale de la Société, tenue à Nancy le 12 mai 1908. *Bulletin de la Société de l'Histoire du Protestantisme français*, t. LVII (1908), p. 303 à 309.

Sorbin de Sainte-foy, *Oraison funèbre de très haut Charles IX, propugnateur de la foy... à Nostre-Dame en Paris, 12 juillet...*, Paris, 1574, in-8° [Panégyrique stigmatisé par d'Aubigné dans *les Tragiques*, édition Réaume, t. IV, p. 75, et raillé dans *le Sancy*, Réaume, t. II, p. 360 à 364. Cf. mon chap. xi, § 3, p. 193 du 2ᵉ vol.].

Sourdeval, *Beauvoir-sur-Mer*. Article de la *Revue de l'Ouest*, 5ᵉ année, septembre 1857, p. 7 et sq. [Il y est question du siège de Beauvoir-sur-Mer, auquel d'Aubigné a pris part en octobre 1588. Cf. mon chap. vii, § 4, p. 397 à 400 du 1ᵉʳ vol.]

Sully, *Œconomies royales*. Collection Michaud et Poujoulat. 2ᵉ série, 2 vol. [Sur la façon dont ces Mémoires ont été composés, arrangés, puis publiés, cf. Hauser, *Sources de l'Histoire de France*, xvɪᵉ siècle, t. IV. p, 24 et sq., art. 2574. M. Hauser, même tome, p. 46, émet l'hypothèse d'une sorte de concert, tout au moins de communications, entre d'Aubigné aigri et Sully disgrâcié, au moment où ils composaient l'un son *Histoire Universelle*, l'autre ses *Mémoires* Cela me paraît invraisemblable : les deux hommes ont toujours été mal ensemble.]

Tamizey de Larroque, *La Lettre du vicomte d'Orthe à Charles IX. Revue de Gascogne*, t. XXIII, p, 453 à 457 (1882). [Le texte que donne d'Aubigné, *Histoire Universelle*, édition Ruble, t. III, p. 354, serait apocryphe. Cette question d'authenticité avait donné lieu à une longue controverse dans le *Bulletin de la Société de l'Histoire du Protestantisme français*, cf. t. I (1852) p. 208 à 211 et 488 à 490 ; au tome XI (1862), p. 13 à 25, reproduction d'une dissertation de M. Samazeuilh de Nérac en faveur de l'authenticité, qui avait déjà paru dans *le Messager de Bayonne* du 14 novembre 1859 ; au tome XII (1863), p. 239 à 242, discussion des objections de M. Ed. Fournier. — M. Tamizey de Larroque, dans l'article mentionné, public la lettre authentique datée du 31 août 1572, et conservée dans un manuscrit de la Bibliothèque nationale, Fonds français 15555, fᵒ 60.]

Jacques-Auguste de Thou, *Histoire Universelle* [depuis 1544 jusqu'en 1607. De Thou n'a publié de son vivant, de 1604 à 1609, que les 80 premiers livres comprenant quarante années, de 1544 à 1584. Le reste est posthume, 1620.] Je renvoie à l'édition de Londres de 1734, en 16 vol. in-4°, traduction française faite sur l'édition latine.

Dom Vaissète et Dom Cl. Devic, *Histoire générale du Languedoc*. Toulouse, édition Privat, 1872 à 1892, 15 vol. in-4°.

John Viénot, *Histoire de la Réforme française des Origines à l'Édit de Nantes*. Paris, Librairie Fischbacher, 1926, 1 vol. in-4.

Comte de Villeneuve-Bargemont, *Notice historique sur la ville de Nérac.* Agen, 1807, in-8°, 150 pages.

Villeroy (Nicolas de Neufville, seigneur de), *Mémoires* (de 1567 à 1604). La 1ʳᵉ édition est de 1622 in-4°. Le meilleur texte est celui de la collection Michaud et Poujoulat, t. XI de la 1ʳᵉ série, 1838. Mais je renvoie dans mon chap. vi, § 3, p. 304, du 1ᵉʳ vol., note 2, à l'édition in-12 d'Amsterdam, 1725, pour un document qui ne se trouve pas dans Michaud et Poujoulat.

N. Weiss, *Les lieux d'assemblée huguenote à Paris avant l'Edit de Nantes* (1524-1598). Étude publiée dans le *Bulletin de la Société de l'Histoire du Protestantisme français*, t. XLVIII (1899), pp. 138-164.

Du même, *La Prétendue trahison de Coligny* [le Traité de Hampton-Court de septembre 1562] *Bulletin de la Société de l'Histoire du Protestantisme français*, t. XLIX (1900), p. 37-47. La question reprise en 1904 à propos de la publication par l'abbé Métais d'un document accusateur dans le *Bulletin historique et philologique du Comité des Travaux historiques et scientifiques* de l'année 1902 (compte rendu paru en 1903, p. 440-448). Riposte de N. Weiss, *Une prétendue ratification du Traité de Hampton-Court, Bulletin de la Société de l'Histoire du Protestantisme français*, t. LIII (1904), p. 67-70. Réplique de l'abbé Métais, même tome, p. 186-192.

Du même, *L'Origine et les derniers jours de Bernard Palissy, d'après deux textes inédits. Bulletin de la Société de l'Histoire du Protestantisme français*, septembre-octobre 1912, t. LXI, p. 389 et sq. [Ces deux inédits sont deux pièces des registres d'écrou de la Conciergerie du Palais de Justice, qui remontent au milieu du xvi⁰ siècle.]

Du même, *Les origines historiques de l'idée de la Société des Nations. Bulletin de la Société de l'Histoire du Protestantisme français*, t. LXX (1921), p. 118 à 120. [M. Weiss remonte au *Grand Dessein* de Sully, dont les *OEconomies royales* ne fourniraient qu'une amplification et un délayage, mais qui se trouverait sous sa forme authentique dans un document autographe existant au château de Peseau, chez des descendants d'un secrétaire de Sully, et publié par le marquis de Vogüé en 1884 dans les *Notices et Documents de la Société d'Histoire de France*, à l'occasion de son cinquantième anniversaire, p. 387 à 408. Sully aurait repris les idées de Coligny.]

A. W. WHITEHEAD, *Gaspart de Coligny admiral of France*. London, Methuen, 1904, in-8°, ix-387 pages, planches et cartes.

POST-SCRIPTUM POUR LA DEUXIÈME SECTION

Je signale une bibliographie de d'Aubigné qui vient de paraître dans le 1⁰ʳ et le 2⁰ fascicules d'une publication fort intéressante (*Bibliographie d'éditions originales et rares d'auteurs français des xv⁰, xvi⁰, xvii⁰ et xviii⁰ siècles*, par AVENIR TCHEMERZINE, Paris, Plée, 1927). Ce qu'il y a de plus neuf dans l'article consacré à d'Aubigné, c'est un inventaire minutieux des *Recueils collectifs* (publiés entre 1576 et 1627 : *Isabelle, La Puce, Les Muses françaises ralliées, Les Fleurs, Le Parnasse, Les Muses gaillardes, Le Temple d'Apollon, Le Cabinet des Muses, La Cresme des bons vers, Le Séjour des Muses*) où avaient été données des poésies isolées de d'Aubigné. Ce sont d'ailleurs presque toujours les mêmes qui reviennent, et le butin se réduit à onze pièces, dont six se retrouvent dans l'édition Réaume et de Caussade, et une dans l'Appendice à l'*Histoire Universelle*, ajouté après la mort d'Henri IV. — Je relève dans la bibliographie des grandes œuvres la multiplicité des éditions supposées des *Tragiques*. M. Tchemerzine croit pouvoir dater l'édition s. l. n. d. de 1620, et de Maillé (chez Jean Moussat, comme la première). Il la distingue de l'édition de Genève, qu'il dédouble elle-même en deux : ce sont là hypothèses arbitraires.

INDEX ALPHABÉTIQUE ET ANALYTIQUE

A

Abbeville (Somme), II, 103, n° 2.

Abin ou Abain (Louis Chasteigner, sgr d'), de la Rochepozay, de Touffou, baron de Preuilly, de Malval, chevalier des Ordres du Roi, conseiller en ses conseils, capitaine de 50 hommes d'armes, gouverneur et lieutenant-général de la haute et basse Marche, II, 88-89.

Achon (le chevalier d'), capitaine de chevau-légers, I, 47, 48, 49, 57.

Ade (Josué de Caumont d') ou *Dadou*, gendre de d'Aubigné : son contrat de mariage (du 5 décembre 1613) avec Marie d'Aubigné, l'aînée des deux filles, III, 29-30 ; assiste d'Aubigné dans la seconde révolte du Prince de Condé contre la Régence (1615), 34 ; contre les attentats de son fils Constant, 68 ; sa conduite équivoque pendant le siège de Montauban en 1621, 104-106 ; va à Genève voir son beau-père en 1622, 126 ; perd sa femme et se remarie, 151-152 et n° 2.

Adrets (François de Beaumont, baron des), capitaine protestant, I, 115.

Agen (Lot-et-Garonne), I, 202, 211-213, 228, 334 ; II, 217.

Aillé (Mr d'), III, 82-83.

Alais (Gard), la paix de grâce d'Alais (28 juin 1629), III, 174.

Albe (Ferdinand Alvarez de Tolède, duc d'), 1508 † 1582, I, 67-68, 74, 111, 113 n°, 277.

Albigeois, ancêtres des Protestants au xiiie siècle, II, 214.

Albret (Jeanne d'), la mère d'Henri IV : amène son fils à la Rochelle, I, 75 ; le présente à l'armée, 83 ; sa mort, 119-120 ; les circonstances de cette mort rappelées dans *les Tragiques* (Fers), II, 218 ; elle avait proscrit le catholicisme en Béarn, III, 53.

Alençon (Orne), I, 190-191.

Alincourt (Charles de Neufville, marquis d'), le fils du secrétaire d'État Villeroy, III, 119.

Allemagne (Princes protestants d') : alliance avec le Roi de Navarre en 1587, I, 365, 366, 384-385 ; interviennent en faveur de Bouillon, II, 313 et 317, n° 5 ; l'Union Evangélique, 353 ; l'ouverture de la succession de Clèves, 353 ; l'Union paralysée par Luynes, III, 91 ; relations de d'Aubigné avec les Princes allemands, 79, 102-103. — *Voir* Anhalt, Brunswick, Casimir, Frédéric V, Mansfeld, Ségur-Pardaillan.

Amboise (Indre-et-Loire) : la paix d'Amboise après la 1re guerre, I, 20 ; la conjuration

De petites assemblées réduites autorisées à subsister après la grande, pour surveiller l'exécution de l'Édit, à Châtellerault jusqu'au 25 octobre 1599, à Saumur du 24 novembre 1599 au 31 mai 1601 : leurs protestations contre les retranchements de l'Édit vérifié (au Parlement de Paris, le 25 février 1599), et contre certaines inexécutions, II, 144, 147, 310.

L'Assemblée de Sainte-Foy (16 au 29 octobre 1601) autorisée pour élire les premiers députés généraux en Cour, fixe le règlement de la Députation générale, et désigne MM. de Saint-Germain et Desbordes-Mercier, 310-311.

L'Assemblée de Châtellerault de 1605 (25 juillet-9 août) convoquée pour leur remplacement : Rosny, gouverneur du Poitou (depuis 1603), délégué du Roi à l'Assemblée, exige présentation de 6 candidats ; le Roi nomme (brevet du 7 août) MM. Ducros et La Noue (Odet de la Noue, le fils de *Bras-de-Fer*) et accorde (brevet du même jour) prorogation des places de sûreté pour 4 ans (qui ne commenceront à courir qu'en août 1608), II, 321 à 332.

L'Assemblée de Jargeau (1er au 16 octobre 1608) propose 6 candidats à la Députation générale, ce que n'avait pas voulu faire le Synode de la Rochelle (en mars 1607) ; désignation de MM. de Villarnould (gendre de Duplessis), et Mirande ; réponses favorables aux cahiers de requêtes, II, 351.

L'Assemblée de Saumur de 1611, accordée pour le remplacement des Députés généraux en exercice, s'ouvre le 27 mai 1611, présidée par Duplessis. Élaboration d'un nouveau Règlement général par une commission spéciale (dont faisait partie d'Aubigné). L'Assemblée prétend élire directement les deux Députés généraux ; la Régente résiste, l'assemblée se soumet, et présente 6 candidats (5 sept.) : MM. de Rouvray et de la Millière nommés ; prorogation des places de sûreté pour 5 ans à dater du 1er janvier suivant, III, 3-14. — Écho des discussions de Saumur dans les assemblées provinciales qui suivent ; cahiers de remontrances concertées envoyés à Paris (19 janv. 1612), 14-15.

L'innovation des *Assemblées de cercle* d'après le Règlement de Saumur : la première convoquée à la Rochelle pour un conflit local (à Saint-d'Angely) entre Rohan et le gouvernement royal (20 nov. 1612-14 janv. 1613) ; Duplessis s'entremet, 26-27.

L'Assemblée de Grenoble (juillet 1615) pour le remplacement des Députés généraux, sollicitée par Condé de se joindre à lui dans sa révolte contre le gouvernement de Concini. Elle se transporte à Nîmes (oct.) et adhère au mouvement. Transférée ensuite à la Rochelle (1er mars 1616) elle envoie des représentants au Congrès de Loudun (21 févr.-3 mai 1616), et obtient élection directe pour cette fois des Députés généraux ainsi que prorogation des places de sûreté pour 6 ans, III, 33 et sq.

Nouvelle Assemblée de cercle à la Rochelle (nov. 1616), la ville étant en conflit avec d'Épernon, gouverneur de la province, 40 et 42.

Assemblée de cercle à Orthez pour appuyer la résistance des États de Béarn à l'arrêt de restitution du 25 juin 1617, qui rétablit le catholicisme en Béarn dans tous ses droits et biens. L'Assemblée se transforme en générale (1618), puis se transporte à la Rochelle (début de 1619), 53-54. — Elle se sépare le 22 avril, sans avoir cherché à profiter de la querelle de Louis XIII avec sa mère, 63.

L'Assemblée de Loudun (25 sept. 1619-18 avril 1620) fait les mêmes difficultés que celle de Saumur de 1611 pour la présentation de 6 candidats à la Députation générale ; doit s'incliner, obtient nouvelle concession des places de sûreté pour 5 ans à dater du 1er janvier 1620, III, 69-70.

Lettre de d'Aubigné à l'Assemblée de Loudun (9 mars 1620) au sujet de la condamnation de son *Histoire universelle*, 71.

Après le coup de force de Louis XIII en Béarn, la Rochelle convoque une Assemblée générale, malgré l'interdiction du Roi. Elle s'ouvre le 25 décembre 1620, fait présenter au Roi en mars 1621 par les Députés généraux des cahiers de requêtes, qu'il considère comme factieux ; vote un nouveau Règlement des milices et des finances, qui crée une République fédérative sur le modèle des Provinces-Unies, III, 92-93 ; elle cherche des secours à l'étranger et envoie le sieur d'Avlas à d'Aubigné, à Genève, 101-104 ; autorise, mais gêne les négociations de Rohan avec Lesdiguières en vue de la paix (entrevue de Laval-Notre-Dame, près d'Alais, 25 mars 1622), 109 ; non consultée par La Force qui rend ses places au Roi, 118 ; en querelle avec le corps de ville de la Rochelle, 120 ; se résigne à la paix de Montpellier (oct. 1622), qui rétablit l'Édit de Nantes, mais ne rend pas les places perdues, et prescrit la démolition des fortifications dans les autres ; l'Assemblée se sépare le 13 novembre, III, 121.

ATRIE (Anna d'Acquaviva, demoiselle d'), comtesse de Châteauvillain, fille d'honneur de la Reine-mère, I, 199, 234.

AUBERT (Pierre), imprimeur-libraire de d'Au-

bigné à Genève, III, 156, 163-164, 175-176.

AUBERVILLIERS (Seine, arrondissement de Saint-Denis), II, 52, nº 3.

AUBIN D'ABEVILLE, juge d'Archiac, curateur d'A. d'Aubigné, I, 4, 24, 26, 31, 63, 67.

AUBIGNÉ (Jean d'), le père d'Agrippa, I, chap. I, § 1, p. 1-31, 32, 33, 34, 35, 36, 50, 52, 53, 55, 56 et 57 (bataille de Dreux), 58-59 (siège d'Orléans), 61-63 (la paix et sa mort).

AUBIGNÉ (Jeanne d'), tante d'Agrippa, I, 24, 25, 26.

AUBIGNÉ (Théodore-Agrippa) : sa naissance et sa famille, I, 1-31 (chap. I, § 1) ; la scène d'Amboise, 34 ; il est mis en pension chez Béroald à Paris, 34-36, 40, 43 ; l'exode à Orléans, où il retrouve son père, 47-53, 57-59 ; la mort du père, 62-63 ; — d'Aubigné orphelin, son curateur l'envoie à Genève dans la famille Sarrasin, 63-66 ; — la fuite à Lyon et le retour en Saintonge, 66-67, où il est témoin des combats de la seconde guerre, 71-72 ; — il s'échappe de chez son curateur au début de la 3e guerre, et s'engage dans la compagnie d'Asnières, 75-76 ; le baptême du feu, à Angoulême, à Pons, aux escarmouches de Jazeneuil, 77-79 ; il assiste à la bataille de Jarnac (13 mars 1569) et à la mort du 1er Prince de Condé, 81-82 ; il va se battre en Fronsadois, et manque la bataille de Moncontour, 84; il devient enseigne de la compagnie d'Asnières et se signale à la défense d'Archiac, au siège de Cognac, de Pons, de Saintes, 88-90 ; — son roman d'amour avec Diane de Talcy, la 1re phase, avant la Saint-Barthélemy, 91-110 (chap. III, § 1) ; — il recrute des soldats pour la guerre de Flandre, 110-113 ; — témoin du mariage de Navarre à Paris (18 août 1572), 114-115 ; — échappe à la Saint-Barthélemy, 110-116 ; ce qu'il en rapporte, sa version des arque-

Saint-Symphorien par Mayenne (8 mai), 9, 13-14 ; il suit l'armée des deux rois de la Loire jusqu'à Paris, 16-19 ; — les préparatifs de l'attaque de Paris, un exploit d'Agrippa d'Aubigné, le combat singulier du Pré-aux-Clercs, 1er août 1589 (peu avant l'assassinat d'Henri III), 19-22 ; — cet exploit rapporté au Roi blessé, 25 ; — un conseil tenu dans la nuit à Meudon, au quartier du Roi de Navarre, 28 ; — l'oraison funèbre d'Henri III dans l'*Histoire universelle*, 29 ; — d'Aubigné accompagne son maître à Saint-Cloud, le 2 août au matin, les manifestations d'hostilité de certains seigneurs catholiques contre le Roi huguenot, l'entretien « de la Garde-Robe » où d'Aubigné le réconforte, 30-33 ; — la démarche des seigneurs catholiques auprès d'Henri IV, et la déclaration du 4 août ; la déception de d'Aubigné, 33-36 ; — le Roi lui confie pendant quelque temps la garde du roi de la Ligue à Maillezais (6 septembre-15 octobre) et il ne le rejoint à Dieppe en octobre qu'après les combats d'Arques, 37-47 ; il était peut-être présent à Ivry (14 mars 1590), 48-50 ; — d'Aubigné au siège de Paris, à partir de juillet (1590), les détails qu'il rapporte sur ce siège et les misères des Parisiens, 51-56 ; — il accompagne le Roi et Biron, à la reconnaissance de Lagny attaqué par le duc de Parme, 57-58 ; — va faire la petite guerre en Bas-Poitou avec La Boulaye, 59-60 ; — en décembre 1590 il est auprès du Roi, à Saint-Denis, 60-61 ; — il assiste au siège de Rouen, aux affaires de Folleville (29 janvier 1592) et d'Aumale (5 février), à la tête de l'armée de Parme ; il ne repart qu'après la levée du siège (20 avril 1592), 63-72 ; — il retourne faire la petite guerre en Poitou, la prise de Montreuil-Bonnin (juillet 1592), deux entreprises déjouées contre Maillezais, 73-74 ; — va trouver le Roi au siège de Dreux, en juin 1593, pour l'empêcher d'abjurer, 74 et sq.; — le retour au siège de Poitiers, 86-89 ; — son opinion sur le misérable état des affaires du Parti à ce moment, 93-94 ; son rôle au synode de Saint-Maixent (28 avril 1593), un programme de redressement, 95-98 ; — la controverse théologique de Mantes au moment de l'Assemblée de Mantes (8 novembre 1593-23 janvier 1594), et les accusations de d'Aubigné contre certains pasteurs prévaricateurs, 100-101 ; — il prend part à l'Assemblée de Sainte-Foy (juin 1594) qui établit le Règlement de Sainte-Foy, 103-105 ; — son sentiment sur l'attentat de Châtel, 106 ; — il approuve les résolutions de l'Assemblée de Saumur (février 1595), 108-109 ; — sa relation du massacre de la Châtaigneraie (13 août), 110 ; — il va trouver le Roi au siège de la Fère (novembre 1595-mai 1596), son mot sur l'attentat de Châtel, le Roi lui demande une consultation théologique, 112-116 ; — sa participation aux Assemblées de l'Édit de Nantes (chap. x, § 2), la réunion des gouverneurs de places à Thouars (15 juin), le serment de conjuration du 20 juin à l'Assemblée de Loudun, 119-120 ; prétend qu'Henri IV s'était engagé à faire passer la paix des Huguenots après toutes les autres, 121-122 ; avoue qu'ils détenaient plus de 200 places, 123 ; — ne vient à l'Assemblée de Vendôme que pour la fin de la session ; chargé d'une mission délicate auprès des commissaires royaux, 124-127 ; — n'assiste pas à la session suivante de Saumur, 127 ; révèle un projet fou que les déceptions de cette assemblée auraient inspiré à quelques-uns, 131-132 ; — joue un rôle important à

avantages personnels que lui offre un des commissaires, 8 ; il est nommé du comité de rédaction d'un Règlement général, 9 ; il se fâche avec M. de Bouillon qui a fait le jeu de la Cour, 12-13 ; il demande à l'Assemblée de lui rembourser les frais qu'il vient de faire pour réparer les murailles de Maillezais, 13-14 ; — il paraît à l'Assemblée synodale de Thouars qui suit, mais s'en va dégoûté de ce qu'il y voit, 14 ; — il écrit *le Caducée ou l'ange de la Paix* contre Bouillon et les opportunistes de Saumur, 16-26 ; — il acquiert le Dognon et y bâtit un fort, 27-28 ; — il marie ses filles, 29-30 ; — il voit le jeune Louis XIII venir dans le Poitou, 31-32 ; — il prend part à la seconde révolte du Prince de Condé (1615) et se réconcilie à cette occasion avec Bouillon, 34-35 ; — il assiste au Congrès de Loudun (1616) mais le quitte écœuré, 36-38 ; — se plaint à Rohan d'avoir été sacrifié, 39 ; il applaudit à l'arrestation de Condé à Paris (13 septembre 1616), 39-40 ; — il soutient les Rochellois dans leur querelle avec d'Épernon, 41-42 ; — il écrit à cette occasion les deux premiers livres du *Faeneste* (1617), 43-48, le problème bibliographique soulevé par leur publication, 48 ; le 3e livre rédigé un peu plus tard, les attaques contre le régime de Concini, 49-52 ; — une réponse peu encourageante (au sujet de ses pensions) rapportée de Paris par M. de Villette, à qui il avait confié une lettre pour le Roi en février 1617, 46, 52 ; — une marque d'ingratitude des Rochellois qui demandent le rasement de ses deux forteresses, 54-55 ; — il en négocie (sans résultat) la cession (en 1618) avec M. de Pontchartrain, secrétaire d'État, 55-58 ; — les tristesses que lui cause son fils Constant, 58-63 ; — d'Épernon lui offre un

prix énorme de ses places, 63 ; il les cède à Rohan (avril-mai 1619) et reste quelques mois encore à Maillezais, comme lieutenant de Rohan, 63-68 ; attentats de Constant contre les places cédées, son emprisonnement à la Rochelle, 68-69 ; — les circonstances de la publication des *Tragiques* et de *l'Histoire universelle*, le lieu d'impression de *l'Histoire*, les dates d'apparition des trois tomes, le refus du privilège et la condamnation des deux premiers volumes à Paris, le 2 janvier 1620, 71-85 ; — d'Aubigné assiste sans espoir Rohan dans le soulèvement des Grands contre Luynes (en 1620), il est obligé de s'enfuir à Genève, 86-88 ; — les honneurs qui lui sont rendus, 89-90 ; — il voudrait venir défendre Maillezais pendant la guerre de 1621, provoquée par le coup de force de Louis XIII en Béarn, 93-95 ; il écrit, au moment du siège de Montauban, deux lettres-pamphlets contre Luynes, la *Lettre au Roy Louis XIII par trois gentilshommes vieillis au service du Roy Henri le Grand*, et la Lettre *A Messeigneurs les Princes et Grands du Royaume*, 96-100 ; — l'Assemblée de la Rochelle envoie un messager à d'Aubigné et des commissions pour négocier en son nom des secours étrangers, 101-102 ; — les pourparlers de d'Aubigné avec les deux ducs de Weimar et avec le comte Mansfeld, 102-103 ; — il essaye de justifier la conduite de son gendre d'Ade au siège de Montauban, 104-106 ; — il donne des nouvelles de Paris à deux Bernois, 108 ; — il compose pendant l'hiver 1621-22 deux opuscules politiques, le *Traité sur les Guerres civiles* et le *Traité sur les Debvoirs mutuels des Roys et des subjects*, l'étrange histoire de Gaspard Baronius, 110-116 ; — il accuse les « solliciteurs de la guerre » à la Cour, 117 ; — son amertume

BOURBON (le cardinal de), le troisième frère d'Antoine de Navarre, oncle d'Henri IV, le roi de la Ligue : bénit le mariage de son neveu avec Marguerite de Valois, I, 114, 115 ; — accompagne la Reine-mère dans son voyage pacificateur du Midi (1578-1579), 230, n° 2 ; — de même aux Conférences de la Mothe-Sainte-Héraye, 289 ; — le mot que lui dit Henri III au moment de l'Édit de juillet de 1585, 314-315 ; — la captivité du roi de la Ligue à Maillezais, II, 39 à 47, 154.

BOURBON (Catherine de), sœur d'Henri IV : mention anticipée de la lettre sur la *Douceur des afflictions*, II. 158-159, la date de la publication, 167 ; — Catherine de Bourbon et Palma-Cayet, 250 ; — la lettre que lui écrit Duplessis après la Conférence de Fontainebleau, 278 ; — les circonstances et les tristesses de son mariage tardif (31 janvier 1599) avec le duc de Bar, les vains efforts pour la convertir, la *Lettre à Madame sur la douceur des afflictions*, la rencontre de d'Aubigné avec Madame à Paris en 1601, II, 287 à 314 ; III, 113.

BOURG-EN-BRESSE (Ain), II, 302.

BOURGES (Cher), I, 197 ; II, 103 n° 2, 220 (la Saint-Barthélemy à Bourges, *Tragiques*, Fers) ; III, 88.

BOURGES. Voir Beaune-Semblançay (archevêque de).

BOURGOIN ou Bourgoing (Edmond), prieur des Jacobins, confesseur de Jacques Clément, II, 24.

BOUTRAY (Raoul), Botereius Rodolphus, avocat au grand Conseil, apologiste de la Ligue française, dans son histoire en latin des événements de 1594 à 1610 (*De rebus in gallia et pene toto orbe gestis*), II, 175.

BRANTÈS frère du connétable de Luynes, et de Cadenet, duc de Chaulnes, visé avec eux dans les deux lettres-pamphlets de d'Aubigné, écrites pendant le siège de Montauban de 1621, III, 97.

BRANTÔME (Pierre de Bourdeilles, abbé de), 118, 164. 283.

BREDERODE (le comte de), ambassadeur des Provinces-Unies, III, 136-137.

BREUL (Dom Jacques du), bénédictin qui a laissé un récit de la vie et de la mort du roi de la Ligue, Charles X, II, 40, 43-44, 47 n°

BRION (Antoine de Fouccauld, s^gr de), précepteur du petit prince de Conti, victime de la Saint-Barthélemy, II, 218-219 (*Tragiques*, Fers).

BRIOUX-SUR-BOUTONNE (Deux-Sèvres), I, 335.

BRIQUEMAULT (François de Beauvais, s^gr de gentilhomme protestant supplicié peu après la Saint-Barthélemy, II, 201 (*Tragiques*, Chambre dorée).

BRISSAC (Charles II de Cossé, comte de), frère du maréchal de Cossé ci-dessous : affronté Condé, comme gouverneur d'Angers, lors de l'entreprise du Prince contre la ville en 1585, I, 336, 338, 339 et n° 1 ; — après les Barricades, dont il a été « le héros », nommé par Mayenne, en 1592, gouverneur de Poitiers ligueur, qu'il défend contre Malicorne (juin-juillet 1593), II, 46, 73, 74, 86-88, 90 — commissaire royal aux Conférences de Fontenay (fin 1615), et au Congrès de Loudun qui les suit, III, 35-36.

BRISSON (Barnabé), s^gr de Gravelle, conseiller puis président, et enfin Premier Président au Parlement de Paris : pendu par les Seize avec les conseillers Larcher et Tardif le 15 novembre 1591, II. 70-71 ; mis à l'honneur dans *les Tragiques* (Chambre dorée), II, 202.

BROUAGE (Charente-Inférieure), I, 218, 336-338 351-353, 354 ; — d'Aubigné, prisonnier de

ner des garanties de justice aux Protestants persécutés, 203 ; — Bouillon poursuivi pour complicité avec Biron réclame la juridiction de la chambre mi-partie de Castres, refus du Roi, 313.

Chamier (Daniel), le pasteur de Montélimar (1565 † 1621) : député à l'Assemblée de Châtellerault, la dernière des grandes Assemblées de l'Édit de Nantes, rôle important ; l'Assemblée le délègue, après la signature de l'Édit, au Synode de Montpellier en juin, II, 142 et n° 2, 143, 145 et 146 ; — son voyage à Paris à la fin de 1607, et au début de 1608, où il rencontre d'Aubigné, l'irritation du Roi contre lui, ses états de services antérieurs, 333, 334, 335 et n° 1 ; — son Journal de voyage publié par Read, 337-338 ; — détails sur la réunion chez le pasteur du Moulin à Charenton, le 2 décembre 1607 (un dimanche), à laquelle d'Aubigné assiste, 339 ; ce que le Journal de Chamier nous apprend sur les projets d'accord des deux Religions, et les méfiances des Protestants à ce sujet, 345-347 ; — Chamier est l'âme de la résistance de Montauban en 1621, III, 96 ; — il est tué d'un boulet de canon le 16 octobre 1621, jour d'assaut général de l'armée royale, dont il avait prédit l'échec, comme sa propre mort, 107 et n° 3.

Champeaux (de), III, 36.

Champigny-sur-Veude (Indre-et-Loire, arrondissement de Chinon), résidence du duc de Montpensier, cousin d'Henri IV, I, 287.

Chanvallon (Jacques de Harlay, s⁻ de), grand écuyer du duc d'Anjou (François de Valois), aimé de Marguerite, I, 273-274, 276, 305.

Chappes (Anne de Ferrières, s⁻ de), avocat du Parlement de Paris : sa mort évoquée parmi les victimes de la Saint-Barthélemy (*Tragiques*, Fers), II, 218-219.

Chappuys (Gabriel), historien protestant du xvıᵉ siècle, II, 177.

Charenton (le temple de) : II, 339 ; III, 104.

Charité (la) sur-Loire (Nièvre) : I, 90, 211, 383, 384 et n° 2 ; II, 188 (*Tragiques* : Princes).

Charles IX, Roi de France : les espérances que les Protestants fondaient sur lui, au début du règne, I, 39 ; — Charles IX et Coligny, l'expédition de Flandre, le mariage de Navarre, 113-114 ; — Charles IX et la Saint-Barthélemy, ses arquebusades ?, la préméditation, 116-118, 120-123, 124-125 ; — accueille mal les demandes des Assemblées de Nîmes et de Montauban, 146-147 ; — accompagne son frère partant en Pologne, mais tombe malade en route, 147 ; — l'effroi de Saint-Germain (1ᵉʳ mars 1574) et le refuge à Vincennes, 149-151 ; — la conspiration de La Mole et Coconas et la mort du Roi, 155, 157-158 ; — Charles IX dans les *Tragiques*, II, 193-194, 219, 221, 227, 235.

Charles X, le roi de la Ligue (Charles de Bourbon, frère d'Antoine, le père d'Henri IV) 1523 † 1590, II, 33-47, 52 n° 1.

Charles Iᵉʳ, roi d'Angleterre, qui succède à Jacques Iᵉʳ en 1625, III, 159, 168-169.

Chartres (Eure-et-Loir), I, 389-390 ; II, 62 et n° 2, 63.

Chartres (le Vidame de), Jean de Ferrières s⁻ de Maligny, I, 53-54, 116.

Chastel (Jean), qui essaya d'assassiner Henri IV (27 décembre 1594), II, 106-107.

Chateaudun (Eure-et-Loir), II, 15-16.

Chateauroux (Indre), III, 88.

Chateauvieux (Joachim, comte de), capitaine des gardes du corps, II, 30.

Chatellerault (Vienne) : la duchesse d'Angoulême y accueille le Roi de Navarre, marchant vers Tours (mars 1589), II, 5-6 ; — siège de plusieurs assemblées huguenotes :

E

Este (Anne d'), fille de Renée de France, duchesse de Ferrare, femme de François de Guise, remariée après sa mort à Jacques de Savoie, duc de Nemours, I, 114.

Estissac (Mme d'), parente des Vivonne et de Suzanne de Lezay (le comte d'Estissac était frère de François IV de la Rochefoucauld, ci-dessous), I, 293.

Estrées (Gabrielle d'), fille d'Antoine d'Estrées, marquis de Cœuvres, mariée à Nicolas d'Amerval, sʳ de Liancourt et de la Roche-Guyon, depuis duchesse de Beaufort et marquise de Mousseaux, maîtresse d'Henri IV, † 1599 : I, 403 ; II, 80, 112-113, 258 (*Sancy*), 360.

Estrées (François-Annibal d'), marquis de Cœuvres, le frère de Gabrielle d'Estrées, III, 4 et nᵉ 2, 142.

Étampes (Seine-et-Oise), II, 17-18.

États Généraux : les États de Blois de 1576, I, 196, 198-200, 202-203, 204 ; — les États de Blois de 1588, I, 403, 411 ; — les États généraux de la Ligue pour l'élection d'un roi (ouverts le 26 janvier 1593), II, 75-79, 83 nᵉ 3, 84 et nᵉ 4, 85 ; — les États généraux de 1614 (14 octobre 1614-23 février 1615), III, 32.

Expilly (Claude d'), Président du Parlement de Grenoble, humaniste, correspondant et ami de d'Aubigné, III, 158-159.

F

Fabri, syndic de Genève, hostile à d'Aubigné, III, 158.

Faeneste (*Les Aventures du baron de*), œuvre satirique de d'Aubigné : la résidence du seigneur Enay, dans le *Faeneste*, est une reproduction du château de Mursay, résidence de d'Aubigné, II, 151 ; — les rapports entre le *Sancy* et le *Faeneste*, II, 247-248, 260 nᵉ 2, 262. 265, 268 ; — la composition et la matière des trois premiers livres du *Faeneste* : l'écho de la querelle de d'Épernon avec la Rochelle (en 1616) dans les deux premiers livres parus ensemble en 1617 ; la satire du gouvernement de Concini dans le troisième, paru seulement après sa chute, en 1619 ; III, 43-52 ; — le scandale de la publication du quatrième livre à Genève, 167, 175-176.

Farines (La journée des), 20 janvier 1591, II, 62 et nᵉ 3.

Favas (Jean de), vicomte de Castets-en-Dorthe, gouverneur de la Réole, une des places de sûreté, I, 232 et notes, 245.

Favre (Jean), ancien syndic de Genève, qui s'efface devant d'Aubigné pour lui laisser acquérir le Crest, III, 90.

Faye (La petite), paroisse de Saint-Léger, près Melle (Deux-Sèvres), domaine acquis par d'Aubigné, en même temps que le Chaillou, le 29 mai 1593, pour constituer apports en mariage, I, 294-296 (avec la note 4) ; II, 150.

Féraut, réfugié français à Genève, ingénieur, III, 125-126.

Ferdinand II, empereur d'Allemagne (de 1619 à 1637), petit fils de l'empereur Ferdinand Iᵉʳ, qui était le frère cadet de Charles-Quint : III, 91, 113, 174.

Fère (La), (Aisne), I, 272 ; II, 65, 106, 112-115, 157-158, 360.

Féret (abbé), II, 277-278, 285-287.

Fervaques (Guillaume de Hautemer sʳ de), comte de Grancey, maréchal de France, duc et pair en décembre 1611, † 1613 : d'Aubigné sert sous ses ordres dans la guerre de Normandie, I, 154-159 ; à la bataille de Dormans, 179-180 ; — leurs querelles, 183-184 ; — Fervaques, mis au courant du projet d'évasion du Roi de Navarre, le trahit auprès de Henri I I, 184-188, puis vient se faire pardonner à Alençon, 191 ; — de nouveau en querelle avec d'Aubigné, 197-198, 212-213 ; — Fervaques

moille prend part à l'expédition d'Angers avec Condé (octobre 1585), 342 ; — commande la cavalerie légère protestante à Coutras, 375-376 ; — accourt à Tours le 8 mai 1589 pour repousser l'attaque de Mayenne au faubourg Saint-Symphorien, II, 14 ; — mécontent des garanties données aux Catholiques (aux dépens des Protestants) par la Déclaration du 4 août 1589, quitte Henri IV avec la noblesse du Poitou, 36 ; — revient pour la bataille d'Ivry, 49 ; — représenté par son chapelain Oyzeau au Synode de Saint-Maixent (28 avril 1593), où l'on concerte dans la coulisse un programme d'action, 96-97 ; — calmé par Bouillon et Duplessis lors de l'Assemblée de Mantes de 1593, II, 99 ; — paraît à l'Assemblée de Saumur de 1595, 108 ; — assiste le Roi au siège de la Fère, 113 et n° 4, 114 ; — présent à la réunion des gouverneurs de places à Thouars le 15 juin 1596, 119, — paraît à l'Assemblée de Vendôme en janvier 1597, 123 ; — le Roi lui écrit à l'Assemblée de Saumur au moment de la perte d'Amiens, 129 ; — un projet fou, 132 ; — joue un rôle important à l'Assemblée de Châtellerault, la dernière session de la Grande Assemblée, 133-134 ; — s'abstient sur l'ordre de l'Assemblée de rejoindre le Roi au siège d'Amiens avec les troupes dont il disposait, 140 ; — le président de Thou et Schomberg lui offrent des avantages personnels qu'il repousse, donnant « une marque de fidèle partisan », 142-144 ; — va avec Bouillon et Duplessis au-devant du Roi, à Tours, quand il approche en armes pour son expédition de Bretagne, 145 ; — la *Méditation en prose* sur le Psaume 16, écrite sans doute à la mémoire de la Trémoille, décédé prématurément le 25 octobre 1604, II, 241 ; — d'Aubigné se justifie auprès du Roi de sa fidélité à la Trémoille, 316-319 ; — des lettres adressées à sa veuve, III, 31, 60-61, 95.

Laval (Guy-Paul de Coligny, comte de), un des quatre fils d'Andelot, le frère de l'amiral de Coligny, I, 198, 312, 341, 349, 350, 353.

Laval-Notre-Dame (Gard), près d'Alais, III, 109.

Lavallière (sᵍʳ de), gentilhomme protestant, I, 339 ; II, 95-97.

Lavardin (Loir-et-Cher), I, 341.

Lavardin (Jean de Beaumanoir, marquis de), maréchal de France en 1595, catholique, partisan instable du Roi de Navarre ; il fut le colonel général de l'infanterie protestante, mais repassa ensuite dans l'armée de Joyeuse, avec qui il combattait à Coutras : I, 184-186, 210-213, 245, 242, 349, 372, 376, 383 ; II, 66, 68.

La Varenne (Guillaume Fouquet, sᵍʳ de, puis marquis de), avait été cuisinier à la Cour avant d'être anobli. Il devint porte-manteau de Henri IV, contrôleur général des postes et gouverneur de la Flèche, sa ville natale, II, 258.

Laverdin, voyez Lavardin.

La Vergnaye, commandant du château de Montaigu, I, 260 et n° 4.

La Vieuville (peut-être Robert de la Vieuville, baron de Rugle), I, 333 n° 2.

Le Bascle, notable de Saint-Maixent, I, 287.

Lectoure (Gers), III, 96.

Le Duchat (J.), avocat, né à Metz en 1658, mort à Berlin en 1735, philologue estimable qui donna des éditions savamment annotées de la *Satire Ménippée* de Rabelais, des *Aventures du Baron de Faeneste*, de la *Confession de Sancy*, de l'*Apologie pour Hérodote* de Henri Estienne, II, 245-246, 334.

La Fresne, capitaine aventurier, I, 333.

gné à relever l'enseigne d'Israël au début de 1586, 349.

Rohan (Henri de), le fameux duc, fils du précédent, né au château de Blain le 25 août 1579, duc et pair en 1603, épouse en 1605 Marguerite de Béthune, fille de Sully, meurt en exil le 13 avril 1638 : candidat à la présidence de l'Assemblée de Saumur (de 1611) contre Bouillon, tous deux évincés au profit de Duplessis-Mornay, III, 4 ; fait partie de la commission qui élabore le nouveau Règlement de Saumur, 8 ; — fait procéder à l'élection d'un nouveau maire à Saint-Jean-d'Angély, malgré la Cour, mesures de rigueur prises contre sa famille et ses gens à Paris (printemps de 1612), 16 ; — nouveau conflit peu après, parce qu'il a remplacé de sa propre autorité le lieutenant du Roi à Saint-Jean par un homme à lui ; réunit une Assemblée de cercle à la Rochelle (20 novembre 1612 au 14 janvier 1613), Duplessis s'entremet pour accommoder le différend, 26-27 ; — Rohan va saluer le jeune Roi à Poitiers lors de son voyage dans l'Ouest (printemps de 1616), 31 ; — il participe avec son frère Soubise à la seconde révolte du Prince de Condé (été de 1615) contre le gouvernement de Concini et les mariages espagnols, 33-34 ; — ils assistent au Congrès de Loudun pour le règlement de la paix (21 février-3 mai 1616), 36-37 ; — Rohan succède à son beau-père Sully dans le Gouvernement du Poitou (25 juin 1616), 39 ; — d'Aubigné se plaint à lui d'avoir été sacrifié à la paix de Loudun, ibid. ; — nouvelles doléances à Rohan en 1617, quand M. de Villette lui a rapporté de mauvaises nouvelles de Paris pour ses pensions interrompues, 52 ; — d'Aubigné cède à Rohan ses places de Maillezais et du Dognon (avril-mai 1619), attaques de Constant d'Aubigné

contre les places cédées et son emprisonnement à la Rochelle (septembre), 64-68 ; — Rohan prend part avec son frère Soubise à la révolte des Grands (et de Marie de Médicis) contre Luynes en 1620, malgré les avertissements prophétiques de d'Aubigné ; la débâcle des Ponts-de-Cé (7 août 1620), 86-87 ; — hostile au début, comme les autres chefs protestants, au maintien de l'Assemblée de la Rochelle ouverte le 25 décembre 1620, malgré l'interdiction de Louis XIII, pour répondre au coup de force royal en Béarn, III, 92 ; — devient néanmoins son généralissime, et gouverneur du Languedoc, introduit un secours dans Montauban assiégé (septembre 1621), 104-106 ; — entrevue avec Luynes en octobre au château de Reyniès près Montauban, 107 ; — dans l'hiver qui suit la levée du siège (en novembre), Rohan paralysé en Languedoc par les querelles locales (notamment par la rivalité de Châtillon) ; entrevue avec Lesdiguières, qui cherche à s'entremettre pour la paix, à Laval-Notre-Dame, près d'Alais le 25 mars 1622, 109 ; — Rohan envoie des députés pour négocier à Paris, Louis XIII part en campagne avant de les recevoir, 116-117 ; — Châtillon, dépossédé par l'Assemblée de son gouvernement du Bas-Languedoc au profit de Rohan, lui crée des difficultés, 120 ; — Rohan essaye vainement d'introduire des renforts à Montpellier, arrête avec le maréchal de Créqui les conditions de la paix de Montpellier (octobre 1622), 120-121 ; — une lettre de d'Aubigné (envoyée de Suisse) à Rohan après l'entrevue de Louis XIII avec le Duc de Savoie à Lyon (en décembre 1622), 135 ; — le tient au courant de ses négociations avec Venise qui désire lever des troupes protestantes en France, 136-138 ; — d'Aubigné lui décrit « la douce

Vu : Paris, le 30 décembre 1926.

Pour le Doyen de la Faculté des Lettres
de l'Université de Paris.
L'Assesseur,
H. DELACROIX.

Vu et permis d'imprimer :

Pour le Recteur de l'Académie de Paris.
Le Vice-Président du Conseil de l'Université de Paris,
Ferdinand BRUNOT.

TABLE DES MATIÈRES

DU TROISIÈME VOLUME

CHAPITRE XIII

D'AUBIGNÉ SOUS LA RÉGENCE ET SOUS LOUIS XIII
DIX ANNÉES D'AGITATIONS POLITIQUES
(1610-1620)

CHAPITRE XIV

6303-28. — Tours, Imprimerie ARRAULT et Cⁱᵉ.